新文科建设教材
工商管理系列

CORPORATE LEGAL RISK MANAGEMENT

企业法律风险管理

杜芳 钟晋 ◎ 主编

清华大学出版社
北京

本书封面贴有清华大学出版社防伪标签，无标签者不得销售。
版权所有，侵权必究。举报：010-62782989，beiqinquan@tup.tsinghua.edu.cn

图书在版编目（CIP）数据

企业法律风险管理 / 杜芳，钟晋主编. -- 北京 ：清华大学出版社，2025.4.
(新文科建设教材). --ISBN 978-7-302-68860-0

Ⅰ.D922.291.91

中国国家版本馆 CIP 数据核字第 2025KL7113 号

责任编辑：徐永杰
封面设计：李召霞
责任校对：王荣静
责任印制：刘海龙
出版发行：清华大学出版社
　　网　　址：https://www.tup.com.cn，https://www.wqxuetang.com
　　地　　址：北京清华大学学研大厦A座　　　　邮　　编：100084
　　社 总 机：010-83470000　　　　　　　　　　邮　　购：010-62786544
　　投稿与读者服务：010-62776969，c-service@tup.tsinghua.edu.cn
　　质 量 反 馈：010-62772015，zhiliang@tup.tsinghua.edu.cn
　　课 件 下 载：https://www.tup.com.cn，010-83470332
印 装 者：北京鑫海金澳胶印有限公司
经　　销：全国新华书店
开　　本：185mm×260mm　　　印　张：11　　　字　数：250 千字
版　　次：2025 年 5 月第 1 版　　　　　　　　印　次：2025 年 5 月第 1 次印刷
定　　价：48.00 元

产品编号：100953-01

前　言

当今全球商业环境的复杂性与日俱增，企业在其设立、经营和发展过程中所面临的法律挑战也越发严峻。本教材旨在为企业界提供一份全面的法律指南，帮助读者奠定坚实的法律基础，理解风险管理的概念，明晰如何应对各类法律挑战，有效地管理和降低企业风险。

对企业进行风险管理不仅是为了遵守法律法规，还关乎企业的长期生存和可持续发展。我们将深入探讨企业在设立、经营和发展各个阶段可能涉及的法律问题，从知识产权保护到合同管理，从雇佣法律到环境法规合规，以及诸多其他关键领域。通过理解并积极应用这些法律知识，读者可以更好地维护企业利益，减少风险，并在市场中脱颖而出。

本书第一章将为读者提供法律基础的科普，确保读者具备必要的法律知识。第二章将全面阐述企业法律风险管理的关键概念，为读者打下坚实的理论基础。接下来的章节将深入探讨各类风险，包括企业创立及企业类型选择风险、劳动合同风险、企业合同风险、企业知识产权风险、公司治理风险和法律风险的不利责任等。每一章都将提供详尽的信息和实用的建议，帮助读者识别、评估和应对潜在的法律风险。第九章将介绍企业法律风险分析工具及方法，为读者提供分析法律风险的实用工具和技巧。我们相信，通过深入研究本教材的内容，读者将能够更加自信地应对企业法律风险，并制定适当的风险管理策略。

与市面上现有的法律教材不同，本教材以企业生命周期为基础，深刻整合法律知识，塑造出一套独具特色的框架结构。其突出之处在于：

生命周期整合：我们将企业法律风险管理贯穿企业从孵化到成熟的各个阶段，无论是法律基础、风险概述，还是特定领域，如劳动合同、知识产权、公司治理等领域的法律风险，一应俱全。这样的整合使读者可以在单一资源中全面了解法律风险，无须翻阅多本教材。

实战指导：本教材不仅传授理论知识，更提供实用建议和深入案例研究，助力读者将所学理论运用于实际情境。这种实战导向，让读者能更深入、更具信心地解决法律风险问题。

工具与策略：在第九章中，我们专门介绍了一套独特的企业法律风险分析工具和方法，为读者提供了强大的评估和管理风险的实用工具。这些工具与策略将帮助企业更加精确、高效地应对法律风险。

尽管本教材拥有众多优势，但我们也要坦诚地承认，它可能还存在不足之处。法律领域的变化日新月异，新的法规和判例不断涌现。因此，本书的内容可能无法覆盖所有最新的法律发展。我们鼓励广大读者不断关注最新的法律动态，确保自身法律知识始终保持更新状态。此外，我们也希望广大读者能够积极参与批评和指正。如果您在阅读过程中发现任何错误或不准确的信息，或者对某些主题有更深入的见解，我们诚挚地欢迎您提供反馈，以便我们在未来的版本中不断改进和完善本教材，使其更符合读者的需求。

在编写本教材的过程中，我们得到了各编者的支持与协助。杜芳负责教材的整体章节设计与内容规划；钟晋撰写第八章，提供宝贵的法律见解；陈家乐进行了法学理论梳理校验；周新宇、袁子一、陈锦强、董浩雯及张宁宁负责收集资料；胡蝶和宇永灿负责整理问题与案例，为本教材的实际应用提供有力支持；赵梦瑶通过 AI 辅助编辑和校订工作，进一步提高了本教材的质量。

最后，希望这本教材能够成为学习法律的有力工具，为广大读者提供帮助与启发。

目 录

第 1 章 法律基础 ... 1
  1.1 法律的发展 ... 1
  1.2 法律理念 ... 4
  1.3 法律制度 ... 11
  复习与思考 ... 14
  案例与实训 ... 14

第 2 章 企业法律风险管理概述 ... 18
  2.1 企业法律风险 ... 19
  2.2 企业法律风险管理 ... 23
  复习与思考 ... 32
  案例与实训 ... 32

第 3 章 企业创立及企业类型选择风险 ... 33
  3.1 企业创立法律风险 ... 34
  3.2 个体工商户 ... 38
  3.3 个人独资企业 ... 39
  3.4 合伙企业 ... 40
  复习与思考 ... 45
  案例与实训 ... 45

第 4 章 劳动合同风险 ... 49
  4.1 劳动合同的订立 ... 50
  4.2 劳动仲裁 ... 57
  4.3 劳动合同的解除 ... 60
  复习与思考 ... 72
  案例与实训 ... 73

第 5 章 企业合同风险 ... 75
  5.1 合同风险概述 ... 76
  5.2 合同订立 ... 78

5.3 合同履行 ... 83
复习与思考 ... 100
案例与实训 ... 101

第6章 企业知识产权风险 ... 102

6.1 知识产权概述 ... 103
6.2 著作权 ... 105
6.3 商标权 ... 112
6.4 专利权 ... 116
复习与思考 ... 122
案例与实训 ... 123

第7章 公司治理风险 ... 126

7.1 公司的基本特征 ... 127
7.2 股东的权利和义务 ... 128
7.3 公司组织结构 ... 134
7.4 公司经营纠纷 ... 138
复习与思考 ... 140
案例与实训 ... 141

第8章 法律风险的不利责任 ... 143

8.1 刑事处分法律风险后果 ... 144
8.2 民事责任法律风险后果 ... 147
8.3 行政处罚法律风险后果 ... 148
8.4 单方权益丧失法律风险后果 ... 150
8.5 法律风险的间接不利后果 ... 151
复习与思考 ... 152
案例与实训 ... 152

第9章 企业法律风险分析工具及方法 ... 158

9.1 法律风险分析 ... 159
9.2 企业法律风险分析的一般方法 ... 161
9.3 企业法律风险分析的具体方法 ... 162
9.4 企业法律风险分析的操作步骤 ... 164
9.5 企业法律风险分析报告 ... 165
复习与思考 ... 165
案例与实训 ... 165

第 1 章

法 律 基 础

本章主要内容

自21世纪以来,法律风险已成为我国法律领域内备受瞩目的话题,然而,法律风险的核心概念尚未明确定义其内涵与外延。不可否认的是,法律风险具有客观存在性,只要法律存在,企业在其日常经营中就面临着因其行为不当而引发不利法律后果的潜在风险。因此,企业需要了解法律的基本概念,以便基于法律规则进行有效的风险管理。

本章旨在通过回顾法律发展的历程,阐述法律的起源、演变、历史逻辑以及基本理念等关键内容,帮助研习者了解法律的核心要素。同时,结合案例详细探讨了公法与私法的概念及其区别,通过比较实体正义与程序正义,揭示了法律追求实体正义和程序正义的价值与意义。随着时代的演进,法律要求也不断精进。本章最后还对法律发展的趋势进行了展望,以呈现出法律领域未来的前景。

学习目标

了解法律诞生与发展的基本逻辑,掌握法律的基本概念;重点掌握不同法系的区别,并加深对公法、私法、程序正义与实体正义的理解。

1.1 法律的发展

1.1.1 法律的概念

1. 法律的定义

法律是由一个国家制定、认可并保证执行,用于确保公权合理性和私权合法性的强制性工具。法律的定义有广义和狭义之分。其中广义的法律包括宪法、法律、行政法规、地方法规、规章、自治条例和单行条例等,还包括国际公约和国际习惯;狭义的法律在我国主要泛指全国人民代表大会及其常务委员会出台并制定或审议通过的各项法律,更多地指一些基本法律,如刑法、民法、各级部门的诉讼法等。

广义和狭义的区分对于理解法律的含义具有十分重要的意义,一则可以结合上下文和其基本概念进行区分，二则可以从法理学的角度进行判断。当法律和一些行政法规同时出现在文章中时，法律即狭义上的法律；反之，法律无须并列于其他法规之后。

2. 法律的分类

通常而言，我国法律按照法律效力及优先等级可做如下划分。

（1）宪法：宪法是国家法的基础与核心。宪法根据有无统一的法典形式可划分为成文宪法和不成文宪法，我国的宪法有统一的法典形式，故属于成文宪法；宪法也可以根据效力和修改程序是否与普通法律相同和有无严格的制定和修改机关以及程序为标准再度划分成刚性宪法和柔性宪法，我国宪法因为其制定、修改机关不同于一般法律，故属于刚性宪法。

（2）法律：法律是从属于宪法的强制性规范，是宪法的具体化，是由全国人大及其常委会制定的。

（3）行政法规：指由国务院制定的规范性法律文件。

（4）地方法规：指由省级、市级人大及其常委会制定的规范性文件。

（5）自治区法规：指由民族自治地方的人大制定的规范性法律文件，包括自治条例和单行条例。

（6）规章：分为部门规章和地方政府规章，效力层级最低。

值得注意的是，经济特区法规是全国人大及其常委会授权经济特区所在地的省级人大及其常委会针对经济特区制定的规范性法律文件，其效力等级低于作为中央立法的法律和行政法规，高于地方法规。

1.1.2 法律的产生与作用

1. 法律产生的背景

在探讨法律产生与演变的过程之前，我们首先需审视其历史渊源。初期，法律被构想为体现统治者意志的一项约束措施，以及指导被统治者行为的工具，包括诸多公法。然而，随着历史的推移，法律逐渐升华为一种平衡公权合理性与私权合法性的天平，而非单一的政治工具。因此，早期法律所具有的特质，以及其所映射出的利益需求和义务，都与当时的统治阶层、社会性质、生活习惯，甚至神话传说等诸多因素密切相连，这些因素共同影响着统治者权力的运用。

值得明确的是，本书所讨论的法律产生与演变过程，特指体现于法律法规中的具体呈现，即以口头或书面形式表达的内容，而非法律精神的抽象概念。目前，学术界对于法律精神与起源的讨论仍未得出定论，因此，本章并未深入探究此议题。

2. 法律的发展逻辑

所谓的法律发展是指法律的规范性、法律的价值和对于一切社会事件的影响由萌芽到逐渐上升和进步的历史性过程。具体内容包括：

（1）研究法学发展需要根据具体的法律现象所发生的时间和历史顺序，细致地考察法学发展过程中的问题；

（2）法律的进步实质上是实现了法律的规范性、法律的价值和法律行为这三重发展的有机结合；

（3）法律发展阶段是指法律从混乱、矛盾走向系统、严谨、科学，从片面、低层次走向全面、高层次的不断进步的过程；

（4）法律发展是法律变量和法律变性两者不断交融影响的产物。

马克思认为，法不是自然地存在的，也不会在人类社会永恒地存在，法是自然界中人类的历史文明发展至一定时期才可能会逐渐出现的一种社会性现象。马克思主义者认为，法理论是随着四个变量的改革性变化而不断长期进化、演变而形成的：一是人类生产力的提高和发展；二是社会经济的不断繁荣；三是私有制和资产阶级的产生；四是国家的出现。

保罗·维诺格拉多夫（Paul Vinogradoff）将国家社会政治经济文化发展历史划分为诸多阶段，对现代古典法的历史发展进行分解后，提出了法律发展的四个历史时期：

（1）图腾法；

（2）传统部落社会法；

（3）近代城邦社会法；

（4）中世纪的国家法律。

其中图腾法被认为是存在于原始部落的一种法的原初模型，被后人誉为"法的枝芽"。

罗斯科·庞德（Roscoe Pound）认为现代法律学的发展经历了六大主要发展阶段：

（1）原始法；

（2）严谨法；

（3）衡平法与自然法；

（4）成熟法；

（5）法律的社会化；

（6）世界法。

昂格尔（Unger）从法的社会属性演化角度，将法的演化和发展历程归结为三个重要的时期：

（1）从传统的部落社会习俗法逐渐发展到贵族社会的官僚法制度；

（2）从传统的贵族社会官僚法制度转变到自由政治社会的法规和制度；

（3）从前自由社会法律向后自由主义社会法律的转变。

诸多学者对法律发展的过程争议不断，然而可以确定的是，无论是哪一种探讨和推定，法律的发展都是基于"阶级产生"和"社会发展"而言的一种长期变化和演变。这也能体现出法律的一种天然特点，即反映某一阶层的共同利益需求。法律不是某阶层所有的利益需求，也并非只保护某阶层的利益，而是某阶层利益需求的趋同和集合。如我国法律的本质是人民利益和意志的体现，是用于确保公权合理性与私权合法性的强制性工具。

3. 法律的发展类型

基于以上法律发展逻辑的探讨，沿着法律演化发展的历史路线，法律的类型也经历了从习惯法逐渐演变为成文法的过程。

习惯法可以追溯到原始社会中的"习惯"，即原始社会中人们遵守着的"社会准则"

和"道德约束",人们通过这些习惯对自己或他人的行为进行约束和评判。社会不断进步和发展,私有制和资本主义阶段随之诞生。为了缓和日益增长的生产社会化与生产资料私有制之间的矛盾冲突,国家赋予原有的习惯以一定的法律效力,使部分习惯成为"习惯法"。值得注意的是,虽然习惯法是由习惯进化而来的,但习惯并非悉数进化为习惯法。例如,"父债子还"便是不具备法律效力的一种习惯,即实际中并不存在法律条文要求父债子还。

而成文法则是社会进步、阶级内部复杂化和不同阶级矛盾加剧演变的结果,表现为书面化的法律形式。《汉谟拉比法典》被广泛认为是世界上第一部最完整的成文法典,该法典编辑和整理了汉谟拉比向神明揭示的自己的伟大政治事迹。需要注意的是,该法典并非完全保护每个资产阶级的共同利益,而是更倾向于维护不平等的阶级社会、贵族奴隶主和贵族资产阶级的共同利益。这也真实地反映了当时古巴比伦的社会阶级状态,进一步证明了法律具有的阶级性。

对于习惯法,其自身具有的"低成本,高效力"的特点有效解决了伴随阶级一同产生的矛盾和纷争。但随着社会的发展,阶级内部关系不断复杂化,不同阶层的矛盾越发激烈,习惯法已经无法满足统治者的管理要求,拥有较高成本但是却更加明确的"书面化"的成文法由此产生,随后逐渐取代了习惯法,成为人类历史上延续至今、发挥重要作用的法律呈现类型。

4. 法律的作用

法律对内的作用是"主要通过惩罚的方式,规范约束社会中人们的言行举止,使得社会中发生的一系列行为尽可能不影响社会秩序,包括公权与私权的和谐、合理、合规"。法律保护的利益具有阶级性,例如奴隶法保护的利益是奴隶主的利益。同理,中国的法律保护的则是每一位中国公民的合法权益。究其原因,本质上与我国"人民当家作主"的特性有关。我国并非由单个个体或某一阶层"统治",而是由全体人民一同推动社会的发展和进步。显然人民内部根据经济实力、社会地位或受教育水平等划分出的群社会具有差异性,但整体而言,全体中国人民是一个整体,民主专政的处事方法也决定了我国的法律是相对公平公正的。

同时,法律对外也可以作为一种真正意义上的"语言",用于处理各国发生的事务。只有当事国双方或多方都使用一种得到普遍认可的法律作为"语言",各国对事务的处理才能更加高效。即在处理多国纷争时,找到并使用当事国认可的法律,是真正推动公平、公正、公开审判的前提,而前者亦是跨国法律纷争的难点所在。

1.2 法律理念

1.2.1 公法与私法

1. 公法、私法概念

公法与私法是大陆法系对于法律的分类。公法又有广义和狭义之分。狭义的公法中协调双方都为公权力的主体,广义的公法是指协调公权力之间关系,以及调节公权力与私权利之间关系的法律规范。即公权力是公法的着眼点。值得注意的是,随着一国经济和社会范围的变化,公法的适用范围也可能会因之改变,即一国经济中公法适用的范围具有动态性,随着一国经济进步和社会发展而改变。社会化的程度也就越高,公权力就越发达。

与之相对应,私法的适用范围主要聚焦于社会生活中的"个体",往往约束、管制个体之间或者限制个体与小群体的行动,即一系列强调个体与私人之间相互利益关系的法律规范,多以任意性的规范居多,弘扬私法的自治,以个体的自治行为作为其最高的原则与精髓。

值得注意的是,对于行政机关,即公法约束的群体,"法无规定不可行";对于社会中的个人,"法无禁令即可为"。这再次体现出公私法在强制性上有着本质的区别:公法以强制、禁止为主,而私法以随意、自治为主。究其缘由是因为设立的目的不尽相同:公法是为了约束本就具有较大权力的行政机关,而私法是为了协调本身不具有较大权力的个体的利益关系。

综上所述,公法呈现了更加严谨和复杂的设置与执行流程,具有法律的规范性和完整的理论逻辑框架。公法主要由以下四个部分共同组成:

(1)公权力:关于公权力的来源、形成及对于公权力的归属与划分(即国家权力与社会公权力)等;

(2)国家公权力的基本配置:主要包括有关国家行政权力的基本划分及其相互关系、横向的基本配置、纵向的基本配置、国家行政权力和公民社会中其他公权力之间的基本配置、公权力和行政权力之间的基本配置和相互关系;

(3)社会公法关系:这种关系是一般泛指公权力通过政策和手段调节自身与其他人之间的关系而形成的一种权利和义务关系;

(4)履行公法职责:指公法对危害国家公权力的不当行为进行惩罚的行为。

2. 公法、私法的意义及区别

公法、私法是依据其调整对象的不同划分的,这也代表着其适用范围有着不同。公法主要适用于行政机关等公权力机关,而私法适用于个人之间。划分公、私法的本质意义在于更容易明确法律关系的特征和性质,进而了解何时适用何种法律规定,应该采用哪种救济办法或者制裁措施,以及案件要由何种性质的人民检察院或者是审判庭接受,适用哪种诉讼程序等一系列法律处置流程。

德国学者基尔克认为,公法与私法的区别是今日整个法秩序的基础。如果这一区别被混淆,甚至无视公法与私法的本质差异,作为社会调整器的法律将会失灵,社会关系和社会秩序将会处于混乱之中[①]。具体而言,公、私两种法律主要有以下几点区别:

1)所保护的利益范围有所不同

公法所保护的利益是公共利益,而私法所保护的利益则是私人的利益。"利益学说"是区分公、私法最充分的一种学说,利益学说以社会利益的多元化和利益关系多极化的

---

① 奥托·基尔克. 私法的社会任务:基尔克法学文选[M]. 北京:中国法制出版社,2017.

客观存在作为理论基础，罗斯科·庞德将利益分为个人利益、公共利益和社会利益三类，用于确定法律事件所涉及的各种利益关系的结构，方便进一步规范法律程序的实施和执行。

2）约束的范围、维系的社会关系不同

从所调整的社会关系也就是实施对象角度分析，公法所需要调整的范围就是一个国家与其公民之间、政府与社会之间的各类关系，主要表现为一种政治关系、行政权力关系及一种诉讼权利关系等；私法则调节私人间的民商事关系，即平等权力主体间的人身与财产关系。在日常生活中，行政机关是公共权力的所有者，往往具有较大的权力，为了防止这种权力被滥用，需要公法来约束和规范其使用权力的方法和手段。

3）核心理念存在一定区别

公法遵守"国家或政府干预"的核心理念，私法遵守"意思自治""私法自治"的核心理念，例如我国行政法中涉及的政府对于行政事务的监督和管控、经济法中涉及的政府、国家在市场调节失控时如何实施干预的规范等。行政部门的职权必须接受管控；而在我们的私法中承认了人人平等，每个人（婴幼儿和精神疾病患者除外）都具有完全独立的义务能力，这种义务和权利的履行也应该得到充分尊重。因此，每个人都具有一种法律上的行为自由（其中包括了合同的自由），每个人只对自己的行为负责，每个人的义务和权利都应该由每一个人自由地行使并且得到充分的尊重（其中所有权利不可被他人侵犯）的权利。这些私法自治原则的主体性质构成了近代大陆民法学中的三大基本原则：即契约自由、过失责任以及所有权神圣不可侵犯。

综上，公、私法制度的区分主要是从尊重他人、关爱他人、保护他人的信仰角度出发，认为即便是一个国家，也应当尊重每一位个人的意志与其自由选择。政府为了实现更高价值或者是出于社会福利而对私人事务施加强制措施或者干预时，应有适当的理由。这样既有效地维护了公民私人的自主选择和自由，又充分利用了公民个体的自私之心，使得公民个体在追求和实现其自身的合法利益的同时，也能够推动社会的进步与经济的发展。

1.2.2 实体正义与程序正义

1. 基本概念

实体正义和程序正义都是涉及刑事诉讼法的一个专有术语。前者又被称为实质正义、结果正义，指通过整套的法律行政诉讼流程所实现的结果是正义的，即实体上已经实现了正义；后者则聚焦于法律行政诉讼的整个流程是否完全符合法律的规定和精神，即不仅需要充分关注审理结果的真实性和正义，更要实现"看得见的正义"，包括在一系列法律行政诉讼流程中的调查取证、双方都具备享有辩护权的律师等一系列公平、公正、公开的行政诉讼流程都得以实现，其本身就是一个指导审理结果的流程（但又相对于裁判结果而言）的公平。

实体正义包括三方面的"正义"追求：犯罪之人获得惩罚、法律面前人人平等、罪刑相适应。

实体正义被西方大陆法系的国家接受和实施，德国刑事诉讼法中规定："为了调查事实真相，法院应当依职权将证据调查扩大到一切对裁判有意义的事实、证据。"欧洲司法调查官埃莫里克斯曾说："只要真相能够得到，它是如何获得的并不重要。"德国学者亨克尔教授也认为："刑事程序是为寻找实体真实服务的。"

大陆法系国家刑事诉讼对实体正义（效率、目的或者说是目标）的偏爱和注重，一定程度上是历史传统浸染的产物。大陆法系的职权主义诉讼是在中世纪纠问式诉讼的基础上改造而来的，而纠问式诉讼是当时的宗教裁判法庭的发明。出于维护宗教教义的考虑，在宗教裁判法庭上，罪行的"真实性"要比任何所谓的"人权"更为重要，诉讼程序的各个要素都必须服务于确定犯罪行为的真实性。法官为此应采取一切必要的手段和措施去调查证据，查明事实真相。注重裁判结果的公正从而相对忽视了对程序过程公正的关照和追求，是大陆法系国家刑事诉讼传统延续已久的精神取向。

实体正义聚焦于"真实错误"，认为流程规定之内可能有纰漏，让有罪之人无法得到应有的制裁，故不能拘泥于框死的流程内，而应该聚焦于"绝对意义上的错与否"。

程序正义是英美法系国家的一种法律文化传统和观念。这源于一句人所共知的法律格言，即正义不仅应得到实现，还要以人们看得见的方式加以实现。美国权威的《布莱克法律词典》对程序性正当程序的含义作出了具体的解释：任何权益受判决结果影响的当事人有权获得法庭审判的机会，并且应被告知控诉的性质和理由、获得法庭审判的机会以及提出主张和辩护等都体现在"程序性正当程序"之中[①]。这与"一次犯罪污染的是一条清澈的河流，但一次不公正的审判污染的，是人民赖以生存的水源"所提倡的"必须保证法律判决的公正和公开"类似，即认为法律作为一种强大的工具，如若无法被正确使用，那么它就有可能被用作一种独裁的工具，危害社会的稳定。

2. 法律意义

作为法律诉讼的两大"正义"追求，二者追求和体现的法律精神存在着不同。实体正义所追求的正义，体现出人们对于公正的渴望，渴望作为工具的法律去发挥其惩恶扬善的功能，而不仅仅是作为一个框架或没有人情味的"形式主义工具"；而程序正义体现的是人们对于"人权"的重视，认为即使是犯人，法律也有保护其合法权利的义务，必须按照合法的规定和流程执行整个诉讼过程。

程序正义和实体正义是两种不同的正义追求。关于法系的详细介绍将在下一节呈现。对于正义的需求将会迫使法律不断进化，不断细化法律的约束点，让更多的实体正义得以通过程序正义来实现，这也是法律发展的趋势，两大正义必将随着时间流逝不断交融。

1.2.3 法系比较

1. 基本概念

法系是指具有共同的法律传统的若干个国家和地区所制定的法律，是一种超出若干

---

① Bryan A.Garner. 布莱克法律词典[M]. 8 版. 宁波：宁波出版社，2007.

个国家和地区的法律现象的总称。全球范围内存在诸多法系，其中最著名的两大法系为大陆法系与英美法系，不同的法系在正义的法律概念、整体法律诉讼流程乃至法律解释方面都存在着很大的差异，学习不同的法系及其特征对于定义发生在不同的国家尤其是不同法系的国家内的跨境商业行为十分重要。无论何时，"法律"都可以作为共享交流的语言。妥善运用法律语言来管理、降低企业法律风险的前提就在于学习掌握双方所践行的不同法系以及异同点。

法系的概念与法律体系、法学体系、法律文件体系、法律的历史类型等概念不同，不能错误混淆：

（1）法律体系是指由一个国家内部各个现行法律部门所构成的有机统一整体，即不包括国际法。而且法律部门也不同于部门法，前者包括宪法，后者一般不包括宪法。

（2）法学体系是指由法学的各个分支学科所组成的有机体系。它与法系有一定联系，但又区别于法系。法学体系是一种学科体系，是一种学理分类。而法系是一种关涉传统的体系，是一种现实分类。二者都具有一定的确定性，但同时又具有一定的开放性与适时变化性。

（3）法律文件体系可以划分为规范性法律文件体系和非规范性法律文件体系。与法系比较起来是横向分类与纵向分类的区别。

（4）法的历史类型是按照历史上法的阶级本质和其所依赖的经济基础对法所进行的基本分类。这是马克思主义法学关于法的分类方法的一种。与法系比较，前者侧重时间性，后者侧重地域性；前者侧重实质特征，后者侧重形式特征。而法系是在对各国法律制度的现状和历史渊源进行比较研究的过程中形成的概念。

2. 不同法系介绍

全球曾存在着包括中华法系、大陆法系、英美法系、印度法系以及伊斯兰法系在内的五大法系，后中华法系和印度法系解体，至今只剩三大法系。本书将介绍其中最为著名的两大法系——大陆法系和英美法系。

1）大陆法系

大陆法系包括两个支系，即法国法系和德国法系。法国法系以1804年《法国民法典》为蓝本建立，它以强调个人权利为主导思想，反映了自由资本主义时期社会经济的特点；德国法系强调国家干预和社会利益，是垄断资本主义时期法的典型。属于大陆法系的国家和地区除了法国、德国外，还包括意大利、西班牙等欧洲大陆国家，也包括曾是法国、西班牙、荷兰、葡萄牙四国殖民地的国家和地区，如阿尔及利亚、埃塞俄比亚等及中美洲的一些国家。中国在清末、民国时期引进西方的法律，当时的法律基本是以大陆法系国家的法律为参照蓝本，包括德国、日本。中华人民共和国在发展法律的过程中不断借鉴别国的法律，形成了具有中国特色的法系，但其本质上是属于大陆法系的。

大陆法系的特点如下：

第一，继承罗马法：吸收了许多罗马私法的原则、制度，如赋予集合体以特定的权利能力和行为能力；所有权的绝对性，取得财产的各种方法，某人享有他人所有物的某些权利；侵权行为与契约制度；遗嘱继承与法定继承相结合制度等。此外也接受了罗马法学家的整套技术方法，如公法与私法的划分，人法、物法、诉讼法的私法体系，物权与债权的分类，所有与占有、使用收益权以及思维、推理的方式。

第二，实行法典化，法律规范抽象化概括化。

第三，有明确的立法与司法的分工，强调制定法的权威，一般不承认法官的造法功能。

2）英美法系

英美法系，亦称"普通法系""英国法系""判例法系""海洋法系"，是以英国普通法为基础发展起来的法律总称，包括了英国从 11 世纪起主要以源于日耳曼习惯法的普通法为基础逐渐形成的一种独特的法律制度以及仿效英国的其他一些国家和地区的法律制度。产生于英国，后扩展到曾经是英国殖民地、附属国的许多国家和地区，包括美国、加拿大、印度、巴基斯坦、孟加拉、马来西亚、新加坡、澳大利亚、新西兰以及非洲的个别国家和地区。是西方国家中与大陆法系并列的历史悠久和影响较大的法系，注重法典的延续性，以传统、判例和习惯为判案依据。

英美法系特点如下：

第一，以英国为中心，英国普通法为基础；

第二，以判例法为主要表现形式，遵循先例；

第三，变革相对缓慢，具有保守性，有着"向后看"的思维习惯；

第四，在法律发展中，法官具有突出作用；

第五，体系庞杂，缺乏系统性；

注重程序的"诉讼中心主义"。

3. 英美法系与大陆法系比较

1）判决形式

英美法系崇尚判例法，大陆法系推崇成文法，但这不意味着英美法系中不存在成文法。所谓判例法，即英美法系的法院判决书中，会大量引用判例来解释法律条文，上级法院判决书里的论证过程，对于下级法院来说具有拘束力，下级法院的论证不能与之相违背；即便是没有上下级关系的法院，其判决书内容对彼此也具有一般的说服力，也就是不一定要遵守，但可以用来支持自己的论证。在效力层级方面，英美法系的判例和成文法具有同等效力。而在大陆法系的国家，一般而言判例是没有拘束力的，其效力弱于成文法。

2）论证方法

英美法系的判决书，往往采用"归纳法"：大量列举事实和法律依据相类似的判例，得出其中的共同点，总结出一般的法律规则，作为裁判依据；而大陆法系则更多地采取演绎法，即大前提—小前提—结论的"三段论"。例如，以"枪杀警察是犯罪"作为大前提，结合"A 以袭警的故意拿手枪射击警察 B，致 B 失血过多死亡"的小前提，就能得出"A 的行为构成犯罪"的结论。如果换作欧美法系的法官，在写判决的时候，论证过程就会是"在之前 C 枪杀警察案中，C 也是故意用手枪射杀了警察 D，C 构成故意杀人罪，所以本案中 A 罪名成立"。

3）审判权（最终话语权）

在英美法系中，其审判制度设计上法官和陪审团是有分工的，陪审团被称为"事实认定者"。即法官没有最终发言权，陪审团有最终的发言权。法官在此基础上可以根据陪审团已经认定了的事实，向陪审团说明相关法律，帮助陪审团作出决定，或者在陪审团的决定明显违法时推翻陪审团的决定（但刑事案件中，陪审团认为无罪的，法官不能改判）。尽管法官能够以适用法律错误为理由推翻陪审团的决定，但不能推翻陪审团所认定的事实，这就是双方在认定事实和适用法律方面的分工。而在大陆法系国家，虽然有的国家也有陪审员，但陪审员和法官并没有像这样在职权上做出分工。

4）证据话语权

在英美法系中，人们热衷于寻找人证，即他们认为人证当面的证词可以更好地帮助法官和陪审团作出判决。例如在辛普森杀妻案中，辛普森被要求戴上作案的手套，期间辛普森戴上手套时困难的表演仿佛在说手套太小戴不上，希望以此摆脱嫌疑；而大陆法系对于物证、书面证据的重视程度远高于人证，大陆法系的法官认为人证存在的主观因素可能会给案件带来误会，而沉默的物证才能更好地反映出隐藏在无言中的事实。

4. 判例法与制定法比较

综上，我们发现英美法系与大陆法系各自推崇判例法和制定法，了解它们各自具有的优缺点，对于进一步了解两大法系有着积极的作用。

判例法存在以下优点：

（1）成本低廉，相对成文法（制定法）而言，制定和运作的成本大大降低；

（2）更加灵活，对于超过法律规定的案件，能够更快更灵活地依据法官和陪审团的个人经验加以解决。

与此同时，判例法也存在一定缺陷：

（1）判决理由不够严谨，相对规定好的成文法而言，其判决大多依赖于法官和陪审团的个人经验以及之前对类似案件的处理结果，可能产生误判；

（2）判决结果可能不一，因为其自身特点，对于某些相似案件，可能得出的结果会有不同。

而成文法（制定法）的优点则主要在于：

（1）流程简单，相对于判例法，成文法只要依照相关的法律条文即可作出判决，不存在过多复杂的主观因素影响结果；

（2）能提供更权威的解释，成文法的所有判决结果都有其依赖的法律条文和制度，解释理由更加权威。

但成文法的缺点也十分明显：

（1）对于超出法律规定的案件，成文法往往无法发挥作用，相对于范围更广泛的判例法，成文法只能依靠法律条文中规定的事宜进行判断；

（2）对于不合逻辑的法律规定，成文法可能无法及时发现并且予以纠正，从而造成误判、错判。

1.3 法律制度

1.3.1 法律的性质

既然法律的产生与"社会发展"和"阶级产生"密切相关，那么法律的性质是否也能从中推理出来呢？诸多法律是否也具有相同的性质和特点呢？答案是肯定的。在学习了法律产生的原因和作用后，我们将进一步学习、探讨法律具有的共同特点。

第一，法律具有一定的"滞后性"，不管是在习惯法被国家、统治阶级赋予法律效力的下一刻，还是成文法被制定出来的后一秒，它们相对时代都已经"落后"了，即法律所能考虑的范围和内容永远无法匹配所有社会需求。这种"滞后性"与法律产生的背景和原因息息相关。我们知道，公法的产生是为了统治者或某些阶级巩固自身统治、保护自身利益，而私法的产生是为了更好地处理私权纠纷。即无论是公法还是私法，法律都是用来解决纷争和约束规范社会中人们的行为的。法律约束的人们可以是某一个个体、部分群体甚至全体人民，但是不论哪一种情况，由人类组成的社会是动态的、变化的，这就意味着新的问题和矛盾也将随着社会不断的进步而出现，层出不穷的问题和矛盾是不可能仅仅通过一本"相对静态"的成文法或者一些"墨守成规"的习惯法而被根除。法律如同灌溉农田的泉水，必须不断流动、变化，让自己变成潺潺泉水，才能保持活力，其庇护的农作物才能吸收到充足的营养。

那么法律具有的滞后性是否意味着法律没有意义呢？答案是否定的。虽然法律的滞后性使得法律永远无法解决所有问题和矛盾，始终会有问题和矛盾被社会不断激化，但这并不意味着法律就是没有作用的。对法律的不断更新，或者针对某一问题的立法，都证明了法律是一个长期发展的社会现象，法律的发展会顺应社会和时代，法律是服务于社会中的人类的工具。社会的发展和改变，阶级的产生和消亡，都可以通过法律的演变、进化窥知一二。例如 2021 年 1 月 1 日生效的《中华人民共和国民法典》（以下简称《民法典》）中对高空抛物的责任追责以及认定的修改，离婚冷静期的实施等都可以说明虽然单个法律是相对静态的，但是法律始终处在一个运动和发展的状态，这是一个长期的社会现象。

为此，我们必须充分了解法律的"溯及力"，即一个法律"溯及既往"的法律效力，指法律对于其生效以前发生的事件和行为是否适用。如果该国的法律被禁止适用此类事件和行为，那么该法就不具有可追溯性；反之，则该法具有可追溯性。

对于刑法的溯及力，各国有不同的原则：

（1）从旧原则，即刑法规定对在其生效之前的所有行为都是不可追溯的；

（2）从新原则，即刑法对于在其实施时期之前未经民事机关审判或者裁量尚未被认定的犯罪行为，应当予以依据和追究，并且具有可追溯力；

（3）从新兼从轻的原则，即新法原则上对于人们来说具有追溯力，但在旧法（行为时法）并没有认为属于犯罪或者受到处刑后比较轻的情况下，依照我们的旧法进行处理；

（4）从旧兼从轻的立法原则，即新法原则上不具有溯及力，但新法不认为是犯罪或者处刑较轻的，则依新法处理。

上述各项原则，从旧兼从轻的原则既能够符合犯罪和行政法定的基本要求，又能够适应现代社会实际需要，被绝大多数发达国家的刑法广泛采用，我国的刑法也采用这一原则。

第二，法律具有绝对的"强制性"，这是由法律产生的作用和法律制定的流程共同决定的。法律由国家制定并监督执行，这意味着社会中的每一个人原则上都必须遵守法律，任何在无合理理由的情况下不主动完成法律所要求义务的社会公民都会被强制完成该义务，这也决定了法律具有原则上的约束力，可以对公民的行为进行约束和规范。

第三，法律往往体现出"惩罚性"，即违反法律会受到法律惩罚，这一性质使得法律具有本质上的约束力，以惩罚的方式警示社会中的公民，使得法律具有后天的"威慑力"。

第四，法律还必须具有严格的"程序性"，即我们认为法律应该是一种具有严格程序规定的准则、规范，这体现在法律在制定上必须遵守严格的程序、在执行上必须按照既定的要求进行。这一性质要求行政机关不能借用法律的力量而不遵守法律本身，即法律应该是护盾，而不是利剑。

第五，法律具有"普遍性"，即"法的普遍约束力"体现在法律所规定的行为准则是为在一定社会发展阶段内该社会或国家内的一般人或群体所设立的，即法律存在一个"普通人"假设，一般的人（全体）可以做什么，必须做什么，禁止做什么，而不是针对某一个特定的人。具体而言，法律的普遍性体现在三个层面：

（1）在一国主权范围内，法律具有普遍效力，即所有范围内的人都要遵守；

（2）在民主法制的国家内，法律对同样的人、事、物具有平等性，即法律面前人人平等；

（3）不管哪一个国家的法律，其法律体现的要求与人类的普遍要求相一致。

1.3.2　法律的发展趋势

法律本身是一个长期的、发展的社会现象，在法律发展的过程中，会不断与当前社会发展的现状与需求相结合。故对于企业而言，了解法律发展的趋势具有建设性的战略意义，必须保证企业自身的发展战略不与法律发展趋势相冲突，才能合理地预测和管理企业法律风险。

在当前的时代背景下，ABCD 超级智能时代犹如世纪前进的车轮无法阻止。因此了解 ABCD 超智能时代对于预测法律发展趋势就显得尤为重要。

A 即 Artificial Intelligence，又称人工智能。人工智能的发展已经成为时代发展的热点。将其放入波士顿矩阵中，就如身处热点中的问题业务，目前虽然处在热点，但是对于诸多企业而言，还没有正式引进到具体的业务流程中，即目前仍然处在一个发展阶段。即便如此，AI 带来的法律问题却早早进入了社会的视野，如何解决相关法律问题、该运用何种法律作为基础，都是值得考虑的问题。作为一个企业，考虑长期的发展，必然要考虑是否使用新一代的生产机器，对于 AI 带来的法律问题，"商标，知识产权，产权与隐私权"的保护和探讨就是一个各方关注的焦点。

B 即 Block Chain，又称区块链。区块链技术是 ABCD 时代中的"革新性技术"，习近平总书记于 2019 年 10 月在中央政治局第十八次集体学习时明确强调要将我国区块链技术作为核心技术的自主创新重要的突破口，加快推动我国区块链技术和行业创新的发展。区块链的广泛运用将对企业所面临的"事务、财务"问题产生直接影响，对一同采用区块链相关技术的大型企业而言，如何对"隐私权、产权"进行有效的保护是一大讨论热点。对于一个旨在长期应用和发展区块链的大型企业来说，如何妥善处理因区块链带来的新"法务"问题也是一大难点。在区块链技术中，最为明显的特点是分布式账本和去中心化，所谓的分布式账本，即所有的企业都具有各自的信息系统账本，每一个交易、每一项事务的实际发生，都会被某一个选定的记录员进行记录，随之将其同步到每一个企业各自的信息记录账本上，成为一个小的信息矩阵，将这些信息矩阵根据一定的时间串联起来，便可以构成一个类似于链状的信息流，即区块链。加密技术使得某一阶段账本若被修改，其后续的"哈希值"（一种通过加密得出的类似"身份证"的凭证）也将发生改变，就会造成验证身份的错误，无法连接上后续的账本，其他所有企业便可得知该企业私自修改了其账本某一矩阵的内容。虽然加密技术使得"哈希值"无法逆向追踪到具体信息，即只能通过"哈希值"判断是否是该企业，而无法得知该企业的具体隐私信息，但目前也存在"成功逆向追踪"的案例，因此区块链的安全性和隐私也是一大讨论焦点。作为企业，自身在学习区块链技术的同时，也要时刻留意可能遇到的法律风险，进行防范控制。

C 即 Cloud，又称云计算。云计算主要指的是基于移动互联网的各种相关服务的增加、使用和信息交付模式，通常涉及如何通过移动互联网为客户提供一个可以进行动态更新、容易扩展且往往是虚拟化的信息资源。云计算技术目前已经较为成熟，广泛运用于 MIS、财务、金融以及各种 IT 行业，例如大家熟知的阿里云、百度云以及腾讯云，等等。企业可以借助云计算来帮助自身处理一些财务、事务。在 2011 年，中国国家发改委、工信部、科技部等多个部委共同启动并起草的《加快发展高技术服务业的指导意见》中，云计算信息技术产业被明确定义成为未来高端新技术信息服务业的战略领导者和发展主角。可见，云计算技术作为一种新型现代化信息技术已经得以广泛推行，但目前依然缺乏关于如何管控云计算的单独立法。云计算服务经常会涉及数据的安全储存问题，是否每一个数据的流入和输出都是安全的。虽然亚洲目前也有国家开始起草关于云计算的法律草案，但是整体而言仍然处在发展阶段，大多运用的仍是银行、金融业内对于数据安全的法律和法规。对于企业而言，如何在法律明确规定前管控"产权，隐私权"等法律风险就是一个值得关注的重点。

D 即 Big Data，又称大数据，指无法在一定时间范围内用常规软件工具进行捕捉、管理和处理的数据集合，是需要新处理模式才能具有更强的决策力、洞察发现力和流程优化能力的海量、高增长率和多样化的信息资产。"大数据"具有海量的数据规模、快速的数据流转、多样的数据类型和高价值这四大特征。随着时代的发展、互联网技术的成熟，大数据时代的到来已经不可抵挡，"大数据"在各个领域都有着非凡的意义，如何去面对大量的数据，从中挖掘对于企业有价值的信息并加以整合与分析，帮助企业作出决策就是企业要关注的内容。但是伴随大数据带来的"黄金数据流",也催生了一系列前所未见的法律风险,如何在合理挖掘数据的同时,保证数据的安全性和保护数据涉及的隐私权就成了新的法律难点。对于企业而言,一方面要紧跟时代发展,结合自身需求合理地运用大数据帮助企业做决策,另一方面,在使用大数据的同时,也要关注大数据涉及的一系列法律风险,合理地对大数据带来的新风险进行管控。

综上讨论,法律的发展与时代更迭、社会进步、生产力的发展密切相关。企业在运用新技术的同时也要能够预见其带来的新法律风险,合理地管控法律风险,只有这样才能真正合理保证企业的长期发展不会面临巨大法律危机。ABCD 超级智能时代的来临带来的新一轮法律风险特点聚焦"数据",该时代的数据具有"大、快、多"的特征:数据量大、数据的更新速度快、数据类型多。新的风险点与"知识产权""隐私权"密切相关。

复习与思考

(1)广义和狭义的法律有什么区别?谈谈你对它们区别的看法。

(2)有人说"经济特区法规是针对经济特区制定的法律,所以它不受宪法的约束"。这句话对吗?为什么?

(3)有人说"习惯只要经过了一段时间,就会演变成习惯法"。这句话对吗?为什么?

(4)你认为习惯法和成文法的优缺点是什么?它们最大的区别是什么?

(5)公法与私法的区别是什么?

(6)"程序就是走个流程,只要结果合法就可以了。"这种说法是否正确?为什么?

(7)英美法系和大陆法系有什么区别?

(8)法律保护的利益是全面的吗?为什么会产生这样的现象?

(9)既然法律具有滞后性,那么用什么方法来解决现有法律解决不了的问题呢?

(10)法律的溯及力与滞后性是否矛盾?为什么?

(11)你对法律发展的趋势是怎么看的呢?你觉得法律发展趋势对于企业管理法律风险有什么意义?

案例与实训

案例一

廖某无证驾驶机动车辆,不幸与胡某相撞,导致双方车辆受损,胡某受伤。廖某与胡某协商,双方同意由廖某支付 28000 元私了。其后交警部门赶到,处罚了廖某。廖某遂毁约,其理由是,私了的前提是不被罚。现在被罚,当然不应该再私了。

法院认为,道路交通事故发生后,随着交警部门的介入,对于交通事故的处理便形成了公法和私法两个领域。在公法领域,交警部门及其他相关的权力机关依据交通法律、行政法规等相关规定,根据当事人的违法程度及损害后果做出相应的处理,违法情节及损害后果严重的,依法给予相应的行政处罚或刑事处罚,不以事故双方当事人的意志为转移。在私法领域,在交通事故中人身权益、财产权益受损的当事人得以依法行使人身、财产损失赔偿请求权,赔偿请求权的行使以私法自治为原则,赔偿权利人和赔偿义务人在平等自愿的基础上，可以就赔偿项目、金额及如何赔偿达成赔偿协议，赔偿协议达成后，原因道路交通事故形成的侵权之债转化为合同之债，依法达成的赔偿协议对协议双方当事人发生法律效力，均具有拘束力。但是，赔偿协议中不得附有以关于逃避、规避、免除行政处罚、刑事处罚，或以降低行政处罚、刑事处罚标准为条件的条款，附有该条款的，该条款违反法律强制性规定，均为无效条款。该条款无效，不影响赔偿协议中其他条款的效力。

【思考】请问廖某与胡某的约定是否应该履行？试从公、私法角度解释说明。

案例二

葛某非法采砂，被水务局罚款50万元。葛某此前欠陈某6.5万元。水务局主张按比例实现债权。陈某认为民事债权优先，意图让葛某先行偿还欠陈某的6.5万元。

《中华人民共和国民法典》第一千一百八十二条规定："侵权人因同一行为应当承担行政责任或者刑事责任的，不影响依法承担侵权责任。因同一行为应当承担侵权责任和行政责任、刑事责任，侵权人的财产不足以支付的，先承担侵权责任。"《中华人民共和国公司法》第二百一十四条规定："公司违反本法规定，应当承担民事赔偿责任和缴纳罚款、罚金的，其财产不足以支付时，先承担民事赔偿责任。"前述法律均规定了民事责任优先原则。参照上述法律规定的民事责任优先原则以及国不与民争利的立法精神，若同一被执行人既有民事债权执行案件，又有行政处罚、司法罚款或者罚金刑事处罚、没收财产刑事执行案件，且被执行人的财产不足清偿全体债权人的债权时，民事债权应优先受偿。

【思考】请问葛某应当如何处理债务关系？

案例三

平某向申某转让一套房产，双方共同签订《二手房屋买卖合同》，合同中明确规定税费完全都由申某承担和缴纳。然而约定后双方发现依据税法的要求，所得税应当由平某来缴纳，契税由申某来缴纳。

双方当事人签订的《二手房屋买卖合同》是双方真实意思表示，内容不违反法律、行政法规的强制性规定，合法有效。在房屋买卖合同关系中，涉及缴纳交易税费的义务，它兼具公法和私法双重属性。从公法上看，根据税收征管法的规定，应遵循税收法定原则，依法纳税是交易主体应尽的法定义务，纳税人如果存在偷逃税款、不足额缴纳等行为，税务机关应根据税收征管法的规定加以追缴，并追究相关责任人的法律责任（如进行行政处罚或对构成犯罪的移送司法机关处理）。从私法上讲，法不禁止就是法所允许，交易双方可就税费承担自由约定。

【思考】判断该如何处理税费的分配。

案例四

某法官陈某投资了李某的合伙企业，于2004年4月7日签署合伙协议书。后来，陈某打算退出，于是在8月14日和李某签订了一份退出协议书，协议约定陈某把债权转让给曹某。其后曹某向李某要求承担合伙份额对应价款，李某却不表示同意，主张和陈某的合伙协议无效，理由是陈某严重地违反了《中华人民共和国法官法》的相关规定——法官不得兼任企业或者其他营利性组织、事业单位的职务。

认定双方当事人之间合伙关系效力的关键在于对《中华人民共和国法官法》第四十六条如何认识。本条规定，法官有下列行为之一的，应当给予处分；构成犯罪的，依法追究刑事责任。其中第九项：违反有关规定从事或者参与营利性活动，在企业或者其他营利性组织中兼任职务的法官不得从事营利性的经营活动，这个规定形式上是从权利管理对法官私法行为资格进行限制或剥夺，不产生对外效力；实质上规范意图不在于私法行为，不是为了规范合同行为，是不属于调整私法行为的强制性规范。私法行为本身对陈某没有影响，只是私法行为主体违反了仅直接调整公法行为的强制性规定，只需承担公法上的责任，也就是说法官违反此规定承担的法律后果是受到处分的行政责任，构成犯罪的承担刑事责任，但从事营利性经营活动的私法行为效力不受影响。判断公民法人是否具备合伙投资主体资格的法律依据应当是民法通则的有关规定。本案陈某系完全民事行为能力人，具有民事权利能力和民事行为能力，在法律意义上具备合伙投资的主体资格，且陈某仅按合伙协议提供资金，实际不参与合伙经营管理，未实际从事经营活动，即便陈某从事了合伙经营活动，民事行为的效力亦不受影响，故2004年4月27日合伙协议书和8月14日协议书有效。

案例五

1995年10月3日，美国西部时间上午10点，当辛普森案裁决即将宣布时，整个美国一时陷入停顿。克林顿总统推掉了军机国务；前国务卿贝克推迟了演讲；华尔街股市交易冷清；长途电话线路寂静无声。数千名警察全副武装，如临大敌，遍布洛杉矶市街头巷尾。CNN统计数字表明，大约有1亿4千万美国人收看或收听了"世纪审判"的最后裁决。陪审团裁决结果：辛普森无罪。

"辛普森杀妻案"被誉为最能体现美国程序正义的典型案例。辛普森是美国著名的黑人橄榄球员，1994年6月12日深夜，洛杉矶西部一豪华住宅区里，一只小狗在不停地狂吠，引起了邻居的注意。人们在一住宅门前发现两具血淋淋的尸体。女死者后来证实是妮克·布朗·辛普森，即著名橄榄球员辛普森的妻子，而她身后是餐馆的侍生郎·高曼。两人浑身血痕，均被利器割断喉咙而死。

在美国的司法体制中，只依赖间接证据就把被告定罪判刑绝非易事。是因为仅凭个别的间接证据通常不能准确无误地推断被告人有罪，必须有一系列间接证据相互证明，构成严密的逻辑体系，排除被告不可能涉嫌犯罪的一切可能，才能准确地证实案情。此外，间接证据的搜集以及间接证据和案情事实之间的关系应当合情合理、协调一致，如果出现冲突或漏洞，就表明间接证据不够可靠，不能作为定罪的确凿根据。比如，在辛普森案中，检方呈庭的间接证据之一是在杀人现场发现了被告人的血迹，可是，由于温纳特警长身携辛普森的血样在凶杀案现场停留了3小时，致使这个间接证据的可信度降低。

虽然被判无罪释放，但大量的证据其实暗示辛普森很有可能就是杀害妻子的真凶。相关记者对社会公民采访时，曾问及"您是否觉得是辛普森杀害了他的妻子"，得到的答案是"是的，我认为他杀害了他的妻子。"而后记者问及"您是否觉得这是一场公正的审判",却得到了肯定的答案,这足以体现在英美法系中,程序正义被看得十分重要(相对于实体正义)。判决无罪的原因主要是"证据的无效性"。在辛普森案中,由于检方证据全都是间接证据,因此,辩方律师对这些"旁证"进行了严格鉴别和审核,是这场官司中极为重要的一环。令人失望的是,检方呈庭的证据破绽百出,难以自圆其说,使辩方能够以比较充足的证据向陪审团证明辛普森未必就是杀人凶手。案件有诸多证据,但是其无法被用于佐证辛普森杀害了其妻子,并且最关键的原因是获取证据时的警察有"歧视黑人"的历史且有私闯民宅的嫌疑。于是辛普森作为第一个"被认定杀害他人却被无罪释放的"法律矛盾体引起了世界法律界的关注和争议。

【思考】 实体正义与程序正义的意义与区别是什么?

第 2 章

企业法律风险管理概述

◆ **导语**

第一章详细阐述了法律的基本概念、分类和演进历程，为我们提供了深入理解法律体系的基础。通过这些知识，我们建立了对法律的初步认知，并明白了它在社会和商业环境中的根本作用。而正是在这个坚实的知识基础之上，我们将迈入第二章，开始探讨企业法律风险管理的重要议题。

第二章将深入剖析企业法律风险管理的内涵和实践，这是法律领域中的一个关键领域。在这一章中，我们将聚焦于企业法律风险管理的目标和原则，以及如何识别和规避潜在的法律风险。这些概念和技能将帮助我们理解和应对企业所面临的法律挑战，为有效的法律风险管理打下坚实的基础。

从法律的基本概念到企业法律风险管理的实际应用，它们相互衔接，使我们能够将法律理论知识与实际业务需求相结合，为未来的法律从业者和企业管理者提供全面而有力的法律教育。让我们一同探索如何在法律的广阔领域中科学、合规地管理企业法律风险，确保企业在竞争激烈的商业环境中稳步前行。

◆ **本章主要内容**

随着当今社会全球化、信息化、现代化进程的不断深入，日益活跃的物流、资金流、信息流，进一步增加了风险的不确定性、不可预测性和不可控制性，人们越来越感到自己置身于一个充满风险的世界之中，一个前所未有的"高风险时代"已然来临。

企业面临的主要风险有自然风险、商业风险和法律风险，而上述风险最终都会以法律风险的形式表现出来。面对不断加剧的竞争态势、日趋严苛的监管环境、海量信息的不断冲击和各类不确定因素的滋扰，作为市场经济主体的企业必须明白：风险管理是企业经营永恒的主题，而企业风险管理的最终落脚点是法律风险的管理。正如美国通用电气公司原总裁杰克·韦尔奇所说的那样："法律风险也是一种商业风险，企业管理人员有责任像管理企业商业经营风险一样管理法律风险。"

作为企业最常见、爆发率最高的风险，法律风险给企业带来的打击往往是毁灭性的，所以本章从法律风险的内涵、特征、表现形式等出发，帮助读者识别法律风险，并帮助读者对企业法律风险管理的原则和发展趋势建立基本的了解。

> **学习目标**
>
> 了解企业法律风险的含义、特征、表现形式及成因，能对企业日常的法律风险进行基本的识别与规避；理解企业法律风险管理的含义以及企业法律风险管理的目标和原则。

2.1 企业法律风险

2.2.1 企业法律风险的含义

企业风险指未来的不确定性对企业实现其经营目标的影响，一般可分为战略风险、财务风险、市场风险、运营风险和法律风险等，它包括纯粹风险和机会风险。

企业法律风险指企业预期与未来实际结果发生差异而导致企业必须承担法律责任，并因此给企业造成损失的可能性。企业法律风险与企业的自然风险、商业风险的不同之处在于其以承担法律责任为主要表现形式。

2.1.2 企业法律风险的特征

企业法律风险之所以成为单独的一类企业风险，是因为其具有与其他企业风险明显不同的特征。结合企业法律风险的定义，我们认为企业法律风险主要有以下几个特征：

（1）企业法律风险的发生必然与法律规定或者合同约定有关。

这是企业法律风险区别于其他企业风险的一个最根本的特征。无论哪一种企业法律风险，其之所以产生，归根结底是因为有相关的法律规定或合同约定存在。这种关联性既可能是直接的，如最常见的违规或违约风险；也可能是间接的，如企业未及时履行法律或合同赋予的权利而导致利益受损。

（2）企业法律风险发生的结果具有强制性。

企业的经营活动如果违反法律法规，或者侵害其他企业、单位或个人的合法权益，通常情况下会导致企业承担相应的民事责任、行政责任甚至刑事责任等法律责任。法律责任具有强制性，一旦发生，企业必须被动承受。

（3）企业法律风险的发生领域十分广泛。

企业所有的经营活动都离不开法律规范的调整，企业实施任何行为都需要遵守法律规定。法律是贯穿企业经营活动始终的一个基本依据。企业与政府、企业与企业、企业与消费者以及企业内部的关系，都要通过相应的法律来调整和规范。因此，企业法律风险存在于企业生产经营各个环节和各项业务活动之中，存在于企业从设立到终止的全过程。

（4）企业法律风险具有可预见性。

企业法律风险是基于法律规定或合同约定产生的。而法律规定或合同约定最基本的功能就是明确告诉当事人应该做什么、不应该做什么，以及相应的法律后果是什么。因此对于当事人来说，企业法律风险是可以预见的，即可以通过对法律规定或合同约定进行解读，能够预先判断出哪些行为可能会给企业带来法律风险，以及风险发生后会给企业带来什么样的后果。

2.1.3 企业法律风险的表现形式

企业法律风险的表现形式多种多样，主要分为以下几种：

（1）企业设立的法律风险。

在设立企业的过程中，企业的发起人是否对拟设立的企业进行了充分的法律设计、是否对企业设立过程有充分的认识和计划、是否完全履行了设立企业的义务以及发起人本人是否具有相应的法律资格，都直接关系到拟设立企业能否具有一个合法、规范、良好的设立过程。企业设立阶段常见的法律风险有企业形态选择的法律风险、出资的法律风险、股东资格的法律风险、行为限制的法律风险等。其中最大的风险就是企业设立不成功，其主要原因在于发起人对企业设立登记及设立必备条件较为生疏。

（2）企业治理结构的法律风险。

"治理结构"一词是由美国经济理论界提出的，我国公司法关于治理结构确立了公司组织机构中从事公司经营活动的决策、执行和监督的机构为公司最高领导机构。公司通过股东会、董事会、监事会三会之间的权力分立与权力制衡平衡公司内部不同利益主体之间的利益，并在组织制度上最大限度地保证公司的行为理性，避免和减少独断专行的决策给公司带来损失，实现经济利益的最大化。公司章程是规范公司治理结构的纲领性文件。但是不少企业的章程都是照搬工商行政管理机关的范本，条款简单，公司决策、执行及监督的职责划分不明，缺乏可操作性，根本不能满足规范公司治理结构的需要，导致公司治理结构存在巨大的法律风险。

（3）企业经营的法律风险。

企业经营的法律风险主要包括以下几个方面。

企业债权债务管理的法律风险。债权债务是指企业在生产经营过程中因各种业务而形成的应收应付。对债权债务的控制，实质关系到公司与客户、供应商合作关系的维护与利益调整。如果企业未对债权债务的管理给予足够的重视，势必造成企业死账、呆账的大量增加，从而制约企业经济的发展。在对债权债务法律风险的防控中，企业应做好确切的记录，保证应收账款及时收回，尽可能缩短债权期限，合理确定债务规模，减轻债务负担，保证资金的正常周转。

（4）企业合同管理的法律风险。

合同法律风险是指在合同订立、生效、履行、变更和转让、终止及违约责任的确定过程中，合同当事人一方或双方利益损失的可能性。合同法律风险是企业法律风险的重点，因为市场经济也是契约经济，合作双方中的任意一方无论受主观还是客观因素影响导致合同发生变化且这种变化使一方当事人利益受到威胁时，风险就已经降临。因此可以说，合同作为一种实现合同当事人利益的手段或者工具，具有动态性，双方当事人通过合同确定的权利义务的履行，最终需要确定某种财产关系或者与财产关系相关的状态的变化，得到一种静态财产归属或类似的归属关系。而实现最终的静态归属过程，可能受各种因素影响，当合同利益的取得或者实现出现障碍时，一种根源于合同利益的损失风险就展现出来了。

（5）企业人力资源管理的法律风险。

在我国，与人力资源有关的法律主要是《中华人民共和国劳动合同法》《中华人民共和国劳动法》以及国务院制定的相关行政法规及部门规章。在企业人力资源管理过程各个环节中，从招聘开始，面试、录用、培训、签订劳动合同、发放员工的待遇直至员工离职这一系列流程都受相关的劳动法律法规约束。企业的任何不遵守法律的行为都有可能给企业带来劳资纠纷，都有可能给企业造成不良影响且如果问题处置不慎将会引发社会矛盾，这种现象随着社会问题的不断叠加而越发尖锐和复杂。

（6）企业知识产权保护的法律风险。

知识产权是蕴含创造力和智慧结晶的成果，其客体是一种非物质形态的特殊财产，要求相关法律给予特别规定。随着国家对知识产权保护力度的加大，社会各界对知识产权保护意识的提高，知识产权纠纷案件日益增多。这类案件涉及的赔偿金额较高，往往给企业造成较大的经济损失。尤其是中国加入 WTO 以后，国内的知识产权立法与执法均必须达到《与贸易有关的知识产权协议》（Agreement on Trade-related Aspects of Intellectural Property Rights，TRIPs）的最低标准，因此，在越来越多的经营领域，侵犯知识产权的风险可能决定一个企业的存亡。

（7）企业财务会计及税收法律风险。

建立健全财务会计制度是企业健康发展的必然要求，财务会计制度完整全面地揭示了企业资金运动的基本情况等经济信息，对于组织企业资金运动、处理企业与各方面的财务关系起着重要作用，由其产生的法律风险影响重大。税收法律风险则指企业的涉税行为因为没能正确有效遵守税收法规而导致企业未来利益的可能损失或不利的法律后果，具体表现为企业涉税行为影响纳税准确性的不确定因素，结果就是企业多缴了税或少缴了税，或者因为涉税行为而承担了相应的法律责任。企业财务会计及税收是整个法律风险防控中的最薄弱环节。

（8）企业诉讼与仲裁法律风险。

企业作为市场交易主体，在从设立到清算的全过程中都在从事各种交易活动，作为一种组织形式，必然开展一系列的管理活动。由于主体利益的差别，无论是交易活动，还是管理活动，都会产生不同程度的矛盾或摩擦。当这种矛盾或摩擦无法协商解决时，就可能诉诸法院、仲裁机构。若企业存在其不能完全控制的败诉因素，就面临着诉讼或仲裁风险。如企业诉讼涉及调查取证、参加庭审、协调关系等复杂过程，任何一个环节处理不妥，对案件的结果都将产生影响。

2.1.4 企业法律风险的成因

所谓企业法律风险的成因，就是导致或者引发企业法律风险的原因或因素，不同的风险原因对应不同的管理策略和重点。导致企业法律风险产生的因素主要有三：

第一，企业外部法律环境的状况及其变化。如法律法规的修改、司法环境的优化，都将影响企业和相关利益主体的行为，使企业法律风险的原有状态发生变化——既可能使企业产生新的法律风险或现有法律风险消除，又可能使企业发生风险的可能性和损害程度增大或减少。

第二，企业自身的法律行为。如企业未依据法律规定有效实施法律控制措施，未采取有效的措施获得、行使或保护法律赋予的权利（譬如企业未及时对商标进行注册、对专利进行申报，对企业秘密未采取保护措施，未能在法定期限内行使求偿权利等），对法律风险管理认识不足、研究不足、投入不足等，都会大大增加企业法律风险。

第三，企业相关各方的行为。如企业利益相关人违反法律的规定、违反合同的约定以及实施侵权行为，必然会给企业带来法律风险。

企业法律风险的成因具体还可以从以下角度进行划分：

（1）直接原因和间接原因。

从成因的性质角度，可以把企业法律风险的原因分为直接原因和间接原因。

直接原因是指导致企业法律风险的直接因素，包括法律因素，如立法调整，同时也包括缺乏法律支持的经营管理活动，例如企业管理人法律意识欠缺。

间接原因是指导致企业法律风险的间接因素即其他风险，如财务风险会带来法律风险，企业经营失败会导致民事赔偿以及法律纠纷。

（2）内部原因和外部原因。

从成因的来源角度，可以把企业法律风险的原因分为外部原因和内部原因。

内部原因是指导致企业法律风险的自身因素，即通过企业设立行为、决策行为、生产行为、管理行为、经营行为等发生法律风险的根源，也是法律风险最主要的原因。如企业管理人员及员工法律意识淡薄，对企业法律环境认知不足，在经营决策中忽略或忽视法律因素，存在侥幸心理打法律"擦边球"，甚至故意违法经营，没有建立法律风险防范机制，法律风险能力不强等。企业法律风险的内部因素可以分为三个方面：

第一，企业员工的道德操守和法律素养。企业是一种社会存在的组织形式，企业行为体现为员工行为，企业运营首先体现为人的因素，尤其是企业的管理者基本可以控制并决定企业的生死存亡。然而，企业的利益与企业员工的利益并不完全一致，会存在一定的对立性。如此一来，员工的道德操守和法律素养直接决定了企业法律风险的大小。因此，企业风险首先是人的风险，人的因素在企业法律风险成因中具有最重要地位。

第二，企业内部规章制度的合法性、合理性及其贯彻落实情况。企业持续地健康地发展，不能仅仅依靠企业领导个人的魅力、能力和权威，更要靠科学的管理体系和先进的管理制度。因此，如果企业的内部规章存在一定的缺陷，甚至得不到法律法规的支持，或者未能得到贯彻落实，企业法律风险相应地也会增加。

第三，企业管理结构。随着企业竞争的全球化及日趋激烈化，规模超大、机构庞杂是现代企业的普遍追求，也是企业成功的重要标志之一。如今，企业内部组织结构的日益复杂化、经营商品或提供服务的日益多样化已大大超乎前人的想象。然而，在企业不断发展甚至是盲目扩张成为超大型的"经济巨人"时，企业内部各职能部门的信息沟通和有效配合也变得越来越困难。相应地，控制企业运营法律风险的成本增加、难度加大。尤其是，当企业突破了守法经营的底线，或者被部分别有用心的人控制或操纵时，企业所面临的法律风险可能就是致命性的，所带来的损失很可能就是全局性的。

外部原因是指导致企业法律风险的非企业自身的因素，包括外部法律环境变化的影响，立法不完备，行政及司法机关执法不严、不公正，合同对方恶意违约、欺诈，外部侵权等。企业法律风险的外部因素也可以分为三个方面：

第一，国家法律法规自身发生变化。国家政策、法律法规的不断调整更新，势必会给企业带来一定影响。今日企业的合法或不违法的行为，可能会由于法律法规的变化，而在明日变成违法行为。因此，如果企业对现行法律法规体系不了解或了解不全面，就可能会产生法律风险。

第二，企业的利益相关人的行为。企业在经营过程中，要受到竞争对手、合作伙伴、投资者、消费者、社区等利益相关人的影响，这些主体的行为也会给企业带来一定的法律风险。比如合同方欺诈、违约，他方侵权，竞争对手不正当竞争等。

第三，其他外部因素。包括意外事件、不可抗力等情况。

相应地，根据企业法律风险的成因来源，可以把企业法律风险分为企业外部环境法律风险和企业内部法律风险。这种区分的最大意义在于，企业可以采取不同的风险管理策略应对。由于外部因素企业难以控制，因而企业外部法律风险不可能从根本上杜绝；而内部因素是企业能够掌控的，因而也是企业法律风险防范的重点。整体而言，企业外部法律风险和内部法律风险都能通过健全制度、优化流程、规范文本、完善表单等最大化地予以避免。

2.2 企业法律风险管理

2.2.1 企业法律风险管理的含义

企业法律风险管理是企业管理的一个复杂过程，旨在识别、评估、应对和控制法律风险。这一管理活动包括多个相互关联的要素和程序，其目标是在这些要素和程序之间取得平衡。法律风险管理整合了法学、风险学和管理学的知识，侧重于事前预防和管理企业可能面临的法律风险。通过制定法律风险缓解策略，法律风险管理能够不断优化企业的管理体系、工作流程和日常文书，以最大限度地提高企业效益并最小化法律风险。

与传统的法律管理相比，法律风险管理最大的不同在于其立足于事先预防和控制，通过系统的方法主动发现企业经营中可能存在的问题，并综合考虑问题的轻重缓急和成本高低等因素，预先采取防范措施，避免相应风险的实际发生或将其危害抑制在可控的范围之内。

2.2.2 企业法律风险管理的目标

企业法律风险管理的目标主要分为两部分：一是在法律风险发生前的阶段，旨在预防或降低法律风险的潜在发生机会；二是在法律风险已经发生后，致力于最小化法律风险造成的损失。这两部分目标的有机结合构成了完整而系统的法律风险管理目标。

与企业的战略目标密切相关，企业的法律风险管理目标存在不同层次，因不同企业在法律风险管理方面有着各自独特的需求。总体而言，企业法律风险管理的目标应包括以下四个密切联系的层次（表2.1）：

表 2.1 企业法律风险管理的目标层次及其内容

目标层次	目标内容
总体目标	为企业战略服务，降低企业风险、减少企业损失； 保证安全、合规、持续经营，提高企业质效、增进企业价值
战略目标	增强企业法律风险意识，提高企业法律风险管理能力； 建立健全企业法律风险管理机制，提升企业法律风险管理水平
阶段目标	事前目标：建立法律风险防范机制，科学预测企业法律风险，努力消除法律风险隐患； 事中目标：合理控制企业法律风险，确保企业合法规经营； 事后目标：尽量减少法律风险对企业造成的损害，维持企业正常经营
具体目标	处理特定某项法律风险事务的目标，因法律风险不同而有所差异

第一层次，企业法律风险管理的总体目标是运用科学方法，全面、系统地识别和分析企业当前面临的法律风险以及潜在的法律风险。这一层次旨在为企业的科学决策和依法经营提供法律保障，以适应不断变化的内外部法律环境。

第二层次，企业法律风险管理的战略目标是在法律风险识别的基础上，制定有效的预防措施，以减少法律风险形成的机会。这包括建立规范的法律合规程序和培训员工，确保企业在法律方面的合规性。

第三层次，企业法律风险管理的阶段目标是在法律风险发生后积极应对和管理风险，以最小化潜在的法律风险损失。这包括制订危机管理计划、及时采取纠正措施，并与利益相关者进行有效的沟通和协调。

第四层次，企业法律风险管理的具体目标是不断改进和优化法律风险管理体系，确保其持续有效性。这包括定期评估和更新法律风险管理策略，以适应变化的法律环境和企业需求，从而实现企业效益的最大化和法律风险的最小化。

2.2.3 企业法律风险管理的原则

1. 审慎管理的原则

由于法律风险的特殊性，法律风险管理宜坚持审慎管理的原则，要在尊重法律、保持诚信的前提下开展法律风险管理活动，风险管理的策略和方法不应违反法律的义务性规范和禁止性规范。

2. 以企业战略目标为导向的原则

企业法律风险管理的目标就是通过对企业进行法律风险管理提升企业的价值。更进一步地讲，企业法律风险管理的目标在于促进企业战略目标的实现。因此，企业法律风险管理必须服从和服务于企业发展战略，以企业战略目标为导向，在企业法律风险管理活动中应充分考虑法律风险与企业战略目标之间的相互关系等因素，坚持法律风险管理以企业战略目标为导向的原则。

3. 与企业整体管理水平相适应的原则

企业法律风险管理是企业管理的有机组成部分，与企业战略管理、流程管理、绩效管理、信息管理等密切相关。为保证企业法律风险管理取得良好效果，法律风险的识别、分析、评价和应对等活动要充分考虑企业当前整体的管理水平。

4. 融入企业经营管理过程的原则

企业法律风险发生于企业的经营管理活动中，其识别、分析、评价和应对都不可能脱离企业经营管理过程。企业法律风险管理必须融入企业经营管理过程，贯穿决策、执行、监督、反馈等环节，成为其有机组成部分，应通过分析业务流程，识别风险控制点，在流程中控制风险因素，预防风险事件发生。只有将法律事务管理与公司生产经营活动相结合，企业法律部门全过程参与企业重大的经营管理活动，提供及时、充分的法律支撑和保障，做到企业法律风险防范的前置，才能合理、有效地控制企业在生产经营过程中可能面临的法律风险，在依法决策、合规经营的同时保证企业持续、快速发展。

5. 纳入决策过程的原则

企业所有决策都要综合考虑风险，以便将风险控制在企业可接受的范围内。法律风险作为企业的重要风险范畴，与企业的经济活动息息相关，企业在决策的同时，要将对企业有重大影响的法律风险纳入企业决策体系，作为应考虑的重要因素。

6. 纳入企业全面风险管理体系的原则

企业法律风险是企业风险中的一种，企业法律风险管理是企业全面风险管理的一部分，企业法律风险管理体系是企业风险管理体系的组成部分。因此，企业开展法律风险管理以及法律风险管理体系建设工作时，应在企业全面风险管理框架下进行，同时应与其他风险的管理整合，以提高风险管理的整体效率和效果。

7. 全员参与的原则

法律风险产生于企业经营管理的各个环节，因此法律风险管理需要企业所有员工参与并承担相关责任，其中特别包括企业专职的法律管理部门（或人员）。各方人员应分工负责，以形成法律风险管理的长效机制。

8. 持续改进原则

企业应通过系统管理的方法对公司的法律工作情况实施动态评估，使各项法律管理制度切实得到落实和执行，并通过定期的反馈、调整机制，确保其能够随时适应公司经营发展的实际需要，并发展成为一个良性循环的管理体系，形成公司法律工作的长效机制。企业法律风险管理是适应企业内外部法律环境变化的动态过程，其各步骤之间形成了循环往复的闭环。随着内外部法律环境的变化，企业面临的法律风险也在不断发生变化。企业应该持续不断地对各种变化保持敏感并做出恰当反应。

2.2.4 企业法律风险管理的趋势

进入 21 世纪以来，作为企业风险防控的重要组成部分，企业法律风险防控也进入了一个新的发展阶段，一大批国内外知名企业进行了大量的实践和有益的探索，推动企业法律风险防控进入了新的时期。纵观国内外企业法律风险防控的实践，企业法律风险防控呈现出一些新的发展趋势。

1）法律风险防控管理机构的制度化

企业法律风险防范的实施在很大程度上依赖于每一位员工的积极参与与贡献。因此，确立执行风险防范职责的主体是建立公司法律风险防范体系的首要步骤。在这一体系建设中，以下几方面的举措至关重要：

首先，设立企业法律顾问职位。根据国务院《国有企业法律顾问管理办法》的规定，国有企业总法律顾问具有高级管理人员身份，全面负责企业法律事务的管理。他们直接参与企业决策，对企业法定代表人或总经理负有责任，全面领导和处理企业法律事务，确保企业决策的合法性。这一规定不仅明确了国有企业总法律顾问的职责，也明显提升了企业的法律意识。

其次，建立独立法务部门或任命专职法务人员。通过成立独立的法务部门或指派专职法务人员，将法律资源有序集中，以高效利用法律知识。这既可降低社会成本，也能更好地防范企业的法律风险。企业守法的前提在于理解法律，只有在明晰法律规定的情况下，企业才能更好地依法办事，从而节约成本，提升效率，促进发展。在法务部门人员的选拔上，一方面，应严把人才引进关，坚持引入熟悉法律且了解企业经营的专业人才；另一方面，应建立企业法律人员激励机制，积极探索建立法律顾问岗位等级制度、奖惩制度以及定期培训制度。

最后，成立风险管理委员会。企业法律顾问职位的设立以及独立法务部门的成立的主要目的是通过规范和完善企业日常经营的法律事务，减少企业法律风险的发生。而风险管理委员会则从监控企业各部门风险的角度出发，控制企业风险的产生。因此，公司应成立"风险管理委员会"，其中包括评审部门和稽查部门。委员会主席由总经理担任；评审部门负责人由公司部门经理（财务部经理除外）担任；稽查部门负责人由法务部主任担任，企业总法律顾问负责指导；委员则由其他部门经理和不同部门、不同级别的员工代表组成，业务上受各部门负责人的指导，但直接对主席负责，具有参谋、建议和监督的职责。

2）法律风险防控管理制度的优化

授权批准的制度化改进。在经济业务的处理过程中，授权批准制度是企业风险控制的核心要素。它要求单位必须经过授权批准才能进行相应的经济业务活动。通常，总经理将授权分配给各部门经理，而后者则会再次授权给相关员工。授权批准制度包括两种形式，即常规授权和特殊授权。对于企业内的某一部门或职员来说，只有在获得授权批准的情况下，才有权进行审批与决策。

业务流程的制度化改进。在业务流程方面，企业可以通过重新设计流程，应对可能发生的风险。以一家北美的大型汽车公司为例，他们对90个不同业务流程进行了与风险相关的分析，特别关注了其中30个至关重要的流程，以确保这些流程不仅满足企业正常运作的要求，还具备承受潜在重大风险的能力，甚至能够在危机发生时快速实施风险修复。

内部报告的制度化改进。为了确保企业法律风险防范机制的时效性，公司应建立内部管理报告体系，及时提供与业务活动相关的实时信息，以便进行法律风险控制与防范。

这一报告体系应反映部门的常规经营管理职责，并且符合处理例外事件的要求。在内部报告的制度化改进方面，需要重点关注几个方面的常用内部报告，包括经营风险分析报告、资产风险分析报告、投资风险分析报告和财务风险分析报告等。

合同管理的制度化改进。在合同管理方面，公司必须加强对合同的管理，以防范合同陷阱和风险。首先，公司应建立合同审查机构和管理制度，确保多方审查，包括业务人员、业务主管以及专职法务人员，根据合同涉及金额的大小确定审查人员的级别。其次，公司应重视合同证据的保存，包括合同公证和鉴证，以保护自身权益，确保在诉讼过程中占据有利地位，将风险损失最小化。最后，公司应正确使用合同担保制度，通过加入担保条款来预防和规避合同项目风险，威慑交易方，防止欺诈行为的出现，从而降低损失。

客户资信调查的制度化改进。客户资信调查的重要性无法忽视。公司应在与新客户建立业务关系之前，全面调查其资产状况和经营实力，确保合同签订前对客户有充分的了解。同时，对于老客户，也应不断进行资信调查，以适应市场变化和客户状况的变化。全面了解客户的资信情况是进行任何贸易活动的基本前提，也是确保业务顺利进行的先决条件。

通过以上制度化改进，企业能够更好地预防和管理法律风险，提高法律合规性，确保经济活动的稳健运行。这些改进措施不仅有助于降低潜在风险，还有助于提升企业的法律风险意识和管理水平。

3）法律风险防控内容的系统化

未来的企业法律风险管理体系是以规范化为核心，以标准化、信息化、系统化为特征，把企业各项分散的经营管理活动按功能整合为若干系统，把各系统整合为一个紧密联系的有机整体的动态流程，主要包括六大系统所构成的风险管理的体系。

战略规划系统。该系统负责制定法律风险管理战略和实施此战略的规划。战略应既包括预防性措施，又包括突发事件管理预案。首先，要评估公司法律风险环境；其次，法律风险的防范措施必须在全集团公司内统一适用并执行；最后，法律风险环境随时都在发生变化，法律风险管理战略应当随之进行必要的调整。

内部环境控制系统。该系统负责建立科学的治理结构，建立科学的决策和管理机制，建立全员法律风险防范意识的教育培训机制；以法律的要求将企业各项经营管理活动规范化，建立全员岗位目标、确定责权，制定每一项经营管理活动过程中各个环节的行为规范和标准，建立监控、评价、调整各岗位执行规范标准的电子化系统。

内部经营管理活动控制系统。该系统是在企业行为规范化的基础上，实现确认经营管理活动中可能产生的重大事件，预测风险源、确定风险点、评价风险、确定解决方案、实施方案并跟踪反馈的系统。

内部法务工作系统。内部法务工作系统就是对企业面临的所有法律风险进行定位，确定法律风险管理目标体系，并进一步分解责任体系，将其落实到法务工作人员的具体工作中的系统。具体包括企业设立中的法律风险管理；合同管理中的法律风险管理；企业并购法律风险管理；知识产权法律风险管理；人力资源管理法律风险管理，等等。

外部法务工作系统。企业内部法务工作主要是针对企业规范的法律风险的管理，企业外部法务工作主要是针对具有一定对抗性的法律风险的管理，包括制定诉讼对策和对对抗性谈判的法律风险的管理。当然这种区分只是相对的，企业应该根据自身情况，制定一套适合自己的工作模式和流程。

综合信息管理系统。该系统是以企业行为规范为中心、以各分项管理系统为基本内容的管理模式，其必然依托于科学合理的信息化技术。通过信息化技术将企业的各项行为转化为企业法律风险管理的基础信息，以便管理人员准确快捷地掌握企业的具体行为并作出科学合理的决策。

4）法律风险防控形式的发展趋势

（1）法律风险防控体系实施阶段。

企业可分三个阶段实施法律风险管理体系：启动阶段、准备阶段、推进阶段。

启动阶段。企业法律风险管理与以往对法律风险的管理高度不同，其更加关注企业战略，因此，董事会的表率作用至关重要。企业董事会（或者执行董事会职能的其他机构）应当支持并负责启动企业法律风险管理体系建设，并给予实施人员充分的授权，以获得各部门对法律风险管理体系建设工作的配合与支持。

准备阶段。一是建立企业法律风险管理体系推进项目小组。决定实施法律风险管理体系后，应当首先成立企业法律风险管理体系推进项目小组，具体规划和执行企业法律风险管理体系推进措施和方案。二是划定法律风险管理体系推进的初始范围。三是建立统一的语言和流程。四是搭建组织架构。要建立法律风险管理体系的组织架构，须理顺法律部门及其他各业务单元负责人的管理职能。

推进阶段。一是对业务进行法律分析。首先对企业业务开展背景、具体经营活动和流程重新审视来获取法律风险信息。二是法律风险识别。法律风险识别分为基准假设和非确定事件两个步骤结合未决问题和事项分析，基准假设指企业对于未来经营可获得成果预期的基础分析。非确定性事件指某些肯定会发生但发生时损失程度和概率不确定的事件。三是法律风险评估。以法律风险登记手册为基础，利用评级、指标分析、价值测量等工具对识别出的法律风险影响的严重程度和概率进行分析，并对法律风险评估的限制条件进行全面衡量，建立法律风险评估模型。

（2）法律风险防控的量化分析。

量化分析是风险管理的一个基本特征，法律风险领域更是如此。在漫长的发展过程中，法律管理形成了自身独特的思维模式和分析方法。强调严谨、逻辑的定性分析是传统法律工作典型的工作方法，但是要建立真正有效的法律风险管理体系，仅有定性分析方法是远远不够的，必须对识别出来的法律风险进行量化分析。这是因为，一方面，如果没有量化分析，不能用统一的指标来刻画风险，就不可能对具有不同法律性质、分属不同业务领域的各类法律风险进行比较，就不可能全面地认识和把握企业面临的各类法律风险的总体情况和分布特征；另一方面，如果没有量化分析，就不可能准确地划分风险等级进而区别各类法律风险对企业的影响程度，就不可能科学地确定企业面临的重大风险，在有限资源的条件下进行风险控制。在目前开展法律风险进行管理的企业中，必须进行量化分析已经是一种共识，需要解决的是如何找到针对法律风险进行量化分析的方法和如何科学地使用量化分析得到的结论。

具体而言，我们可以通过对法律风险识别和评价的量化得出企业整体法律风险状况。法律风险评价阶段的量化主要涉及两大方面的内容：一是对于单项法律风险的分析，确定企业法律风险的风险水平和风险影响；二是对于企业整体法律风险的综合分析，评价企业整体法律风险状况。后者是在前者基础之上的分析，因此，对于法律风险的量化，重点在对单项法律风险的量化分析上。

（3）法律风险防控的信息化。

法律风险管理的最终目标是要建立法律风险管理的长效机制，要实现这一目标，信息化是必不可少的条件。实现信息化，可以固化已有的风险管理成果，提高成果的利用效率。这些成果包括风险行为、风险分析、法律后果、法律建议等。实现信息化才能提高工作效率，实现法律风险管理体系及时有效的更新。大量风险信息的采集、汇总、计算、分析、传递、查询工作，如果采取人工操作的方式，容易出现信息处理的误差；实现信息化，才能固化风险管理流程，减少人为因素的影响。法律风险管理是一项创新性的工作，借助信息化将管理内容嵌入企业经营管理流程中，有助于更好更快地实现管理目标。

5）法律风险防控机制的发展趋势

企业面临的法律风险是随着企业外部法律环境和企业经营战略的变化而不断变化的，法律风险防控本身也应该是一个动态的过程，只有这样才能及时反映法律风险变化的情况，适时调整法律风险防控的相关内容，保证法律风险防控的是企业现在的风险，而不是过时的风险，也即意味着要转变过去那种事后补救的法律风险防控的模式，转向事前防范。但这种事前防御是以事前防范机制、事中控制机制、事后补救机制的整体优化为基础的。

（1）法律风险事前防范机制的优化。

事前防范法律风险是尽可能在行为之前作出决策或采取措施，以避免形成法律风险或避免成为法律风险的承担者，即"防患于未然"。首先，建立法律风险数据库。该数据库是在企业法律风险识别与评估的基础上建立的。该数据库基本可划分为三个信息区，第一部分为基础信息区，主要内容为法律风险及引发风险的具体行为，其通过编码方式存储，便于使用和管理；第二部分为法律信息区，包括风险涉及的法规、法条、案例、法律责任和后果、法律建议等；第三部分为管理信息区，包括法律风险涉及的公司内部部门、外部主体、经营管理活动或流程等。公司法律风险数据库可以披露公司，包括经营管理的关键环节涉及的法律风险，这将有利于公司各层面全面认知公司所面临的法律风险及其基本的防范措施，从而使得防范法律风险成为公司决策与运营必须考虑的一个商业问题，而非单纯的法律问题，进而培养、提升执行人员对法律风险的事前防范意识，形成法律风险的预警机制。

其次，健全业务流程的法律风险管控环节。公司法律风险数据库虽然为公司管理层与执行层构建了一个认知法律风险的平台，但无法穷尽与面面俱到，因此在有关业务流程中设置法律内控节点并规范有关管理流程则显得十分必要。企业要在以下关键流程中增加法律内控节点：

产品流程。法律部门应全程参与论证新推出的服务是否在营业范围内、是否涉及行政许可、是否需要申请定价的批准、相关新服务是否触及消费者权益及质量承诺与控制方面的法律风险。

采购及付款流程。法律部门除了在原有的合同审查环节介入之外，还应提前介入，参与对采购方式的审核，对招标文件等采购文书的审核以及跟进合同履约情况，在付款时对是否存在违约情形进行联签、及时介入违约情况的处理等。

营销及收款流程。法律部门应参与营销方案的设计，对涉及消费者权益的内容及营销内容是否明确、具体等实施法律审核，剔除法律隐患，减少投诉与争议产生。对于应收账款部分，参与核审有关账款是否应收而未收，特别对于欠费期达 2 个月的账款应通过法律手段予以追缴，以防形成呆账、坏账。

固定资产管理流程。法律部门应参与核审固定资产购置、处置、维护、保管等的相关资料与记录，形成产权数据库。对于固定资产受损或流失等情形，及时采用相应法律手段止损及挽回损失。

资金管理流程。法律部门应重点完善融资活动涉及对外提供抵押、担保活动时的法律核审环节，以降低融资所带来的法律风险。

关联交易管理流程。关联方及关联交易类型的界定、授权、执行、报告和记录等均应经法律部门核审或联签。

投资管理流程。进行有价证券、股权、不动产、经营性资产、金融衍生品投资及其他长短期投资、委托理财、募集资金使用的决策、执行等，均需有法律部门的参与；在向子公司指派董事或监事时，可考虑指派高级法务人员担任。

研发流程。法律部门须主要完善知识产权管理流程，包括基础研究、产品设计、技术开发、产品测试等子流程中的法律介入节点，以更好地从法律角度维护公司的无形资产。

人事管理流程。有关人事规章制度的设计与执行应设立法律核审节点，对于管理过程中的雇用通知、聘用合同等实施标准化管理，而对于培训、辞退、薪资记录、薪资支付、考勤及考核等均需在法律支撑下设计合理有效的操作细则，以防形成风险。

宣传与媒体管理流程。对产品市场推广、资本市场信息披露、新闻采访、内部刊物等任何形式的关于公司的媒体报道应有事先的法律指引、事中跟进和事后跟踪控制等。

最后，构建企业法律风险管理信息系统。企业法律风险管理信息系统有助于公司提升法律风险防控的效率。企业法律风险的防控是一个系统性的工程，须伴随公司的发展与时俱进，只有形成一定的长效机制，才能真正实现对公司法律风险的有效管控。随着IT 技术的成熟与演化，我国企业法律部门也越来越多地借助信息化技术对法律风险实施管理。以信息化手段管理企业法律风险主要有以下几方面的作用：一是能实现法务管理信息的存储、分析与总结；二是能保证法律风险管理体系对生产经营活动的高效反应；三是有利于各层级的下属单位统一法律风险防控模式，保持法律风险防范的整体性与一致性。

（2）法律风险事中控制机制的优化。

事中控制机制主要是保证事前防范确定的应对措施运行于正常状态，或是因事态发展可采取有效的管控手段。并非所有的法律风险均会在事前防范阶段得以解决，因受法律环境、技术环境以及经营环境等诸多因素的影响，公司面临的某些法律风险需采取事中控制措施并且予以持续的关注。具体来说，法律风险事中控制机制的优化可从以下两方面着手：

第一，通过流程规划强化法律风险的整体防控。实施流程的每个企业都会存在各种各样的流程，包括没有形成书面形式而在实际操作中存在的流程。由于某些行为涉及复杂的法律关系和操作流程，在具体操作中涉及多个流程的配合时很容易出现失误。如有些大型企业，由于生产过程复杂、内设部门繁多以及事项的专业化分工程度较细，制度和流程管理已是运营管理中的一种常态。但因缺乏统一的规划，特别是有关法律风险防控方面的规划，很多制度仅具有"形"而无"神"。如果能够做好整体规划，理顺流程体系与重大流程，则会在提高法律风险管理水平的同时提高其经营管理的精细化水平，更适应其在现代企业经营管理方面的需要。

第二，推行穿行测试工作方法。穿行测试本属于审计方法，但这一方法可作为公司校验法律风险管控措施是否有效的手段之一。公司为防范及化解法律风险设计制定了大量的制度、流程、文本，这些成果实施后的情况如何，是否存在遗漏、冲突或不能适应实际需求的情况，在施行以前往往无法得知，而施行以后可能发现问题但问题有可能未及时反馈至法律部门，特别是一些架构方面的缺陷，更可能长期存在且较晚才能被发现。因此，定期或不定期选择一些与企业运营密切相关或争议较多的制度、流程、文本实施模拟运行，可以检验这些制度、流程、文本是否满足实际需求，有无优化的需要等。

（3）法律风险事后补救机制的优化。

事后补救一般指法律风险形成现实危机后，公司采取有关措施力争将损失降至最小，比如处理诉讼等。法律风险的事后补救在大多企业里均是主动或被动实施的管理举措，但企业往往是以"临时抱佛脚"的状态去处理与对待事后补救的，因此并未能从法律风险管理体系化的角度对其作相关理解与规范，就不免存在缺少体系化考虑的情形。法律风险事后补救机制的优化可从以下两方面着手：

以绩效考核提升法律风险管控的执行力。因法务工作较难量化，所以如何对法律工作内容实施考核是法务管理以及法律服务行业一直以来想解决但仍未彻底解决的管理难题。但在形成了法律风险识别、评估体系，建立了法律风险数据库以及有关流程明确职责的基础上，法律风险管理引进绩效考核这一管理工具具有一定可行性。广东电信公司参考法律风险评估方法，从工作职责、风险点、管控措施、措施实施情况、效果及上级评价等多个维度进行定性与定量分析，设计相应的考评机制。通过考评及与之相辅的奖惩手段的运用，可以激发有关部门与人员对管控法律风险的积极性与主动性，更有利于在潜移默化中改变员工的行为习惯，保证公司法律风险管控的质量与效率。

建立法律风险管控的事后评估机制。在法律风险转化为现实危机并处理完危机后，应有相应的事后评估机制，以改善管理，完善法律风险管理在事前、事中、事后的防范链条与举措。该评估机制应具备以下若干环节并通过制度予以明确：

事件收集。对法律风险转化为现实危机事件的收集，包括但不限于事件全过程材料、现存的内部控制措施、应对过程中采取的具体措施以及所涉及公司的规章制度、相关流程等。

差距分析。参照公司法律风险的内控框架，分析公司应对与化解此类风险事件存在的不足，找出潜在的内控薄弱环节与相关的管理风险。

沟通反馈。涉及的相关部门、单位讨论所发现的问题、有关的改善建议并听取相关意见。

形成事后评估报告。编写法律事件的事后评估报告，描述有关事实，指出管理漏洞或不足，提出改善建议与计划并提交管理层审阅。

改进管控机制或方法。根据评估报告内容，出台或修改有关制度、流程或文本，调整或增设有关法律内控节点，调配相关组织资源，优化 IT 系统。

复习与思考

（1）收集资料，举例若干个因为法律风险而遭受严重经济损失的企业，并分析风险成因。

（2）企业法律风险管理在不同行业的侧重是否有不同？请举例说明。

（3）未来企业法律管理有哪些趋势？结合文化、科技及社会的发展，谈谈你的见解。

案例与实训

我国某工程联合体（某央企＋某省公司）在承建非洲某公路项目时，由于风险管理不当，造成工程严重推期，亏损严重，同时也影响了中国承包商的声誉。该项目业主是该非洲国政府工程和能源部，出资方为非洲开发银行和该国政府，项目监理是英国监理公司。

在项目实施的四年多时间里，中方遇到了极大的困难，尽管投入了大量的人力、物力，但由于种种原因，合约于 2005 年 7 月到期后，实物工程量只完成了 35%。2005 年 8 月，项目业主和监理工程师不顾中方的反对，单方面启动了延期罚款，金额每天高达 5000 美元。为了防止国有资产的进一步流失，维护国家和企业的利益，中方承包商在我国驻该国大使馆和经商处的指导和支持下，积极开展外交活动。2006 年 2 月，业主致函我方承包商同意延长 3 年工期，不再进行工期罚款，条件是中方必须出具由当地银行开具的约 1145 万美元的无条件履约保函。由于保函金额过大，又无任何合同依据，且业主未对涉及工程实施的重大问题作出回复，为了保证公司资金安全，维护我方利益，中方不同意出具该保函，而用中国银行出具的 400 万美元的保函来替代。但是，由于政府对该项目的干预往往得不到项目业主的认可，2006 年 3 月，业主在监理工程师和律师的怂恿下，不顾政府高层的调解，无视中方对继续实施合同所做出的种种努力，以中方不能提供所要求的 1145 万美元履约保函的名义，终止了与中方公司的合同。针对这种情况，中方公司积极采取措施并委托律师，希望安全、妥善、有秩序地处理好善后事宜，力争把损失降至最低，但最终结果目前尚难预料。

【思考】该项目主要有哪些风险？

第 3 章

企业创立及企业类型选择风险

导语

第二章深入研究了企业法律风险管理的核心概念、目标和原则,为我们奠定了坚实的理论基础。通过这一章的学习,我们已经明确了企业法律风险管理的重要性以及它对企业长期成功的关键作用。而随着我们进入第三章,我们将进一步探讨公司创立过程中常见的法律风险,以及如何应对这些潜在的挑战。

第三章将带领我们深入了解在公司创立过程中可能出现的各类法律风险,这些风险既复杂又多样化。我们将详细研究这些风险的典型表现,并深入探讨如何采取积极的预防措施,以及在不可避免的情况下如何迅速而有效地应对这些风险引发的后果。这些实际案例和实用技能将为我们提供应对法律挑战的工具和策略。

从企业法律风险管理的理论框架,到公司创立过程中的具体法律问题,这些因素相辅相成,使我们能够将抽象的概念与实际的案例相结合,为今后的法律从业者和企业管理者提供全面的法律培训。让我们继续深入研究企业法律风险的各个方面,以便更好地应对复杂多变的商业环境中的挑战。

本章主要内容

公司的创立被视为创业的首要步骤,而一个良好的开端往往是成功的一半。在本章中,我们将讨论与公司创立相关的常见法律问题,以帮助读者避免潜在的法律风险。企业的设立过程是指发起人为创建企业所采取的一系列行动,最终工商部门颁发营业执照标志着企业的正式成立。然而,在实际操作中,很多发起人往往只关注企业设立的最终结果,却忽视了设立过程中可能存在的法律风险。这种忽视可能导致企业成立后出现大量法律纠纷。在公司创立的过程中,遵循法定程序至关重要,因为纠纷往往源于设立过程中程序不当,未按照法律规定的程序要求进行处理,从而导致法院不予认可权利的情况。在现代商业社会中,企业的组织形式多种多样,包括个体工商户、个人独资企业、合伙企业和公司制企业等。不同的企业组织形式反映了不同企业的性质、地位和职能。因此,不同企业组织形式涉及的法律风险和后果也各不相同。投资者在选择企业组织形式时应了解相关知识,考虑不同企业形式之间的差异,进行仔细的比较,以选择最适合自身情况的企业形式。

> **学习目标**
>
> 区分不同经营组织形式，深入了解公司创立过程中常见的法律风险；充分了解各类法律风险的典型表现，掌握如何预防和解决这些风险，从而在实际操作中避免不必要的纠纷和争议。

3.1 企业创立法律风险

3.1.1 公司注册地的法律意义及重要性

在公司成立过程中，必须登记公司的主要办事机构地址作为公司的注册地，后者也被称为公司的住所。《中华人民共和国公司登记管理条例》第 12 条规定："公司的住所是公司主要办事机构所在地。经公司登记机关登记的公司的住所只能有一个。公司的住所应当在其公司登记机关辖区内。"主要办事机构通常指的是公司董事会等重要机构，因为董事会在公司中扮演着经营管理决策的关键角色，并代表公司对外。尽管公司可以在不同地方建立多个生产和营业场所，但是在公司注册过程中，只能指定一个公司住所，并且这一公司住所必须位于登记公司的机关辖区内。住所在法律上主要有三点意义：

1）确认诉讼中的管辖。《中华人民共和国民事诉讼法》规定的一般诉讼管辖原则是"原告就被告"，当被告为公司的时候，被告的所在地即为公司的住所地。《中华人民共和国民事诉讼法》规定了关于公司设立、确认股东资格、分配利润、解散等诉讼，由公司住所地的法院管辖。

2）公司住所是法律文书的送达处所。法院的诉讼文书都会送达工商登记中所显示的公司住所地。比如，税务机关送达税务方面的文书，必须有一个可以送达的处所，公司将财务会计报告等资料供股东查阅，应当置备于公司住所等。

3）合同的债务履行地问题。公司住所在一定意义上是公司享有权利和履行义务的法定场所。《中华人民共和国民法典合同法》第五百一十一条规定，在合同约定的履行地点不明确，给付货币的，在接受货币一方所在地履行；交付不动产的，在不动产所在地履行；其他标的，在履行义务一方所在地履行。因此，公司若为接受货币一方或者非货币及不动产标的履行义务的一方，其住所就是法律义务的履行地。

公司的住所决定了公司所属的行政管辖区域。公司受到当地政府的管理，同时也有可能享受当地行政区域的优惠政策。例如，公司的住所在当地的经济技术开发区，则有可能享有开发区税收减免、专利技术补贴等专项优惠政策，公司也需要向所属行政区政府缴纳税费及接受管理。

公司注册地这一问题，表面看似简单，实际上却涉及复杂的法律风险。目前，许多公司并未按规定执行相关规章制度。出于经营成本和税收政策等多方面的考虑，公司的注册地和实际经营地常常存在不一致的情况。例如，某些公司选择在开发区或工业园区注册，以便享受该地区提供的"一揽子"服务，包括公司注册、年度检查、税务报告和缴税等，达到减少日常经营成本的目的。然而，这些公司可能并不适合在该区域内开展实际经营活动，因此选择在其他地方从事业务，导致注册地与经营地不一致，从而产生了法律风险。为了有效防范这种法律风险，企业可以采取以下措施：

（1）变更工商登记：将公司注册地址调整为实际经营地，以确保一致性；

（2）设立分公司：在经营所在地设立分公司，以更好地满足实际业务需求；

（3）所得税处理：总公司可以汇总计算并清缴所得税，但如果涉及税收优惠，流转税可以在经营地缴纳，或者由总公司进行集中汇算；

（4）注册地址管理：确保注册地址有专人负责接收文书信函，并能够及时将签收的文书信函转发至公司的经营所在地，以便及时处理相关事务。

这些措施有助于降低法律风险，确保公司的运营在法律框架内合规进行。

3.1.2 出资并不代表法定股东资格的确认

出资并不仅仅局限于注册资金的支付，它广义上包括了公司投资者向公司支付投资款的各种行为。

在 2013 年的《中华人民共和国公司法》（以下简称《公司法》）修正中，取消了设立公司时注册资本的最低要求，同时初期设立公司时不再要求实际缴纳注册资本。然而，股东仍然需要根据协议认购注册资本，并对其认购金额承担相应的义务。新加入公司的股东也需要向公司投资。尽管已经缴纳了注册资金或向公司支付了投资款，但这并不意味着投资者已经成为公司的股东，这是一个常见的误解。如果投资者的名字没有出现在工商登记中，那么他也不会被列为公司的工商登记股东。

股东名册是一份内部文件，记录了股东的姓名、住址、出资额以及出资证明书编号，它是确认股东身份的法定文件。只有在股东名册上登记的人才有权行使股东的权利。出资证明书，也称股权证，是公司向股东颁发的证明其出资的文件。工商登记是指公司的股东信息可以在工商局的网站上查询到，具有公示和公信力。不管是股东名册、出资证明书还是工商登记，都可以证明股东的资格，但如果它们之间的信息不一致，那么应以工商登记或股东名册上的信息为准，出资证明书的法律效力较弱。公司的股东发生变更时，公司有义务在工商局办理相关的变更登记。如果公司因疏忽而未能履行这一义务，不会影响股东在公司内部的股东资格，但内部资格不能对外抵抗第三方的主张。例如，当一名股东希望将股权作为质押物以获得银行贷款时，如果银行在工商局网站上找不到该股东的股东信息，可能不会承认该股东的股东身份。

《公司法》第 56 条第 4 款规定："记载于股东名册的股东，可以依股东名册主张行使股东权利。"这意味着只有在股东名册上有记载的人才被法律视为公司的股东。公司的对外表现体现在工商局打印的企业注册基本信息中所列的投资者名称上。如果一个投资者既没有在公司的股东名册上登记，又没有出现在工商局打印的企业注册基本信息中，那么即使他已经向公司投资，也不会被法律视为公司的股东。

3.1.3 出资人恶意认缴注册资本的法律风险

2013 年，《公司法》进行修订，其中一个重要改变是将有限公司的股东成立时所需的注册资本制度从实缴制改为认缴制。这一修正前后呈现出明显的差异。在以前的实缴制下，股东必须在公司成立时实际缴纳注册资本，并接受注册会计师的验资程序的监督。而认缴制的实施则使得股东在设立公司时无须立即实际缴纳注册资本，只需在工商登记部门报告公司的注册资本数额、在规定的5年认缴期限内，完成相关的登记手续即可。

然而，这一改变导致了一些误解。因为在公司成立时无续立即实际缴纳注册资本，且一般观念中，公司的注册资本金额被用来衡量其财务实力，因此一些人误以为注册资本金额越高越好，反正不必立即付款。但实际上，注册资本的多少决定了股东承担的法律责任的大小。

注册资本，也称为法定资本，是公司章程规定的所有股东或发起人认缴的出资金额或认购的股本总额，需要依法在公司登记机关进行登记。股东出资义务是指股东根据协议向公司提供资产或履行其他付款义务的责任。如果出资不足，即使金融机构提供了虚假的验资报告或资金证明，与该企业进行经济往来的相关方在遭受损失时，应由该企业承担法律责任。如果公司的财产不足以清偿债务，出资人将在出资不足或虚假出资范围内承担责任。如果公司债权人要求未履行或未全面履行出资义务的股东在未支付资本和利息范围内承担补充赔偿责任，法院应予以支持。尽管《公司法》已经将注册资本由实缴制修订为认缴制，但除了特定法律要求实缴注册资本的金融、资产管理和担保公司之外，其他公司仍然适用认缴制，允许公司章程自行约定股东的认缴注册资本金额、认缴期限和出资方式。股东必须在章程规定的认缴期限内足额缴纳注册资本，否则在出资不足或抽逃资金范围内对公司未能清偿的债务承担法律责任。如果企业因拖欠大量债务无法正常运营，债权人有权根据法律规定申请企业破产，此时被视为认缴期限已到期。

出资是投资者向企业投入的资本，是企业生存的物质基础，是企业承担债务的前提，也是权益划分的依据来源。《公司法》第4条规定，有限责任公司的股东以其认缴的出资额为限对公司承担责任。根据这一法律规定，股东的责任范围是根据其认缴的注册资本比例来确定的，与是否实际缴纳出资无关。此外，股东在公司成立时明确了注册资本的缴纳期限，这构成了股东对外的责任承诺。因此，即使一家公司认缴注册资本为一千万元，尽管没有实际缴纳注册资本，但该公司仍然需要承担一千万元的法律责任，股东也必须在认缴的比例内承担责任。在司法实践中，如果一家未足额缴纳注册资本的公司拖欠债务无法清偿，债权人可以要求公司股东出资，用于清偿公司的债务。

投资者应当按期足额缴纳投资协议（或公司章程）中规定的认缴出资额，如果是货币出资，必须按照规定的金额存入公司账户；如果是非货币出资，必须依法办理财产权的转移手续，将非货币财产的所有权转移到企业名下，才能被视为已完成出资义务。投资者违法出资将会承担相应的法律责任。投资者的违约责任是指他们未能履行或未能适当履行其出资义务，从而导致企业和其他出资人要承担民事责任。投资者违法出资的形式包括实质违法和形式违法两种。实质违法包括拒绝出资、虚假出资、出资形式不符合法律要求、出资标的物估价过高、货币出资不足、抽逃出资等违法行为。形式违法包括未在投资协议（或公司章程）上签名盖章、未在股东名册上记录、未在工商部门登记为股东等。

3.1.4 公司筹备阶段产生的债务相关法律风险

设立公司并非一朝一夕之事,在公司成立之前,发起人会做大量的筹备工作,主要分两方面:一是准备成立公司必备的生产要素,如设计公司的名称、租赁办公地点、选择经营范围、确定注册资本等;二是向工商局提出申请,按照法定流程办理注册登记,一般包括企业核名、提交材料、领取执照、刻章等步骤。这些工作都需要投入一定人力和物力。如果公司设立失败,投入的资金和对外欠下的债务,该如何在发起人之间分担呢?

公司在设立时期,即需要处理许多合同上的交易,如成立公司办理工商登记之前,股东需要租赁办公场所、购买或租赁办公家具、与合作方签订日后公司成立后的合作合同、招聘前期工作人员并支付工资等。这些费用在公司尚未成立时就已产生,由股东以自然人个体的身份进行签订合同事宜或对这些费用进行缴纳。对于这类情况,法律后果的承担有两种方式:①因为新公司尚未领取营业执照、尚未进行经营,股东以自己的名义与外界签订合同或是支付费用的,当公司成立后,债务将转由公司承担,股东已支付的费用计入公司费用之中;②若公司日后无法成立的,则债务由发起设立的股东分摊,部分股东已支付的费用,由其他发起股东根据约定的占股比例分摊费用。

同时,建议出资人签署书面的发起人协议,并约定完备的发起人协议内容。发起人协议是公司的发起人以设立公司为目的而就公司创设过程中各方的权利义务所作出的约定,有的称为股东投资协议、股东协议、设立协议等。通俗地说,那些想要开公司并着手设立的创业者就是发起人。投资协议通常包括:①设立人的基本情况;②拟设立公司基本情况,如公司名称、住所、注册资本和经营范围等;③设立人的出资数额、出资比例、出资方式、出资的缴付期限、所占股权比例、股权的转让规定等;④设立人在设立过程中的权利和义务;⑤公司设立不成功时的费用承担;⑥设立人对特定信息的保密约定;⑦设立人协商确定的约束股东特定行为的条款,如竞业限制等;⑧违约责任条款;⑨解除协议条款和争议解决条款;⑩公司利润的分配等。

法律没有强制规定发起人在设立公司时签订协议,因此实践中很多发起人,尤其是自然人发起人,只作口头的"君子之约"而不签订书面协议。但没有书面的发起人协议,口说无凭,极易引发纠纷,导致民事诉讼。上述是对外债务的承担问题,而除了上述情况,还有公司未能成立时公司股东内部债务的承担问题。在公司未能成立的情况下,股东之间所约定的设立公司的协议便归于无效,《民法典》第58条规定:"合同无效或者被撤销后。因该合同取得的财产,应当予以返还;不能返还或者没有必要返还的,应当折价补偿。有过错的一方应当赔偿对方因此所受到的损失,双方都有过错的,应当各自承担相应的责任。"因此,主要发起人向股东收取的投资款便需要足额返还,同时还有可能需要支付一定的利息。实践中常见的纠纷是主要发起人在收取其他股东的资金后,与部分股东将资金用于筹备公司期间的投资事项,公司随后未能成立,他们没有相应的钱款可以向股东返还,造成了股东的损失。对此,法院一般判决交付的股款需返还,且其他存在过错的股东需要承担连带清偿责任。

发起人协议的法律性质属于合伙协议。发起人在公司成立前,对外承担无限连带责任,对内的债务依照协议约定分配。发起人应当在协议中约定好权利、义务和产生纠纷的解决办法，即使公司设立不成，为设立公司花费的开销也可以按照约定由发起人合理分担。

3.2 个体工商户

根据《中华人民共和国民法典》的规定，具备充分民事行为能力的公民，应依法经由工商行政管理部门的登记程序，方得从事个体工商经营，其所涉及的经济活动旨在构成个体工商户。个体工商户乃指自然人或家庭从事工商业经营的主体。法令及相关政策明文规定，具备从事个体工商经营资格的人群主要包括城镇待业青年、社会闲散人员和农村村民，而国家机关干部及企事业单位职工则不得秉承个体工商业经营之权。

个体工商户仅可依法经营法令及政策明文许可的特定行业。《个体工商户条例》明文规定，个体工商户的经营范围覆盖工业、手工业、建筑业、交通运输业、商业、饮食业、服务业、修理业以及其他领域。

《个体工商户名称登记管理办法》规定，自然人从事个体工商业经营应遵循法定核准登记程序，确切记录个体工商户登记信息，包括姓名、住所、组织形式、经营范围、经营场所等重要细节。在个体工商户的命名方面，享有较大的自由度，甚至可不使用字号名称，也可选择非固定的经营场所，以便更加灵活地展开流动经营活动。个体工商户名称的构成应按照行政区划、字号、行业、组织形式的次序排列，例如：行政区（如：**区）+字号（如：**）+行业性质（如：商务服务）+组织形式（如：中心）。行政区划指的是个体工商户所在县（市）和市辖区名称，行政区划后可补充个体工商户经营场所所在地的乡镇、街道、行政村、社区或市场名称。经营者的姓名可作为个体工商户名称中的字号。个体工商户名称中的行业应反映其主要经营活动或特点，组织形式可以选择"厂""店""馆""部""行""中心"等词语，但不得包含"企业""公司"或"农民专业合作社"等字样。以成都市为例，成都市注册的个体工商户，名称中将不再包括"成都市"这一行政区划名称，而应使用所在区（市）县的行政区划名称。

个体工商户在从业人数上受到限制，包括经营者本人、雇佣的助手和实习学徒等雇员在内，总数不得超过八人。

至于个体工商户产生的债务责任，其归属取决于经营者的情况：以个人名义申请登记的个体工商户，经营与收益皆为个人所有，因此个人应对债务承担个人责任；若以家庭共同财产投资，或主要用于家庭成员消费，则债务由家庭共有财产承担。在夫妻关系持续期间，一方从事个体工商户经营，其收入为夫妻共有财产，故债务由夫妻共有财产负责；若家庭所有成员共同出资共同经营，其债务由家庭共有财产承担。总之，经营者需以个人全部财产来履行个体工商户的债务。

个体工商户设立资本没有法定规定，并且不需要进行验资或每月提交财务报表等程序。然而，个体工商户必须依法履行税务义务。个体工商户应按照税务部门的规定妥善建立账簿，确保准确核算。对于具备完整账证和准确核算的个体工商户，税务部门将执行查账征收制度；而对于规模较小且无法建立账簿的个体工商户，税务部门将采取定期定额征收方式；对于某些特殊情形的个体工商户，税务部门有权核定其应缴纳的税额，实行核定征收。

3.3　个人独资企业

　　个人独资企业，由单一自然人进行投资，并将企业财产完全归属于该自然人，其投资者须承担无限责任，依法对企业债务负有无限连带责任。在此情境下，投资者为自然人，且必须为中国公民。

　　个人独资企业的资金投入没有任何设定限额；所属财产完全属于投资者个人，该企业投资者可自行转让或继承其所享有的财产权。投资者必须对企业的债务承担无限责任，意味着当企业资产不足以偿还到期债务时，投资者需动用个人全部财产来清偿。

　　根据《中华人民共和国个人独资企业法》第17条及第18条的规定，若个人独资企业投资者在企业设立登记时明确将其家庭共有财产作为个人投资，依法应对企业债务承担无限责任。在财产权利方面，倘若个人独资企业以家庭财产为投资，其家庭成员可享有该企业的财产权益；若仅以个人财产为投资，则其家人无权享有该企业的财产权益。在债务承担责任方面，除非在设立登记时有明确记录，夫妻中一方创办个人独资企业，其家庭共有财产不承担无限责任。

　　在选择企业法律形式时，应全面考虑出资人的出资意图、经营预期以及管理实力等因素，以选择适宜的企业法律形式。例如，初创企业且相对保守的，可考虑采用有限合伙制度；若无财务担忧且有充分掌控企业的能力，则个人独资企业或许较为适宜。

　　个人独资企业须具备合法的企业名称。企业名称可采用"厂""店""部""中心"或"工作室"等字样，但不得包含"有限""有限责任"或"公司"等用语。同时，个人独资企业必须有投资者所声明的出资，既可以是个人财产，也可以是家庭共有财产。若以家庭共有财产作为个人出资，必须在设立登记书上予以明确注明。此外，个人独资企业需确保设有固定的生产经营场所，具备必要的生产经营条件，并雇佣必要的从业人员。

　　因此，个人独资企业的设立需满足以下5个要件：①投资者为单一自然人；②具备合法的企业名称；③投资者的出资明确；④设有固定的生产经营场所并具备必要条件；⑤雇佣必要的从业人员。

　　欲设立个人独资企业，首先需提出申请并递交相关文件。所需文件包括：①由投资者签署的个人独资企业设立申请书，申请书应详细列明企业名称、住所、投资者姓名及居住地址、出资金额与方式、经营范围等信息；②投资者的身份证明；③企业住所证明；④国家工商行政管理总局规定的其他必要文件。个人独资企业不得从事法律或行政法规明令禁止的经营活动，如需从事受法律或行政法规审批的业务，必须在设立登记时提交相关批准文件。

　　设立登记机关须在收到设立申请文件之日起15日内完成审查。若符合法律规定的条件，将予以登记，并颁发经营业执照。

　　投资人有权自主管理个人独资企业的事务，也可以委托或雇佣他人负责企业的事务管理。受托人或聘用的人员应诚信、勤勉履行职责，按照与投资人签订的合同负责管理个人独资企业的事务。然而，投资人委托或聘用的管理人员不得从事以下行为，包括但不限于：①以职务之便索取或收受贿赂；②以职务之便侵占企业财产；③挪用企业资金供个人或借给他人；④私自以个人或他人名义开立企业账户并存款；⑤以企业财产提供担保；⑥未经投资人同意从事与企业竞争的活动；⑦未经投资人同意与企业订立合同或进行交易；⑧未经投资人同意转让企业商标或其他知识产权给他人使用；⑨泄露企业商业机密、违反法律及行政法规禁止的其他行为。这些行为均不应视为企业行为，且不能代表企业。

对于投资人对受托人职权的限制，也称为内部限制。首先，投资人对受托人或聘用的人员职权的限制，不得对善意第三人产生法律效力；所谓的善意第三人指的是不了解法律关系双方真实情况，与该企业发生交易的其他人。其次，如果投资人委托或聘用的人员违反双方签订的合同，导致投资人遭受损失，应负民事赔偿责任。

个人独资企业应缴纳个人所得税。

关于个人独资企业的解散与清算问题，解散可能由以下情形引发：①投资人决定解散；②投资人死亡或宣告死亡，无继承人或继承人放弃继承；③根据法律吊销营业执照；④法律规定的其他情形。投资人可以自行清算，也可以由债权人申请人民法院指定清算人进行清算。债权人应在接到通知后30日内提出申报，未收到通知的债权人应在公告发布后60日内提出申报。财产清偿顺序为：①未支付的员工工资和社会保险费；②未支付的税款；③其他债务。当企业财产不足以偿还债务时，投资人应动用个人其他财产进行清偿。个人独资企业清算完成后，投资人或由法院指定的清算人应编制清算报告，并在清算结束后的15日内前往原登记机关申请注销登记。个人独资企业解散后，原投资人仍应承担个人独资企业存续期间的债务偿还责任，但若债权人在五年内未提出债务要求，则该责任消除。

3.4 合伙企业

3.4.1 合伙企业简介

合伙企业，乃是指两名或两名以上合伙人，根据合伙协议约定，联合出资，共同从事盈利性经营活动，分享业务收益，其中至少有一名合伙人对企业债务负有无限连带责任的法律实体。

个人独资企业与合伙企业之间存在显著的区别。合伙企业的设立必须由两名或更多合伙人共同发起，而个人独资企业则由单一自然人创办。在合伙企业中，各合伙人需承担连带责任，而个人独资企业的投资人独自承担无限责任。简而言之，合伙企业若陷入债务危机，将涉及其他合伙人，而个人独资企业无此连带效应。

对于不明确产业或行业要求，未遵循法律法规中的强制性规定，并盲目选取企业法律形式的情况，可能会导致企业设立申请遭到拒绝，增加设立成本的风险。例如，像诊所、律师事务所等需要承担无限连带责任的企业无法设立为有限责任公司，而可考虑选择特殊普通合伙企业；而对于像造价咨询、工程建设、房地产等具有特殊特性、涉及较高风险或受到特殊监管的领域，则只能以公司形式成立企业。在选择企业法律形式时，务必充分考虑业务性质及法律要求，以确保合法合规。

3.4.2 合伙企业的分类

合伙企业分为普通合伙企业和有限合伙企业，其中普通合伙企业又包含特殊的普通合伙企业。

1. 普通合伙企业与特殊的普通合伙企业

普通合伙企业即自然人、法人和其他组织依照《中华人民共和国合伙企业法》在中国境内设立的，由两个或两个以上的自然人通过订立合伙协议，共同出资经营、共负盈亏、共担风险的企业组织形式。普通合伙企业由合伙人共同承担经营上的法律风险，互相承担连带责任。

特殊的普通合伙企业是指以专门知识和技能为客户提供有偿服务的专业服务机构，这些服务机构可以设立为特殊的普通合伙企业。例如律师事务所、会计师事务所、医师事务所、设计师事务所等。特殊的普通合伙企业必须在其企业名称中标明"特殊普通合伙"字样，以区别于普通合伙企业。特殊的普通合伙企业中，一个合伙人或数个合伙人在执业活动中因故意或者重大过失造成合伙企业债务的，应当承担无限责任或者无限连带责任，其他合伙人则仅以其在合伙企业中的财产份额为限承担责任。

2. 有限合伙企业

有限合伙企业由普通合伙人和有限合伙人组成，有限合伙企业由 2 个以上 50 个以下合伙人设立，至少应当有一个普通合伙人，一个或多个有限合伙人。普通合伙人对合伙企业债务承担无限连带责任，有限合伙人以其认缴的出资额为限对合伙企业债务承担责任。

3. 普通合伙企业与有限合伙企业的区别

普通合伙企业和有限合伙企业是根据合伙人对合伙企业承担的责任有无额度限制来划分的。通常，所有的合伙人都对企业承担无限连带责任，也就是以自己的全部财产对企业的债务承担责任的为普通合伙企业；合伙人中有人以其认缴的出资额为限对合伙企业债务承担责任的为有限合伙企业，但不能全部都为有限合伙人，至少应有一合伙人为普通合伙人。普通合伙企业与有限合伙企业主要有以下几个方面的区别：

（1）合伙人人数：有限合伙企业合伙人为 2 个以上 50 个以下（至少应当有一个普通合伙人）；法律另有规定的除外。普通合伙企业合伙人为 2 个以上，无上限。

（2）利润与亏损：有限合伙企业的合伙协议可以约定利润的分配。普通合伙企业合伙人不得约定部分合伙人承担全部亏损，或部分合伙人分配全部利润。

（3）竞业禁止规定不同：除合伙协议另有约定的外，有限合伙企业的有限合伙人可以自营或同他人合作经营与本合伙企业相竞争的业务；普通合伙企业合伙人则不得自营或同他人合作经营与本合伙企业相竞争的业务。

（4）合伙人能否同本合伙企业交易规定不同：除合伙协议另有约定的外，有限合伙企业的有限合伙人可以同本有限合伙企业进行交易；普通合伙企业合伙人则除合伙协议另有约定或全体合伙人一致同意外，不得同本普通合伙企业进行交易。

（5）能否将财产份额出质的规定不同：除合伙协议另有约定的外，有限合伙企业的有限合伙人可以将其在有限合伙企业中的财产份额出质；普通合伙企业合伙人将其在普通合伙企业中的财产份额出质，必须经其他合伙人一致同意。否则，该行为无效，由此给不知情的第三人造成损失的，由行为人承担赔偿责任。

（6）转让财产份额规定不同：有限合伙企业的有限合伙人可以按照合伙协议约定向合伙人以外的人转让其在有限合伙企业中的财产份额，但应提前30日通知其他合伙人。除合伙协议另有约定外，普通合伙企业合伙人向合伙人以外的人转让其在合伙企业的财产份额，要经其他合伙人一致同意。

（7）有限合伙企业的合伙人以其认缴的出资额为限对合伙企业承担有限责任，而普通合伙人则对合伙企业承担无限连带责任，即以其全部财产对企业债务承担责任。此外，有限合伙人不得以劳务出资，亦不执行合伙事务，不得对外代表有限合伙企业。在实践中，投资人可以考虑以上因素选择适合自己的企业形式。

3.4.3　合伙人的条件

那么谁可以做合伙人呢？《中华人民共和国合伙企业法》规定，国有独资公司、国有企业、上市公司以及公益性的事业单位、社会团体不得成为普通合伙人。普通合伙企业中，合伙人为自然人的，应当具有完全民事行为能力（指自然人能够通过自己的独立行为进行任何民事活动。年满18周岁且精神健康的公民是完全民事行为能力人）；有限合伙企业中，作为自然人的有限合伙人可以由不具有完全民事行为能力的人承担；特殊的普通合伙企业中，合伙人需要有相应的专业资质，如律师事务所中的合伙人需要具有三年以上法律执业经历；加入合伙企业应当符合法定要件。入伙是指合伙企业成立后，第三人加入合伙并取得合伙人资格的行为。根据《中华人民共和国合伙企业法》第43条的规定，除合伙协议另有约定外，新合伙人入伙应当经全体合伙人一致同意，并依法订立书面入伙协议。

合伙人死亡，他的成年子女可以代替他成为合伙人。根据《中华人民共和国合伙企业法》第50条的规定，合伙人死亡或者被依法宣告死亡的，对该合伙人在合伙企业中的财产份额享有合法继承权的继承人，按照合伙协议的约定或者经全体合伙人一致同意，从继承开始之日起，取得该合伙企业的合伙人资格。但是若继承人不愿意成为合伙人，或者法律规定或者合伙协议约定合伙人必须具有相关资格，而该继承人未取得该资格，则合伙企业应当向合伙人的继承人退还被继承合伙人的财产份额。

3.4.4　合伙企业必备的条件

合伙企业应该具备以下条件：

两个及以上合伙人。一个人不可以成为合伙企业。一个合伙企业至少有两个合伙人。合伙人可以是中国的自然人、法人和其他组织，在法律上没有严格的限制。

书面合伙协议。合伙协议是合伙企业成立的法律基础。成立合伙企业的实质是一种合同行为，它是依据合伙协议确定下来的。因此，订立合伙协议是办好合伙企业的前提。每个合伙企业都应该尽力把合伙协议写得详尽，以免日后产生纠纷。协议是解决各方纠纷的凭据，也是处理合伙人之间事务的准则。因此，合伙协议不是可有可无的，而是必须具备的。根据《中华人民共和国合伙企业法》第 18 条的规定，合伙协议一般应当载明下列事项：①合伙企业的名称和主要经营场所的地点；②合伙目的和合伙经营范围；③合伙人的姓名或者名称、住所；④合伙人的出资方式、数额和缴付期限；⑤利润分配、亏损分担方式；⑥合伙事务的执行；⑦入伙与退伙；⑧争议解决办法；⑨合伙企业的解散与清算；⑩违约责任。

合伙人认缴或者实际缴付出资。至于出资多少，由合伙人根据情况而定，法律没有上限和下限的规定。合伙企业的内部关系属于合伙关系，就是合伙人共同出资、共同经营、共享收益、共担风险的关系。合伙企业的最大特点是，一荣俱荣，一损俱损。

有合伙企业的名称。

有经营场所和从事合伙经营的必要条件。

3.4.5 合伙企业财产相关

根据《中华人民共和国合伙企业法》的规定，合伙人的出资、以合伙企业名义取得的收益和依法取得的其他财产，均为合伙企业的财产。从这一规定可以看出，合伙企业财产由以下三部分构成：①合伙人的出资。《中华人民共和国合伙企业法》规定，合伙人可以用货币、实物、知识产权、土地使用权或者其他财产权利出资，也可以用劳务出资（有限合伙人不得以劳务出资）。这些出资形成合伙企业的原始财产。需要注意的是，合伙企业的原始财产是全体合伙人"认缴"的财产，而非各合伙人"实际缴纳"的财产。②以合伙企业名义取得的收益。合伙企业作为一个独立的经济实体，有自己的独立利益，因此，企业以其名义取得的收益作为合伙企业获得的财产，当然归属于合伙企业，成为合伙财产的一部分。以合伙企业名义取得的收益，主要包括合伙企业的公共积累资金、未分配的盈余、合伙企业债权、合伙企业取得的工业产权和非专利技术等财产权利。③依法取得的其他财产。即根据法律、行政法规的规定合法取得的其他财产，如合法接受的赠与财产等。

以现金或明确以财产所有权出资的，意味着所有权的转移，出资人不再享有出资财产的所有权，而由全体合伙人共有。以土地使用权、房屋使用权、商标使用权、专利使用权等权利出资的，出资人并不因出资行为而丧失土地使用权、房屋所有权、商标权、专利权等权利，这些出资财产的所有权或使用权仍属于出资人，合伙企业只享有使用和管理权。对于此类出资，在合伙人退伙或者合作企业解散时，合伙人有权要求返还原物。如果出资的所有权转移，而形成合伙人间共有关系，合伙人退伙或者合伙企业解散时，只能以分割共有财产的方式收回出资的价值量。

因为《中华人民共和国合伙企业法》规定了合伙人可以劳务出资，因此，实践中常出现究竟是劳动者还是合伙人的认定纠纷，若认定为合伙人，则该人需要承担连带责任。对此法院主要看协议如何约定，如果该人签订的是一份劳动合同，那么他就是劳动者的身份；如果签订的是投资入股性质的协议，并约定了其占有合伙企业的一定股份比例，那么此人就属于合伙人而不是劳动者。

如果中途退伙，那么合伙财产的分割问题该如何处理呢？《中华人民共和国合伙企业法》第 21 条明确规定："合伙人在合伙企业清算前，不得请求分割合伙企业的财产；但是，本法另有规定的除外。"因此，在对合伙企业进行清算前，不得请求分割合伙企业的财产，有符合《中华人民共和国合伙企业法》另有规定的除外。合伙人在合伙企业清算前私自转移或者处分合伙企业财产的，合伙企业不得以此对抗善意第三人。

合伙企业财产的转让：除合伙协议另有约定外，合伙人向合伙人以外的人转让其在合伙企业中的全部或者部分财产份额时，须经其他合伙人一致同意。合伙人之间转让在合伙企业中的全部或者部分财产份额时，应当通知其他合伙人。合伙人向合伙人以外的人转让其在合伙企业中的财产份额的，在同等条件下，其他合伙人有优先购买权，但是，合伙协议另有约定的除外。普通合伙人之间转让在合伙企业中的全部或者部分财产份额时，应当通知其他合伙人。合伙人财产份额的出质：普通合伙人以其在合伙企业中的财产份额出质，须经其他合伙人一致同意；未经其他合伙人一致同意，其行为无效，由此给善意第三人造成损失的，由行为人依法承担赔偿责任。

合伙企业利润（亏损）分配方式具体如下：基于合伙人对合伙财产的共有性，合伙人对合伙企业的财产亦享有共同的处分权。理论上合伙人对于合伙企业的财产的处分应该共同决定或在征得全体合伙人同意的情况下由具有代表权的合伙人进行处分，合伙人不得独自对自己的财产份额进行处分。

合伙组织出现债务时，法律规定合伙人要对债务承担连带责任。在向债权人承担完责任后，合伙人之间则需要按照合伙人之间的协议或利润分配的比例来分配债务。

总之合伙企业的财产分配方法是：按照合伙协议的约定办理，合伙协议未约定或者约定不明确的，由合伙人协商决定；协商不成，由合伙人按照实缴出资比例分配；无法确定出资比例的，由合伙人平均分配。合伙企业合伙人分别缴纳个人所得税。

3.4.6　合伙企业事项决议相关规定

根据《中华人民共和国合伙企业法》第 30 条的规定，合伙人对合伙企业有关事项作出决议，按合伙协议约定的表决方式办理。如果合伙企业对表决办法没有约定或者约定不明，则实行一人一票并经全体合伙人过半数通过的表决办法处理。依此规定，合伙企业的表决方式可以通过合伙协议加以约定，可以是一人一票，也可以是别的方式；可以约定哪些事项需要 2/3 的合伙人通过，哪些事项过半数通过。在没有约定或者约定不明的情况下，则以一人一票且过半数通过的方式处理。

但是，合伙企业法对表决方式另有规定的，则从其规定。根据《中华人民共和国合伙企业法》第 31 条的规定，须经全体合伙人一致同意的事项包括下列各项：

（1）改变合伙企业名称；
（2）改变合伙企业的经营范围、主要经营场所的地点；
（3）处分合伙企业的不动产；
（4）转让或者处分合伙企业的知识产权和其他财产权利；
（5）以合伙企业的名义为他人提供担保；
（6）聘任合伙人以外的人担任合伙企业的经营管理人员。

对于上述合伙事务执行方面和其他方面的决议事项,《中华人民共和国合伙企业法》采取的都是约定优先的原则,即合伙协议另有约定的,依照合伙协议的约定,只有在合伙协议没有约定或者约定不明时,才适用《中华人民共和国合伙企业法》的规定。

复习与思考

（1）公司的住所、注册地、主要办事机构所在地有什么区别？

（2）公司的注册地与实际经营地不同,会面临怎样的法律处罚？

（3）向公司出资者一定是法律上的股东吗？

（4）如果出资但是工商登记中并没有名字,该出资人也不是工商登记的股东。只有登记在股东名册上的人才是法律意义上的股东。

（5）所有公司都适用注册资本认缴制吗？

（6）金融类、资产管理类以及担保类等公司乃法律明确要求实缴注册资本的公司,实行注册资本实缴制。

（7）公司未成立时期产生的债务应如何处理？如果公司没能成功成立呢？

（8）甲、乙、丙开办一普通合伙企业,合伙企业存续期间,由于合伙人之间意见不合,甲私自运走作为出资的机器设备。当合伙企业现有的财产不足以清偿善意第三人丁的债务时,丁只能向甲追讨吗？

案例与实训

案例一

2021年3月下旬,"新疆棉"事件引爆社交媒体话题圈。中国运动经典品牌李宁把"面料采用新疆优质长绒棉,配合独特织法工艺,赋予面料优异性能"直接注明在标签上的行为,与大批外国品牌被爆出曾发布抵制新疆棉花的公告的行为形成了鲜明的对比,引起国民纷纷点赞,盛誉其为良心国货。而有部分网友却因李宁公司注册地为开曼群岛对李宁是否属于国货品牌产生了质疑。

【思考】李宁注册地在开曼群岛,意味着李宁是外资企业吗？

案例二

A公司自2010年成立,出于避税等原因,公司的注册地在广州的从化区,而实际办公地在广州市中心的CBD商务区。2012年某月,A公司与B公司发生货款纠纷,B公司向法院提起诉讼,法院将传票送到A公司在从化区的办公地址,随后法院在A公司不到庭参加诉讼的情况下作出了缺席判决[①]。

【思考】公司能否以"注册地无人办公,公司不清楚开庭时间"为由提起上诉？

案例三

2010年,陈某与A公司原有股东甲、乙两人约定,三人同意由陈某向A公司投资300万元,加入公司的管理层并参加公司的经营及决策。三人只签订了一份投资协议。在

---

① 本案例改编自张杨、蒋丹青所著《企业常见法律问题及风险防范》,中国法制出版社2019年8月第3版,第4页。

其后的公司日常经营过程中，陈某自己及公司上下均认定陈某为股东。2013年3月，因为部分投资决策等问题，陈某与甲、乙之间意见不合产生矛盾，陈某向法院提起诉讼，认为自己是股东，要求行使股东知情权，对公司的账簿进行查阅。甲、乙二人以陈某并非公司实际股东为由提出抗辩①。

【思考】陈某是否能够胜诉？

案例四

2014年4月，吴某投资公司进行增资，将公司的注册资本从原来的400万元增至10亿元。但吴某投资公司此次增资实际上并没有实缴注册资本，股东实缴注册资本仍然为公司当年设立时的400万元。吴某投资公司章程约定，股东将在2024年12月31日之前缴纳出资。

2014年11月，吴某投资公司与某贸易公司签订了一份合同，约定吴某投资公司出资2000万元购买某贸易公司99%的股份。某贸易公司完成了工商变更登记，吴某投资公司成了某贸易公司的股东，但是吴某投资公司却没有按合同约定支付2000万元的股份购买款。

随后，吴某投资公司将注册资本从10亿元减资为400万元。某贸易公司以吴某投资公司股东逃避债务为理由起诉股东承担法律责任②。

【思考】吴某投资公司应承担怎样的法律责任？

案例五

2006年9月，经某法院生效判决，水产集团应支付中国信达资产管理股份有限公司山东省分公司（以下简称信达公司）1100万元借款本金及利息。由于水产集团无可供执行资产，判决未得到执行。经查，烟台市海洋与渔业局（以下简称海洋局）是水产公司的开办单位，1990年12月16日，水产集团向烟台市工商局申请将注册资金由40万元变更为6593万元，海洋局向工商局出具《注册资金证明书》一份，其上载明："兹证明烟台水产集团公司拥有资金总额6593万元，其中固定资金5867万元，流动资金726万元。情况属实，承担法律责任。"该证明书上明确注明："提供注册资金证明单位对被证明单位在注册资金额度内负连带责任。"此后的账目中未显示海洋局向水产集团投入固定资产和资金。

据此，信达公司将海洋局诉至法院，要求海洋局在6553万元出具虚假注册资金证明的范围内对水产集团借款本息1676.3万元承担连带清偿责任③。

【思考】水产集团6553万元的增资是否到位？如增资不到位，海洋局是否应承担出具虚假注册资金证明的责任？

案例六

2012年5月，李某与投资公司签订合作协议，约定双方各出资占股50%，成立商务酒店经营公司，对某地块的旧楼进行改造并经营连锁式酒店。在商务酒店经营公司进行

---

① 本案例改编自张杨、蒋丹青所著《企业常见法律问题及风险防范》，中国法制出版社2019年8月第3版，第6页。

② 本案例来源于上海市普陀区人民法院（2014）普民二（商）初字第5182号民事判决书。

③ 本案例来源于山东省高级人民法院民事判决书（2014）鲁商终字第245号。

工商登记注册之前，李某与建筑公司签订了建筑安装工程合同，约定由建筑公司负责即将合作经营的商务酒店的建筑安装工程，同时约定工程款1000万元由日后的商务酒店经营公司支付。2012年10月，建筑公司按照约定完成了旧楼的建筑安装改造，而李某与投资公司之间却因为出现矛盾，导致商务酒店经营公司无法成立，李某也因此拖欠工程款未付。于是建筑公司向法院提起诉讼，要求李某与投资公司对工程款承担连带清偿责任[①]。

【思考】 这笔拖欠的工程款应该由谁来支付？

案例七

发起协议需全体股东签名，若公司设立失败，发起人及侵犯其他股东利益的股东需承担连带责任。

周某、李某、陈某、林某4人在2008年7月经过商定签订了一份发起人协议，约定共同发起成立商务管理公司，由周某担任主要发起人。随后陈某没有在发起人协议上签名，公司的设立最终宣告失败。林某要求周某返还自己缴纳的投资款，后得知周某和李某将自己的投资款用于其他投资事项，于是诉至法院[②]。

【思考】 林某该如何主张自己的权益？

案例八

刘某在2003年时开设了一家模具加工厂，因为不想再找其他合作伙伴，就在工商局设立了个人独资企业，由刘某自己投资10万元开设了晨星模具加工厂，进行模具的生产和销售。自2008年开始，工厂的营业额下滑厉害，工厂开始频繁拖欠材料供应商货款，直至2009年年底，工厂共欠债权人的欠款超过100万元。2010年年初，多位债权人向法院起诉要求模具加工厂归还欠款，并要求刘某承担连带责任[③]。

【思考】 刘某是否应该对晨星模具加工厂的欠款承担连带责任？

根据《中华人民共和国个人独资企业法》第31条的规定，个人独资企业的投资人要对企业的债务承担连带责任。本案中，模具加工厂是以个人独资企业的形式存在的，如果它无法还清欠的100多万元货款，刘某作为投资人，就需要承担这笔债务。另外，如果刘某成立模具加工厂在进行工商登记的时候注明由家庭共有财产出资，那么刘某的配偶也要为模具加工厂的债务承担连带责任。

案例九

甲乙丙丁4人组成一个运输有限合伙企业，合伙协议规定甲、乙为普通合伙人，丙、丁为有限合伙人。某日，丁为合伙企业运送石材，路遇法院拍卖房屋，丁想替合伙企业竞买该房，于是以合伙企业的名义将石材质押给徐某，借得30万元，竞买了房屋。

【思考】 徐某的债权若得不到实现，应当向谁主张权利？

案例十

A、B两人为好友，按约定两人各出资一万元，成立了一家合伙企业，经营玉石加工

---

① 本案例改编自张杨、蒋丹青所著《企业常见法律问题及风险防范》，中国法制出版社2019年8月第3版，第12页。
② 本案例改编自张杨、蒋丹青所著《企业常见法律问题及风险防范》，中国法制出版社2019年8月第3版，第13页。
③ 本案例改编自张杨、蒋丹青所著《企业常见法律问题及风险防范》，中国法制出版社2019年8月第3版，第63页。

销售生意。可惜好景不长，合伙一年不到，两人就因为经营不善导致合伙企业严重亏损，欠债 100 万元。A 因为其他投资项目失败而没有任何财产，而 B 尚有存款 300 多万元。债主要求 B 全额偿还所欠债务。

【思考】债主的要求是否合理？

合伙企业不是法人，不能独立承担民事义务，因此，合伙企业所欠债务需要由合伙人来共同承担，且合伙人需要对债务承担连带责任。也就是说，100 万元的债务不能因为合伙企业的"资不抵债"、倒闭而免除，A、B 必须清偿所欠债务。由于 A、B 承担连带责任，债权人有权向 A 或 B 任何一个人追讨，如 A 无力清偿债务，那么 B 就必须全额还债。至于 B 多清偿的债务，只能在日后另行向 A 追讨①。

案例十一

高某和许某合伙成立了一家食品店，高某出资 20 万元，许某出资 5 万元。双方在投资入股协议中约定：合伙经营期间，两人按照 5∶5 的比例分配利润和承担责任。2014 年 1 月，因为食品店拖欠债权人货款达 80 万元，高某和许某被债权人起诉，法院判决承担连带责任。归还了债务后，高某和许某对债务的分配存在争议②。

【思考】高某和许某应当如何分配债务？

案例十二

蔺某三兄弟为合伙人，成立了某电镀厂，工厂属于合伙企业性质。2013 年 5 月，蔺某大哥的妻弟王某加入工厂，大家签订协议，约定王某用劳务出资、占 5% 的股份并分取利润。2014 年 3 月，工厂出现 200 万元债务，需要清偿欠款。合伙人之间承担连带责任，而王某认为自己是在工厂打工，与工厂属于劳动关系，自己不是合伙人③。

【思考】王某是否需要承担连带责任？

---

① 本案例改编自张杨、蒋丹青所著《企业常见法律问题及风险防范》，中国法制出版社 2019 年 8 月第 3 版，第 57 页。
② 本案例改编自张杨、蒋丹青所著《企业常见法律问题及风险防范》，中国法制出版社 2019 年 8 月第 3 版，第 58 页。
③ 本案例改编自张杨、蒋丹青所著《企业常见法律问题及风险防范》，中国法制出版社 2019 年 8 月第 3 版，第 59 页。

第4章

劳动合同风险

◆ 导语

第 3 章为我们深入探讨了公司创立过程中潜在的法律风险，不仅揭示了这些风险的多样性，还教导我们如何有效预防和解决它们。这一章的内容使我们更为敏锐地意识到了在商业运营中，合规性和法律风险管理的重要性。

我们将进一步深入研究劳动合同风险这一特定问题。这是每个企业都必须面临的核心问题，因为劳动合同在雇佣关系中扮演着至关重要的角色。在这一章中，我们将详细讨论劳动合同订立与解除的基本条件，包括试用期、劳动报酬、假期等相关法律规定。我们还将探讨劳动仲裁和诉讼的适用条件，以及用人单位和劳动者双方在法律下所承担的责任。

从公司创立中的潜在法律风险到劳动合同风险的深入研究，构成了法律教育的连贯性，帮助我们将理论知识与实际应用相结合，为未来的法律从业者和企业管理者提供了全面的法律培训。让我们一同深入探讨劳动合同风险的各个方面，以便更好地理解和应对企业在用工管理中所面临的挑战。

◆ 本章主要内容

人力资源被视为当代企业竞争的关键资源。随着《中华人民共和国劳动合同法》（以下简称《劳动合同法》）及相关法律法规和司法解释的颁布，我国对劳动者的保护水平达到了前所未有的高度。在当前复杂多变的劳动用工环境下，签订劳动合同不仅是对劳动者权益的基本保障，也是企业自身劳动保障的核心措施，同时，劳动合同在劳动纠纷解决中扮演着重要的证据角色。因此，不论是企业还是劳动者，都必须审慎对待劳动合同的签署，而企业尤其需要加强对劳动合同风险的预防，以免遭受不必要的损失。

《中华人民共和国劳动法》（以下简称《劳动法》）于 2018 年 12 月 29 日修订，共包括 13 章 107 条法律条款，其中劳动合同部分备受关注。本章将重点解析最新版劳动法中的劳动合同相关条款，并围绕劳动合同的订立、劳动仲裁以及劳动合同解除三大问题，结合相关案例进行深入分析和解释。此外，本章还将探讨《劳动合同法》的颁布对企业劳动用工管理的影响，并根据当前劳动合同管理中存在的风险提出相应的应对措施。通过对《劳动合同法》的详细解读，规范企业的人力资源管理，降低劳动用工风险，构建和谐稳定的劳动关系。

学习目标

掌握劳动合同订立与解除的基本条件；掌握关于试用期、劳动报酬、假期等相关的法律规定；了解劳动仲裁和诉讼的适用条件；掌握用人单位和劳动者双方的法律责任。

4.1 劳动合同的订立

4.1.1 劳动关系的建立

《劳动合同法》第 7 条规定："用人单位自用工之日起即与劳动者建立劳动关系。用人单位应当建立职工名册备查。"这一规定明确了用人单位与劳动者劳动关系成立的时间，以及单位在录用员工时要承担的义务。

1. 劳动关系自用工之日起建立

劳动关系是指劳动者与用人单位在劳动过程中发生的、以劳动和劳动报酬给付为主要内容的社会关系。劳动关系建立的时间直接决定着劳动者与用人单位权利义务的时间界限，对双方都非常重要。法律规定，用人单位自用工之日起即与劳动者建立劳动关系，即从用人单位开始使用劳动者劳动的第一天起，不论双方是否订立书面劳动合同，劳动关系就成立了。如果用人单位不签订书面劳动合同，则构成事实劳动关系，劳动者同样享有法律规定的权利。

劳动关系成立的时间，决定了用人单位与劳动者劳动权利义务开始履行的时间。

【《劳动合同法》第十条第二款】用人单位与劳动者在用工前订立劳动合同的，劳动关系自用工之日起建立。

在现实中通常存在以下两种情况：第一，用人单位先签合同后用人。则从劳动合同订立之日至用工之日期间，视为用人单位与劳动者未建立劳动关系，双方可以依法解除劳动合同并承担双方约定的违约责任，用人单位无须承担劳动者的医疗费用等责任，也无须向劳动者支付经济补偿。第二，用人单位先用人后签合同。即用人单位在开始用工时未订立书面劳动合同，之后补订劳动合同，劳动合同期限即自用工之日起计算。

用人单位和劳动者建立劳动关系之时起，是劳动者开始在用人单位的指挥、监督、管理下提供劳动的时间，是计算劳动者工资的起始时间。因此确定建立劳动关系的时间起点意义重大。

2. 企业用工应当建立职工名册备查

职工名册是用人单位制作的用于记录本单位劳动者基本情况及劳动关系运行情况的书面材料。

【《劳动合同法》第七条】用人单位应当建立职工名册备查。

【《中华人民共和国劳动合同法实施条例》(以下简称《实施条例》)第八条】劳动合

同法第七条规定的职工名册,应当包含劳动者姓名、性别、公民身份证号码、户籍地址及现住址、联系方式、用工形式、用工起始时间、劳动合同期限等内容。

其中,用工形式包含全日制用工、非全日制用工与劳务派遣三种形式;用工起始时间一般是劳动者到企业报到之日,而不是书面劳动合同签订之日;劳动合同期限包括固定期限劳动合同、无固定期限劳动合同以及以完成一定任务为期限的劳动合同三种。同时,

【《实施条例》第三十三条】用人单位违反劳动合同法有关建立职工名册规定的,由劳动行政部门责令限期改正;逾期不改正的,由劳动行政部门处2000元以上、2万元以下的罚款。

建立职工名册的对象包括与用人单位建立劳动关系的劳动者,即用人单位以各种形式招用的劳动者。建立职工名册是用人单位的法定义务,职工名册制度对于规范用工、防止和解决劳动争议具有重要意义。职工名册可以提供证明、记载劳动关系存续和履行的记录,一旦双方发生争议,其可以作为重要证据,便于劳动行政部门行使劳动监察职责,切实维护员工与企业双方的合法权益,避免企业陷入不必要的法律纠纷,也便于劳动行政部门行使劳动监察职责、统计就业率和失业率。

3. 用人单位的告知义务和知情权

1)用人单位的告知义务

用人单位的告知义务即为劳动者的知情权。《劳动合同法》第八条规定,用人单位的告知义务,是指用人单位在招用劳动者时,应当如实告知劳动者工作内容、工作条件、工作地点、职业危害、安全生产状况、劳动报酬,以及劳动者要求了解的其他情况。这些内容的告知是法定的并且是无条件的,无论劳动者是否提出知悉要求,用人单位都应当主动将上述情况如实向劳动者说明。法定告知内容是与劳动者的工作紧密相连的基本情况,也是影响劳动者就业选择的主要因素。劳动者只有详细了解了用人单位的基本情况,才能结合自身特点作出选择。此外,对于劳动者要求了解的其他情况,如用人单位相关的规章制度,包括内部劳动纪律、规定、考勤制度、休假制度、请假制度、处罚制度以及企业内部已经签订的集体合同等情况,用人单位都应当进行详细说明。

2)用人单位的知情权

用人单位的知情权即为劳动者的告知义务。用人单位在履行告知义务的同时也享有一定的知情权,《劳动合同法》将用人单位的知情权限制在与缔结劳动合同有关的信息范围之内。知情权是指用人单位对劳动者与劳动合同直接相关的基本情况有真实、适当知晓的权利。与用人单位知情权对应,劳动者负有如实告知义务,这种义务限于劳动者与劳动合同直接相关的基本情况。与劳动合同直接相关的基本情况,是指与劳动合同的订立、履行以及实现劳动权利和履行劳动义务直接相关的情况,如劳动者的年龄、知识技能、身体状况、学历、工作经历以及就业现状等情况。但是用人单位无权了解劳动者与劳动合同无关的个人情况,如家庭情况、血型、婚姻状况、有无异性朋友,女性是否怀孕等,以尊重和保护劳动者的个人隐私权。

4. 不得要求劳动者提供担保

【《劳动合同法》第九条】用人单位招用劳动者,不得扣押劳动者的居民身份证和其

他证件,不得要求劳动者提供担保或者以其他名义向劳动者收取财物。

居民身份证是证明居住在中华人民共和国境内的公民的身份,保障公民合法权益,便利公民进行社会活动的法律证件。不经法定程序,任何部门和个人不得扣押公民的居民身份证。其他证件是指除了居民身份证之外的能够证明劳动者身份的合法证件,如毕业证、学位证、专业技能证书、职称评定证书等证件。不得要求劳动者提供担保,包括人的担保和物的担保。担保是保证合同正常履行的方式,包括财产担保和人身担保。用人单位招用劳动者时,不得向劳动者收取保证金、抵押金或者要求劳动者提供担保人,也不得以其他名义向劳动者收取财物,不得以报名费、招聘费、培训费、集资费、服装费、违约金等名义向劳动者收取各种财物。

用人单位违反法律规定,以担保或者其他名义向劳动者收取财物的,由劳动行政部门责令限期退还劳动者本人,并以每人 500 元以上、2000 元以下的标准处以罚款;给劳动者造成损害的,应当承担赔偿责任。

【《劳动合同法》第八十四条】用人单位违反本法规定,扣押劳动者居民身份证等证件的,由劳动行政部门责令限期退还劳动者本人,并依照有关法律规定给予处罚。

劳动者依法解除或者终止劳动合同,用人单位扣押劳动者档案或者其他物品的,除了依照前款规定处罚,劳动行政部门还应当对用人单位处以相应的罚款。因此,用人单位要避免劳动者不承担赔偿责任就离职或者跳槽,给单位造成损失的风险,应通过加强内部管理来解决,而不是采用收取抵押金(物)的方式。

4.1.2 劳动合同的种类

【《劳动合同法》第十六条】劳动合同由用人单位与劳动者协商一致,并经用人单位与劳动者在劳动合同文本上签字或者盖章生效。

劳动合同主要有固定期限劳动合同、无固定期限劳动合同和以完成一定工作为期限的劳动合同三种。

固定期限劳动合同,是指用人单位与劳动者约定合同终止时间的劳动合同。用人单位与劳动者协商一致,可以订立固定期限劳动合同。

无固定期限劳动合同,是指用人单位与劳动者约定无确定终止时间(但需有确定起始时间)的劳动合同。用人单位与劳动者协商一致,可以订立无固定期限劳动合同。有下列情形之一,劳动者提出或者同意续订、订立劳动合同的,除劳动者提出订立固定期限劳动合同外,用人单位应当订立无固定期限劳动合同:

(1)劳动者在该用人单位连续工作满十年的;

(2)用人单位初次实行劳动合同制度或者国有企业改制重新订立劳动合同时,劳动者在该用人单位连续工作满十年且距法定退休年龄不足十年的;

(3)连续订立二次固定期限劳动合同,且劳动者没有《劳动合同法》第 39 条和第 40 条第(1)项、第(2)项规定的情形,续订劳动合同的。

【《劳动合同法》第三十九条】劳动者有下列情形之一的,用人单位可以解除劳动合同:

(一)在试用期间被证明不符合录用条件的;

（二）严重违反用人单位的规章制度的；

（三）严重失职，营私舞弊，给用人单位的利益造成重大损害的；

（四）劳动者同时与其他用人单位建立劳动关系，对完成本单位的工作任务造成严重影响，或者经用人单位提出拒不改正的；

（五）因本法第二十六条第一款第一项规定的情形致使劳动合同无效的；

（六）被依法追究刑事责任的。

【《劳动合同法》第四十条】 有下列情形之一的，用人单位提前30日以书面形式通知劳动者本人或者额外支付劳动者一个月工资后，可以解除劳动合同：

（一）劳动者患病或者非因工负伤，在规定的医疗期满后不能从事原工作，也不能从事由用人单位另行安排的工作的；

（二）劳动者不能胜任工作，经过培训或者调整工作岗位，仍不能胜任工作的；

（三）劳动合同订立时所依据的客观情况发生重大变化，致使劳动合同无法履行，经用人单位与劳动者协商，未能就变更劳动合同内容达成协议的。

用人单位自用工之日起满一年不与劳动者订立书面劳动合同的，视为用人单位与劳动者已订立无固定期限劳动合同。

以完成一定工作为期限的劳动合同，是指用人单位与劳动者约定以某项工作的完成为合同期限的劳动合同。用人单位与劳动者协商一致，可以订立以完成一定工作任务为期限的劳动合同。

4.1.3　劳动合同的形式与内容

【《劳动合同法》第十条】 建立劳动关系，应当订立书面劳动合同。已建立劳动关系，未同时订立书面劳动合同的，应当自用工之日起一个月内订立书面劳动合同。用人单位与劳动者在用工前订立劳动合同的，劳动关系自用工之日起建立。

劳动合同的形式，是指劳动合同的表示方式，劳动合同有书面形式和口头形式之分。建立劳动关系，应当订立书面劳动合同。劳动者在与用人单位建立劳动关系时，要采用书面文字形式表达和记载当事人经过协商而达成的协议。法律要求劳动合同采用书面形式，是因为劳动合同内容比较复杂，在一定时间内持续存在，且关系到劳动者各方面的权益，口头形式的劳动合同难以保持劳动合同特有的严肃性。书面劳动合同记载着用人单位与劳动者协商后一致确定的劳动合同内容，是双方履行劳动合同的依据，是劳动关系的书面凭证。书面劳动合同明确了双方的权利义务，可以预防劳动争议的发生。同时，当劳动争议发生时，书面劳动合同是极为重要的证据，有利于快速解决争议。但作为例外，非全日制用工劳动者和用人单位可以订立口头协议。

实践中，用人单位签订劳动合同的时间主要有三种情形：

（1）先签订合同后用工。在用工之前签订劳动合同，实际上是附期限的劳动合同，所附期限为用工之日。附期限的劳动合同在期限到来时发生法律效力，所以，此种劳动合同自用工之日起生效。

（2）用工的同时签订劳动合同。用人单位在用工之日，与劳动者签订劳动合同，劳动合同随即生效。劳动合同生效与劳动关系成立同时完成。

（3）先用工后签订合同。用人单位先用工，之后再签订劳动合同。法律规定，用人单位应当自用工之日起一个月内签订劳动合同，用工超过一个月未签订劳动合同，即应当向劳动者每月支付双倍工资，并应当补签书面合同。劳动合同的起算时间为用工之日，而不是补签劳动合同的时间。

因此，用人单位应当正确认识合同的重要性，防范因不签订合同带来的法律风险，具体来说，是指以下几点：订立合同必须有时效意识。用人单位必须在劳动关系建立后一个月内签订书面合同；先签订合同后用工的，预约生效，规避部分法律责任。预约生效是指订立劳动合同在建立劳动关系之前时，双方约定劳动合同生效的条件。用人单位可以通过劳动合同生效的预约条件，来避免不能履行劳动合同而带来的部分法律风险。

根据《劳动合同法》的规定，劳动合同应当具备以下条款：

（1）用人单位的名称、住所和法定代表人或者主要负责人；

（2）劳动者的姓名、住址和居民身份证或者其他有效身份证件号码；

（3）劳动合同期限；

（4）工作内容和工作地点；

（5）工作时间和休息休假；

（6）劳动报酬；

（7）社会保险；

（8）劳动保护、劳动条件和职业危害防护；

（9）法律、法规规定应当纳入劳动合同的其他事项。

除前款规定的必备条款外，用人单位与劳动者可以在劳动合同中约定试用期、培训、保守秘密、补充保险和福利待遇等事项。

【《劳动合同法》第八十一条】 用人单位提供的劳动合同文本未载明本法规定的劳动合同必备条款或者用人单位未将劳动合同文本交付劳动者的，由劳动行政部门责令改正；给劳动者造成损害的，应当承担赔偿责任。

4.1.4　试用期的约定

试用期是企业设置的大部分劳动者正式进入企业前的第一个磨合期，通过试用期，企业和应聘者相互了解，最后决定是否合作。部分企业为了更加翔实地观察劳动者，或是为了在一定程度上减少支出而将试用期约定得非常长。然而，试用期虽然在一定程度上可以由企业与劳动者任意约定，但法律为保障劳动者利益，也对其长短有强制性规定。

为了规范试用期期限，切实保护劳动者的合法权益，《劳动合同法》将试用期的长短与劳动合同的期限挂钩，合同期限越长，相应的试用期越长。具体讲，劳动合同期限 3 个月及以上不满一年，试用期不得超过 1 个月；劳动合同期限 1 年及以上 3 年以下，试用期不得超过 2 个月；3 年及以上固定期限和无固定期限的劳动合同，试用期不得超过 6 个月。试用期期限的长短，可以由用人单位与劳动者协商确定。

同一用人单位与同一劳动者只能约定一次试用期。

以完成一定工作任务为期限的劳动合同或者劳动合同期限不满 3 个月的，不得约定试用期。

试用期包含在劳动合同期限内。劳动合同仅约定试用期的,试用期不成立,该期限为劳动合同期限。

同时,为保障劳动者在试用期期间的权利,《劳动合同法》第 20 条、第 21 条、第 83 条分别对试用期工资、试用期内解除劳动合同以及相关法律责任做出了规定。

【《劳动合同法》第二十条】劳动者在试用期的工资不得低于本单位相同岗位最低档工资或者劳动合同约定工资的 80%,并不得低于用人单位所在地的最低工资标准。

【《劳动合同法》第二十一条】在试用期中,除劳动者有本法第三十九条和第四十条、第一项、第二项规定的情形外,用人单位不得解除劳动合同。用人单位在试用期解除劳动合同的,应当向劳动者说明理由。

【《劳动合同法》第八十三条】用人单位违反本法规定与劳动者约定试用期的,由劳动行政部门责令改正;违法约定的试用期已经履行的,由用人单位以劳动者试用期满月工资为标准,按已经履行的超过法定试用期的期间向劳动者支付赔偿金。

4.1.5 法律后果

在现实中部分民营企业因为人事管理制度尚不完善,或是出于利益考虑,并不与劳动者签订劳动合同。法律为保护劳动者权利,针对企业的这种行为制定了一定的处罚措施。

1. 企业不签订劳动合同

【《劳动合同法》第八十二条】用人单位自用工之日起超过一个月不满一年未与劳动者订立书面劳动合同的,应当向劳动者每月支付二倍的工资。用人单位违反本法规定不与劳动者订立无固定期限劳动合同的,自应当订立无固定期限劳动合同之日起向劳动者每月支付二倍的工资。

这一规定明确了用人单位超过一个月还未与劳动者签订书面劳动合同的处理方式:每月支付两倍工资,并补签书面合同。超过一个月未签订书面劳动合同,无论原因在劳动者还是在单位,其行为都违反了《劳动合同法》规定的签订书面合同的时限。

再者,根据《劳动合同法》的规定,用人单位自用工之日起满一年不与劳动者订立书面劳动合同的,法律直接推定双方之间为无固定期限劳动合同。

2. 劳动者一个月内拒签书面合同,应当及时终止用工

针对实践中出现的一些劳动者拒绝签订书面合同,或者在企业要求签订书面合同时借故不签订合同而想获取双倍工资的现象,《劳动合同法实施案例》做出了相关规定。

【《劳动合同法实施条例》第五条】自用工之日起一个月内,经用人单位书面通知后,劳动者不与用人单位订立书面劳动合同的,用人单位应当书面通知劳动者终止劳动关系,无须向劳动者支付经济补偿,但是应当依法向劳动者支付其实际工作时间的劳动报酬。

上述规定明确了劳动者在一个月内拒签书面合同的处理办法:一是经企业书面通知后,员工不签订书面合同的,企业应当书面终止劳动关系;二是终止劳动关系,不需支付经济补偿;三是企业应当支付员工实际工作时间相应的劳动报酬。这就明确了签订书面劳动合同也是劳动者的义务,对拒签书面合同的劳动者,企业应当及时与其终止劳动关系。

4.1.6　劳动报酬的标准与分配

劳动报酬，俗称工资，是劳动者参加劳动的根本目的之一，也是其与企业之间劳动关系的根本；企业的正常运转离不开劳动者，自然也离不开劳动报酬。因此，劳动报酬的标准与分配是一个企业中的重中之重。一般而言，薪资的标准和分配方式由企业自行制定，但是法律也规定了一系列的条款以避免企业对劳动者过于苛刻。

（1）最低工资标准——企业薪资标准的红线。

企业多是以营利为目的存在的，劳动者的劳动报酬也是企业的成本之一，因此，企业往往会尽力减少劳动者尤其是基层劳动者的薪资标准。国家为了鼓励就业、保护劳动者权利，实行最低工资保障制度。

最低工资具体标准由省、自治区、直辖市人民政府规定，报国务院备案，各企业给予劳动者的薪资不得低于当地标准。

（2）同工同酬——劳动报酬分配的首要原则。

我国法律规定，工资分配应当遵循按劳分配原则，实行同工同酬。所谓同工同酬，是指从事同一工作、处于同一职位的劳动者应获得相同的劳动待遇，而不得因性别、年龄等因素差别对待。

4.1.7　工作与假期

1. 工时制度

由于企业劳动者多为月薪、年薪制，部分劳动密集型企业为了减少成本、增加收入，会要求劳动者加班加点、长时间劳动。但实际上，这种行为是违反劳动法规定的。

根据我国法律规定，国家实行劳动者每日工作时间不超过八小时，平均每周工作时间不超过四十四小时的工时制度。且用人单位应当保证劳动者每周至少休息一日。超过此范围的，即侵犯劳动者的休息权，需要作出经济补偿。

当然，一些企业因其生产状况的特殊性，无法保障劳动者在上述时间内休息。根据法律规定，企业因生产特点不能实行上述规定的，经劳动行政部门批准，可以实行其他工作和休息办法。因此，如企业实行"三班倒"或其他不同于一般规定的工作方法，切记应向劳动行政部门进行报备并获得批准，以免陷入劳动纠纷。

2. 带薪休假新规定

"休年假"大概是企业中并不陌生的一个词语，企业中大多会有相应的休假制度。根据法律规定，除法定节假日即婚丧假之外，劳动者还应依法享有带薪休假的权利。《劳动法》第45条规定："国家实行带薪年休假制度。劳动者连续工作一年以上的，享受带薪年休假。具体办法由国务院规定。"

依据国务院发布的《职工带薪年休假条例》，职工累计工作已满1年不满10年的，年休假5天；已满10年不满20年的，年休假10天；已满20年的，年休假15天。因此，企业应为劳动者带薪年休假提供便利，不得以其他理由推诿或扣除工资，强迫劳动者放弃休假的权利。

3. 工时限制延长制度——加班需谨慎

（1）工作时间延长限制。

虽然法律规定了八小时工作制，但现实生活中难免出现工作任务繁重导致加班加点的情况。对于这种情况，法律也规定了相应的加班制度。

【《劳动法》第四十一条】用人单位由于生产经营需要，经与工会和劳动者协商后可以延长工作时间，一般每日不得超过一小时；因特殊原因需要延长工作时间的，在保障劳动者身体健康的条件下延长工作时间每日不得超过三小时，但是每月不得超过三十六小时。

（2）工时延长限制的例外。

上述的工时延长限制仅针对一般的行业和职位，但在一些涉及公共安全、设备维护等特殊职务的行业，突发情况随时可能发生。为了保障其他人员的生命和公私财产安全，避免造成较大损失，从事这些职业的工作人员自然随时可能面临加班。在这些情况下若恪守工时延长限制可能会造成无法挽回的损失，因此法律规定在上述特别情况发生时，其相关人员加班不受延长限制，以社会利益为重。

【《劳动法》第四十二条】有下列情形之一的，延长工作时间不受本法第四十一条规定的限制：

（一）发生自然灾害、事故或者因其他原因，威胁劳动者生命健康和财产安全，需要紧急处理的；

（二）生产设备、交通运输线路、公共设施发生故障，影响生产和公众利益，必须及时抢修的；

（三）法律、行政法规规定的其他情形。

（3）延长工时的报酬支付。

延长工时的报酬，俗称的加班费。加班费不同于普通工资，它来源于劳动者在义务之外牺牲休息时间的工作内容，因此，其标准一般也较普通工资更高。

【《劳动法》第四十四条】有下列情形之一的，用人单位应当按照下列标准支付高于劳动者正常工作时间工资的工资报酬：

（一）安排劳动者延长工作时间的，支付不低于工资的百分之一百五十的工资报酬；

（二）休息日安排劳动者工作又不能安排补休的，支付不低于工资的百分之二百的工资报酬；

（三）法定休假日安排劳动者工作的，支付不低于工资的百分之三百的工资报酬。

4.2 劳动仲裁

4.2.1 劳动仲裁

1. 劳动者仲裁的案件受理范围

我国法律规定，劳动争议适用仲裁前置制度，部分争议甚至采用一裁终局，企业一方不得再提起诉讼。在《中华人民共和国劳动争议调解仲裁法》(以下简称《劳动争议调解仲裁法》)里明确规定了劳动争议的受理范围。

【《劳动争议调解仲裁法》第二条】 中华人民共和国境内的用人单位与劳动者发生的下列劳动争议，适用本法：

（一）因确认劳动关系发生的争议；

（二）因订立、履行、变更、解除和终止劳动合同发生的争议；

（三）因除名、辞退和辞职、离职发生的争议；

（四）因工作时间、休息休假、社会保险、福利、培训以及劳动保护发生的争议；

（五）因劳动报酬、工伤医疗费、经济补偿或者赔偿金等发生的争议；

（六）法律、法规规定的其他劳动争议。

因此，上述几种劳动争议以外的争议都不属于劳动仲裁的受案范围内。但值得注意的是，部分争议如劳动者要求企业为其补缴社保等，虽不属于劳动仲裁委员会与人民法院的受案范围，却是违反法律的行为，会受到有关部门的行政处罚。且若劳动者因企业未为其购买社保而遭受损失，企业须承担赔偿责任。

2. 劳动仲裁中的举证责任倒置

所谓举证责任，是法律上的一种提供证据的责任，负有举证责任的一方如不能利用证据证明待证事实，则需要承担不利后果，即己方主张不存在。在一般的民事诉讼中，"谁主张，谁举证"是一个基本的原则。

虽然劳动争议是民事纠纷的一种，但劳动者相较于企业处于弱势，且许多证据掌握在企业手中，劳动者难以获得。因此，法律为了保护作为弱势方的劳动者，规定了在劳动仲裁中部分举证责任的倒置。也就是说，企业如不能证明劳动者关于这些事实的主张是错误的，则认定对方主张是真实的。

【《劳动争议调解仲裁法》第六条】 发生劳动争议，当事人对自己提出的主张，有责任提供证据。与争议事项有关的证据属于用人单位掌握管理的，用人单位应当提供；用人单位不提供的，应当承担不利后果。

3. 劳动仲裁书的撤销

总体来讲，我国法律偏向于保护弱者，因此，劳动者作为劳动关系中的弱势方，法律对其有利的规定也较为明显。劳动仲裁中，如下情况为一裁终局：（一）追索劳动报酬、工伤医疗费、经济补偿或者赔偿金，不超过当地月最低工资标准十二个月金额的争议；（二）因执行国家的劳动标准在工作时间、休息休假、社会保险等方面发生的争议。仲裁裁决一旦做出，企业一般便只能接受，但劳动者尚可在15日内向人民法院起诉。

但是，企业对于以上几种纠纷的仲裁裁决也并非完全无计可施。

【《劳动争议调解仲裁法》第四十九条】 用人单位有证据证明本法第四十七条规定的仲裁裁决有下列情形之一，可以自收到仲裁裁决书之日起三十日内向劳动争议仲裁委员会所在地的中级人民法院申请撤销裁决：

（一）适用法律、法规确有错误的；

（二）劳动争议仲裁委员会无管辖权的；

（三）违反法定程序的；
（四）裁决所根据的证据是伪造的；
（五）对方当事人隐瞒了足以影响公正裁决的证据的；
（六）仲裁员在仲裁该案时有索贿受贿、徇私舞弊、枉法裁决行为的。

人民法院经组成合议庭审查核实裁决有前款规定情形之一的，应当裁定撤销。仲裁裁决被人民法院裁定撤销的，当事人可以自收到裁定书之日起十五日内就该劳动争议事项向人民法院提起诉讼。

4.2.2 劳动争议的诉讼

1. 诉讼主体

在司法实践中，许多劳动争议的当事人并非简单的一个企业面对一个或几个劳动者。有时争议发生并提起诉讼时，用人单位已经与其他企业合并、分立甚至宣告破产。在劳务派遣中，也需要关注用人单位与用工单位的责任承担。因此，为了确定劳动争议的诉讼主体，法律做出了一定的规定。

（1）用人单位与其他单位合并的，合并前发生的劳动争议，以合并后的单位为当事人。

（2）用人单位分立为若干单位的，其分立前发生的劳动争议，以分立后的实际用人单位为当事人。若用人单位分立为若干单位后，对承受劳动权利义务的单位不明确的，分立后的单位均为当事人。

（3）用人单位招用尚未解除劳动合同的劳动者，原用人单位与劳动者发生的劳动争议，可以列新的用人单位为第三人。原用人单位以新的用人单位侵权为由向人民法院起诉的，可以列劳动者为第三人。原用人单位以新的用人单位和劳动者共同侵权为由向人民法院起诉的，新的用人单位和劳动者列为共同被告。

（4）劳动者在用人单位与其他平等主体之间的承包经营期间，与发包方和承包方双方或者一方发生劳动争议，依法向人民法院起诉的，应当将承包方和发包方作为当事人。劳动者与起有字号的个体工商户产生的劳动争议诉讼，人民法院应当以营业执照上登记的字号为当事人，但应同时注明该字号业主的自然情况。

（5）劳动者因履行劳动力派遣合同产生劳动争议而起诉，以派遣单位为被告；争议内容涉及接受单位的，以派遣单位和接受单位为共同被告。

（6）劳动者与未办理营业执照、营业执照被吊销或者营业期限届满仍继续经营的用人单位发生争议的，应当将用人单位或者其出资人列为当事人。

（7）未办理营业执照、营业执照被吊销或者营业期限届满仍继续经营的用人单位，以挂靠等方式借用他人营业执照经营的，应当将用人单位和营业执照出借方列为当事人。

2. 劳动争议诉讼的受案范围

劳动争议诉讼的受案范围与其仲裁范围基本相同，但值得注意的是，劳动仲裁中，追索劳动报酬、工伤医疗费、经济补偿或者赔偿金，不超过当地月最低工资标准十二个月金额的争议，因执行国家的劳动标准在工作时间、休息休假、社会保险等方面发生的争议，对于企业来讲为一裁定音。因此，这些案件在劳动仲裁过后，作为用人单位的企业方不得再提起诉讼，人民法院不予受理。但这些案件并非不得进行诉讼，只要争议符合人民法院的受案范围，即可进行诉讼且不必先行进行劳动仲裁。

可以免除劳动争议仲裁前置的情形有：

（1）劳动者持有企业工资欠条；

（2）劳动报酬、工伤医疗费、经济补偿金或者赔偿金等有给付义务的调解协议生效后，企业不履行调解协议确定的给付义务；

（3）船员劳务合同纠纷；

劳动者直接就（1）（2）所列事项向法院起诉的，法院会按普通民事诉讼纠纷受理。船员劳务合同纠纷属于海商合同纠纷，当事人应向海事法院起诉，不受仲裁前置的限制。

此外，企业和员工也需要注意一些不属于劳动争议的情形。

【《最高人民法院关于审理劳动争议案件适用法律若干问题的解释（二）》第七条】下列纠纷不属于劳动争议：

1. 劳动者请求社会保险经办机构发放社会保险金的纠纷；
2. 劳动者与用人单位因住房制度改革产生的公有住房转让纠纷；
3. 劳动者对劳动能力鉴定委员会的伤残等级鉴定结论或者对职业病诊断鉴定委员会的职业病诊断鉴定结论的异议纠纷；
4. 家庭或者个人与家政服务人员之间的纠纷；
5. 个体工匠与帮工、学徒之间的纠纷；
6. 农村承包经营户与受雇人之间的纠纷。

3. 提起诉讼的效力

根据我国法律，劳动争议的解决需要劳动仲裁作为前置程序，这意味着相较于普通民事争议的两审终审，劳动争议多了一层保障。而劳动仲裁作为一个独立的前置程序，其仲裁裁决存在一定的法律效力，但它的生效是建立在当事人没有提起诉讼的前提之上的。一旦当事人提起诉讼，仲裁裁决即不发生法律效力。

【《最高人民法院关于审理劳动争议案件适用法律若干问题的解释》第十七条】劳动争议仲裁委员会作出仲裁裁决后，当事人对裁决中的部分事项不服，依法向人民法院起诉的，劳动争议仲裁裁决不发生法律效力。

【《最高人民法院关于审理劳动争议案件适用法律若干问题的解释》第十八条】劳动争议仲裁委员会对多个劳动者的劳动争议作出仲裁裁决后，部分劳动者对仲裁裁决不服，依法向人民法院起诉的，仲裁裁决对提出起诉的劳动者不发生法律效力；对未提出起诉的部分劳动者发生法律效力，如其申请执行的，人民法院应当受理。

4.3 劳动合同的解除

4.3.1 协议解聘

【《劳动法》第二十四条】经劳动合同当事人协商一致，劳动合同可以解除。

协议解除取决于双方有一致的解除合同的意思表示，不需要有法定解除权的存在。

双方解除合同意思一致的达成一般也要经过要约、承诺两个阶段，当双方协商一致时，合同就被依法解除了。当然当事人也可另行约定合同解除的时间。此外，在合同必须经有关部门批准的情况下，有关部门批准解除的日期才是合同解除的日期。协议解除劳动合同是企业与劳动者解除劳动合同最为稳妥、友好的方式。双方协商一致，避免了因一方不满而产生的纠纷，从源头上防止了风险的存在。

4.3.2 企业单方面解聘

协议解聘虽然是最为稳妥的方式，但在现实生活中，企业与劳动者之间往往难以达成协议，尤其是在劳动者难以达到企业用工标准的情况下，企业会选择单方面解除劳动合同，进行解聘。在这个过程中经常会出现法律纠纷，企业应该注意哪些方面来避免法律风险呢？

1. 过失性辞退

在劳动者有明显过错、对本企业造成损害或恶劣影响的情况下，企业为保护自身利益，会选择辞退劳动者。这种情况下企业无须承担补偿责任，也无提前通知的义务。

《劳动合同法》第 39 条，劳动者有下列情形之一的，用人单位可以解除劳动合同：

（1）在试用期间被证明不符合录用条件的。

《劳动合同法实施条例》规定，劳动者在试用期间被证明不符合录用条件的，可以依照《劳动合同法》规定的解除劳动合同的条件、程序，与劳动者解除包括无固定期限劳动合同在内的各类合同。

试用期是劳动者与用人单位进行双向考察的时期，试用期内，用人单位对新招收的职工进行思想品德、劳动态度、实际工作能力、身体状况方面的进一步考察，避免用人单位遭受不必要的损失；劳动者则可以考察了解用人单位的工作内容、劳动条件、劳动报酬等是否符合劳动合同的规定。试用期内，如果用人单位能举证证明劳动者不符合录用条件，那么用人单位有权解除其劳动合同。但是试用期内用人单位并不能随意解除劳动合同，否则将承担法律风险。试用期内用人单位解除劳动者的劳动合同应当注意以下几点：

第一，解除合同必须在试用期内进行。如果超过试用期，即使用人单位有证据证明劳动者不符合录用条件，也不得以试用期内不符合录用条件为由与劳动者解除劳动合同。

第二，要有明确的录用条件。用人单位在制定录用条件时应当注意三点：①录用条件应当与员工从事的岗位挂钩，尽量减少千人一面的条件，如服从公司安排、完成领导交付的任务等。②录用条件应当能够用具体数据或标准评判，避免模糊性描述。录用标准明确、清晰，将便于进行考核和录用决策，产生争议时也便于举证。③不能将岗位职责简单等同于录用条件。因为岗位职责只是评价业务能力的指标，而仅仅从业务能力上评价员工是否与企业相匹配是不够的，员工还应当具备严格遵守企业规章制度、严格保守企业商业机密、正确履行考勤义务等条件。

第三，企业应当提供有效证据证明劳动者不符合录用条件。证据主要有两个方面：一是对某一岗位工作职能及要求是否有具体描述；二是对员工在试用期内的表现是否有客观记录和评价。如果企业没有证据证明劳动者在试用期间不符合录用条件就不能解除劳动合同，否则，需承担因违法解除劳动合同所带来的一切法律后果。

第四，注意试用期考核的方式。考核方式应当与录用条件相匹配，根据录用条件的不同，考核方式可以分为两种：①对于能够用数字明确衡量的录用条件，如销售额、出勤率等，应做好信息收集和记录，并保留存档；②对于如"客户满意度"等较为主观的标准，可以使用360度量表之类的工具对员工进行评分，然后将某一分数设为是否符合录用条件的判定标准。

第五，注意试用期劳动合同解除应当以书面形式作出，且企业应当保留解除合同"告知"程序的记录或文件，以确保"告知"本身有效。

（2）严重违反用人单位的规章制度的。

《劳动合同法实施条例》规定，劳动者严重违反企业规章制度的，用人单位可以依照《劳动合同法》规定的解除劳动合同的条件、程序，与劳动者解除包括无固定期限劳动合同在内的各类合同。

企业规章制度是用人单位进行合法的员工管理、防范劳动用工管理和人力资源管理风险的有效工具。劳动者只有遵守企业的规章制度，才能够不仅保证自己在工作期间合理、高效、安全地完成本职工作，并且保证他人的工作和整个部门或单位的工作持续有效地运行。因此，如果劳动者在工作中严重违反了用人单位的规章制度，就可能会影响用人单位的正常生产经营，损害用人单位的合法利益。针对这一情况，法律赋予用人单位单方面解除劳动合同的权利。因此，无论劳动者与用人单位签订的是何种形式的劳动合同，一旦严重违反用人单位的规章制度，用人单位都有权解除其劳动合同。

在现实中，适用这一规定要满足三个条件：第一，规章制度的内容必须是符合法律、法规的规定，而且通过民主程序公之于众的。第二，劳动者的行为客观存在，并且是属于"严重"违反用人单位的规章制度，"严重"的界定标准，一般是根据劳动法规定的限度和用人单位内部的规章制度制定，以依此限度所规定的具体界限为准。如违反操作规程，损坏生产、经营设备造成经济损失，无故不服从单位正常工作调动，不服从单位劳动人事管理，无理取闹，打架斗殴，散布谣言损害企业声誉等，给用人单位正常生产经营秩序和管理秩序带来损害。第三，用人单位对劳动者的处理是按照本单位规章制度规定的程序办理的，并符合相关法律、法规的规定。

（3）严重失职，营私舞弊，给用人单位造成重大损害的。

劳动者在履行劳动合同义务期间，如果违反岗位职责，严重失职或营私舞弊，使用人单位有形财产、无形财产或人员遭受重大损害，给用人单位带来重大损失的，法律规定用人单位可以解除合同。严重失职，是指严重渎职的行为，如值班时间不负责，擅离职守或由于粗心大意造成事故，给用人单位带来重大损失；营私舞弊，是指利用手中的职权或机会，采取欺诈方式牟取不正当的利益的行为。劳动者的行为是否给用人单位造成"重大"损害，一般由用人单位依法制定的规章制度界定，例如，用人单位可以在制度中规定"造成1万元以上损失"为"重大"损害等，以此明确"重大、严重"的具体标准和规范。

（4）劳动者兼职，用人单位有权解除劳动合同。

《劳动合同法实施条例》规定，劳动者同时与其他用人单位建立劳动关系，对完成本单位的工作任务造成严重影响，或者经用人单位提出，拒不改正的，用人单位可以按照《劳动合同法》规定的解除劳动合同的条件、程序，与劳动者解除包括无固定期限劳动合同在内的各类合同。

劳动者的精力是有限的，如果同时在两个及以上的用人单位工作，可能因为精力不够而影响劳动者的本职工作，长久下去，可能对用人单位及其他员工造成影响。对于签订了无固定期限合同的劳动者建立双重劳动关系，用人单位一样有权解除其劳动合同。针对劳动者同时与两个以上用人单位建立劳动关系的情形，法律规定用人单位可以通过两种方式解除劳动者的劳动合同：第一，证明劳动者同时与其他单位建立劳动关系，严重影响了本单位工作任务的完成，单位可以依法与其解除劳动合同；第二，对劳动者的兼职，用人单位先向劳动者提出，令其改正，如果劳动者拒不改正，那么就与其解除劳动合同。选择以第一种方式解除劳动合同，单位负有举证责任，要证明劳动者与其他单位建立了劳动关系，并对完成本单位工作任务造成了严重影响。由于采用第一种方式解除劳动合同对用人单位而言更加困难，因此建议用人单位采取第二种方式，且向员工提出解除合同时最好采取书面形式。

（5）采用欺诈、胁迫的手段或者乘人之危致使劳动合同无效，用人单位有权解除劳动合同。

劳动合同是劳动者和用人单位在平等自愿的基础上意思表示一致而达成的协议，任何一方采用欺诈等手段达到订立或变更合同的目的都违背了平等自愿、协商一致、诚实信用的原则。因而法律规定，劳动者以欺诈、胁迫的手段或者乘人之危，使用人单位在违背真实意思的情况下订立或者变更劳动合同，致使劳动合同无效的，用人单位可以解除合同。欺诈，是指一方故意隐瞒真相或制造假象，致使对方产生错觉，做出违背其真实意思表示的行为；胁迫，即威胁、逼迫，是指一方以要挟对方或其亲友的生命健康、人格尊严、财产安全或其他利益为手段，迫使对方做出违背其真实意思表示的行为；乘人之危，是指一方当事人在对方处于危难之时，使其做出违背真实意思的行为。

（6）劳动者被追究刑事责任，用人单位可以将其辞退。

劳动者在劳动合同存续期间，因严重违法构成犯罪，被人民法院依法判处刑罚或者裁定免予刑事处分的，用人单位可以随时解除劳动合同。"被依法追究刑事责任"，是指被人民法院判处刑罚，包括拘役、有期徒刑、无期徒刑、死刑等。

除上述因劳动者的重大过失，用人单位可以解除劳动合同外，因劳动者的过失而导致服务期内被解除合同，劳动者还需要支付违约金。

【《劳动合同法实施条例》第二十六条第2款】 有下列情形之一的，用人单位与劳动者解除约定了服务期的劳动合同，劳动者应当按照约定向用人单位支付违约金：（二）劳动者严重失职，营私舞弊，给用人单位造成重大损害的。

由于在服务期内劳动者的严重违纪行为会给用人单位带来损失，合同解除是由于劳动者的责任，因此，法律赋予用人单位解除劳动合同权利的同时，赋予其要求劳动者支付违反服务期规定的违约金的权利。

用人单位在这些情形下有权解除劳动合同，但应特别注意两个问题：①确实掌握相关证据。对于过失性解除，法律设定了严格的条件，企业行使该权利前应当根据所掌握的证据进行评估。只有有证据证明员工有过失性行为，符合法定解除条件的才可以解除合同。②严格履行法律程序。企业行使过失性解除合同的权利，应依法征求工会的意见，将解除劳动合同的通知书文本交由员工签收。解除通知是企业用于解除或终止与员工的劳动合同的法律文本，可以用于判断双方劳动关系的解除时间。

2. 无过失性辞退

在现实企业中存在员工在本职工作中并无明显错误，但其因为工伤以外的身体原因或是个人素质问题难以继续胜任本企业工作，企业在做出调岗、培训或协商努力后该现象仍然存在的；或者当初订立劳动合同时的情形已发生重大变化使得劳动合同无法继续，企业在与劳动者无法协商一致的情况下，也可单方面解除劳动合同。

但是，由于在这种情况下劳动者并无明显过失，所以企业要承担一定的补偿责任，且应当提前三十日通知劳动者或额外支付一月工资。

《劳动合同法》第40条规定，有下列情形之一的，用人单位提前30日以书面形式通知劳动者本人或者额外支付劳动者一个月工资后，可以解除劳动合同：

（1）劳动者患病或非因工负伤医疗期满后不能工作，单位可以解除劳动合同。《劳动合同法实施条例》规定，劳动者患病或非因工负伤，在规定的医疗期满后不能从事原工作，也不能从事由用人单位另行安排的工作的，用人单位可以按照《劳动合同法》规定的解除劳动合同的条件、程序，与劳动者解除包括无固定期限劳动合同在内的各类合同。

根据相关规定，"医疗期"是指企业员工因患病或非因工负伤停止工作治病休息不得解除劳动合同的时限。医疗期的长短根据劳动者的工龄来确定，具体标准为：

员工实际工作年限10年以下的，在本单位工作年限5年以下的为3个月；5年以上的为6个月。

员工实际工作年限10年以上的，在本单位工作年限5年以下的为6个月；5年以上10年以下的为9个月；10年以上15年以下的为12个月；15年以上20年以下的为18个月；20年以上的为24个月。

医疗期应从病休第一天开始累计计算。医疗期3个月的按6个月内累计病休时间计算；6个月的按12个月内累计病休时间计算；9个月的按15个月内累计病休时间计算；12个月的按18个月内累计病休时间计算；18个月的按24个月内累计病休时间计算；24个月的按30个月内累计病休时间计算。

劳动者在规定的医疗期满后，无法从事原工作，也不能从事用人单位另行安排的工作，用人单位可以解除劳动合同。这就意味着，在劳动者医疗期满不能从事原工作的情况下，用人单位享有单方变更劳动者工作岗位的权利，如果劳动者不愿意从事新的工作，或者不能从事新岗位工作，用人单位可以行使预告解雇权。

实践中，劳动者患病或非因工负伤医疗期满后解除合同在操作上应当注意以下几点：

解除患病或非因工负伤劳动者劳动合同应当等到医疗期满之后。在医疗期满后，用人单位应当对不能从事原工作岗位的职工调换岗位，并在平等自愿、协商一致的基础上与劳动者商议劳动合同内容的变更，之后还要协助劳动者适应岗位。如果单位尽了这些义务，劳动者仍然不能工作，单位才可以在提前30天书面通知的前提下，解除与该劳动者的劳动合同。

劳动者非因工致残和经医生或医疗机构认定患有难以治疗的疾病，医疗期满，应当由劳动鉴定委员会参照工伤与职业病致残程度鉴定标准进行劳动能力的鉴定。被鉴定为1—4级的，应当退出劳动岗位，解除劳动关系，并办理退休、退职手续，享受退休、退职待遇。

用人单位应当提前30天以书面形式通知劳动者本人，如有特殊原因不能提前通知的，额外支付劳动者1个月工资后，才可以解除劳动合同。

用人单位应当依法向劳动者支付经济补偿。

（2）劳动者不胜任工作，用人单位可以解除劳动合同。

《劳动合同法实施条例》规定，劳动者不能胜任工作，经过培训或者调整工作岗位后仍不能胜任工作的，用人单位可以依照《劳动合同法》规定的解除劳动合同的条件、程序，与劳动者解除包括无固定期限劳动合同在内的各类合同。

劳动者不能胜任工作，对企业的生产经营将产生消极的影响，不利于企业资源的优化配置，因此，法律规定，劳动者不能胜任工作的时候，用人单位有权解除与劳动者的劳动合同。签订了无固定期限劳动合同的劳动者，也同样适用这一规定。

用人单位在解除不能胜任工作的职工劳动合同时需要注意以下几点：

"不能胜任工作"，是指劳动者不能按要求完成劳动合同中约定的任务或者同工种、同岗位人员的工作量。用人单位不得故意提高定额标准，使劳动者无法完成。

用人单位负有协助劳动者适应岗位的义务。劳动者不能完成某一岗位的工作任务，用人单位可以对其进行职业培训，提高其职业技能，也可以将其调换到能够胜任的工作岗位上。如果单位尽了这些义务，劳动者仍然不能胜任工作，此时，用人单位有权解除其劳动合同。

用人单位作出解除劳动合同的决定后需要提前30天以书面形式通知劳动者本人或者额外支付劳动者1个月工资作为代通知金，才能与劳动者解除劳动合同。

用人单位需要依法支付劳动者相应的经济补偿。在实践中，因劳动者不能胜任工作而解除劳动合同的情况很多，用人单位应当依法办事，不能随意调整劳动者的工作岗位或提高工作强度，借口劳动者不能胜任工作而解除劳动合同。这样做既侵犯了劳动者的合法权益，还可能承担法律风险，是得不偿失的做法。

（3）客观情况发生重大变化，用人单位可以解除劳动合同。

《劳动合同法实施条例》规定，劳动合同订立时所依据的客观情况发生重大变化，致使劳动合同无法履行，经用人单位与劳动者协商，未能就变更劳动合同内容达成协议的，用人单位可以依照《劳动合同法》规定的解除劳动合同的条件、程序，与劳动者解除包括无固定期限劳动合同在内的各类合同。

这里"客观情况重大变化"是指两种情况：

单位因为市场条件、国际竞争等原因，发生转产、搬迁、技术改造、兼并、分立、被上级主管部门撤销等造成工作条件的改变致使劳动合同无法履行或无法完全履行的情况。

劳动者方面的变化，如为了保护消费者的身体健康，国家对从事食品行业的劳动者的身体状况有特殊规定，从业人员必须无任何传染性疾病，并取得健康合格证书。如果劳动者在与食品公司签订劳动合同时身体状况符合国家规定，在合同期内，发现身体出现问题，被检查为"肝炎病毒终生携带者"就不能继续从事食品行业的工作。这些情况也属于因客观情况发生重大变化而无法履行合同。

在实际操作中，如果客观情况发生变化，企业一定要注意按照法律程序进行操作，需要与劳动者协商。只有在不能就变更合同达成一致的情况下，用人单位才能解除合同。

随着经济发展，市场竞争也越来越激烈，部分中小企业承担着巨大的劳动力成本，在竞争中难以为继，为了降低成本、储存力量，这些企业的管理者通常会选择在某一时期进行经济性裁员。

由于经济性裁员不同于普通辞退，其面向的劳动者数目较多，因此企业在采取经济性裁员之前要向工会或全体职工说明情况并听取意见，充分保障劳动者的知情权。此外，还要向劳动行政部门报告裁减人员方案。

《劳动合同法》第四十一条 有下列情形之一，需要裁减人员二十人以上或者裁减不足二十人但占企业职工总数百分之十以上的，用人单位提前三十日向工会或者全体职工说明情况，听取工会或者职工的意见后，裁减人员方案经向劳动行政部门报告，可以裁减人员：

（一）依照企业破产法规定进行重整的；

（二）生产经营发生严重困难的；

（三）企业转产、重大技术革新或者经营方式调整，经变更劳动合同后，仍需裁减人员的；

（四）其他因劳动合同订立时所依据的客观经济情况发生重大变化，致使劳动合同无法履行的。

裁减人员时，应当优先留用下列人员：

（一）与本单位订立较长期限的固定期限劳动合同的；

（二）与本单位订立无固定期限劳动合同的；

（三）家庭无其他就业人员，有需要抚养的老人或者未成年人的。

用人单位依照本条第一款规定裁减人员，在六个月内重新招用人员的，应当通知被裁减的人员，并在同等条件下优先招用被裁减的人员。

对于因重整造成的经济性裁员，企业须承担一定的经济补偿责任。并且，根据法律规定，企业在无过失辞退和经济性裁员过程中，有一些特殊的人员不得进行解聘。

4.3.3 劳动者辞职

工作是一个双向选择的过程，因此在企业可以辞退工作者的同时，劳动者也可以单方解除劳动合同，也就是我们常说的辞职。我国法律虽整体上偏向于保护劳动者，但考虑到劳动者的突然辞职可能会使企业措手不及，给企业的正常运作带来麻烦。因此，法律规定了劳动者的提前通知义务。

《劳动合同法》第三十七条 劳动者提前三十日以书面形式通知用人单位，可以解除劳动合同。劳动者在试用期内提前三日通知用人单位，可以解除劳动合同。

但在企业有明显过错、违反相关法律规定、对劳动者的经济或人身造成侵害的情况下，劳动者有权随时解除劳动合同。企业切记不可为追求一时便利而违反相关法律法规，否则不仅要对劳动者进行经济补偿，甚至有可能因此承担行政责任乃至刑事责任。

【《劳动合同法》第三十八条】 用人单位有下列情形之一的，劳动者可以解除劳动合同：

（一）未按照劳动合同约定提供劳动保护或者劳动条件的；

（二）未及时足额支付劳动报酬的；

（三）未依法为劳动者缴纳社会保险费的；

（四）用人单位的规章制度违反法律、法规的规定，损害劳动者权益的；

（五）因本法第二十六条第一款规定的情形致使劳动合同无效的；

（六）法律、行政法规规定劳动者可以解除劳动合同的其他情形。

（1）未按照劳动合同约定提供劳动保护或者劳动条件。

劳动保护和劳动条件是劳动者在保证生命安全的情况下，从事生产劳动的必要条件。一些用人单位为了降低成本，减少劳动保护措施，甚至不提供劳动保护措施，造成了生产事故，严重损害了劳动者利益。为保护劳动者的合法权益，法律规定，用人单位未按照合同约定提供劳动保护或劳动条件的，劳动者可以解除合同，而且根据《劳动合同法》第46条的规定，劳动者以此解除合同，用人单位应当向劳动者支付经济补偿。

（2）未及时足额提供劳动报酬。

劳动者按照合同约定，按时按质量完成任务，用人单位就有义务按照法律和合同规定，支付劳动者劳动报酬。劳动报酬是劳动者应得的经济收入，也是劳动者维持生活的主要经济来源。劳动合同是有偿合同，劳动者以劳动交换报酬，如果用人单位不及时足额支付劳动报酬，劳动者可以单方面解除合同，因此，法律规定，在用人单位不及时、足额支付劳动报酬的情况下，劳动者可以解除合同，而且劳动者以此解除合同，用人单位应当向劳动者支付经济补偿。

（3）未依法为劳动者缴纳社会保险费。

社会保险是国家依法建立的一项社会保障制度，它由政府、单位和劳动者三方共同筹资，目标是保证劳动者在因年老、疾病、工伤、生育、死亡、失业等风险暂时或永久失去劳动能力、失去生活来源时，能够从国家或社会得到物质帮助，以此解除劳动者后顾之忧。在工业社会中，劳动者面临多种风险，年老、疾病、工伤、失业等使劳动者失去生活来源，正常生活无法得到保证。大量的劳动者如果失去社会保险的保护，无法抵御生活中的各种风险，就可能给社会造成严重影响。因此，法律规定，在用人单位未依法为劳动者缴纳社会保险费的情况下，劳动者可以解除合同。依法为劳动者缴纳社会保险费，是用人单位必须履行的法定义务，如果用人单位不依法为劳动者缴纳社会保险费，劳动者可以行使单方解除权，而且，劳动者以此解除合同，用人单位应当向劳动者支付经济补偿。

（4）用人单位规章制度违法，损害劳动者权益。

用人单位的规章制度必须是依法制定的，这里的"依法"，包括所有的法律、法规和规章，即宪法、法律、行政法规、地方性法规、民族自治地方的自治条例和单行条例以及关于劳动方面的行政规章。一些用人单位在与劳动者签订合同时，利用其强势地位，要求劳动者接受诸如合同期间不能结婚、不能生育等违反法律的规定，或者单方面制定或修改劳动报酬、工作时间等涉及劳动者切身利益的劳动规章制度，损害劳动者合法权益。因此，法律规定，在用人单位的规章制度违反法律，法规规定损害劳动者权益的情况下，劳动者可以解除合同。而且，劳动者以此解除合同，用人单位应当向劳动者支付经济补偿。

（5）因用人单位造成劳动合同无效的。

劳动任务的完成，在很大程度上需要用人单位与劳动者双方的配合与协作，劳动合同具有一定的人身信任关系。劳动合同是按照劳动法律规范形成的，既体现了国家意志，也体现了双方当事人的共同意志。用人单位在订立劳动合同时，如果不真实地说明实际情况，与劳动者平等自愿地协商一致，或者合同约定的条款免除了自己的法定责任等，则可能导致矛盾与冲突。因此，《劳动合同法》规定在以下情形下，劳动者可以解除合同：用人单位以欺诈、胁迫的手段或者乘人之危，使劳动者在违背真实意思的情况下订立或者变更劳动合同；用人单位免除自己的法定责任、排除劳动者权利；违反法律、行政法规强制性规定，致使劳动合同无效的。而且，劳动者因上述原因解除合同，用人单位应当向劳动者支付经济补偿。

在劳动关系中，劳动者享有最基本的人身自由。虽然劳动者有义务服从企业的安排，遵守劳动纪律并完成劳动任务，但同时，为劳动者提供符合安全生产要求的劳动条件，照章指挥，保障劳动者的生命安全以及身体健康也是企业的义务。因此，法律规定，若用人单位以暴力、威胁或者非法限制人身自由手段强迫劳动者劳动，或者违章指挥、强令冒险作业危及劳动者人身安全，劳动者可以立即解除劳动合同，无须事先告知用人单位。这一规定赋予了劳动者立即解除合同的权利，且不用告知用人单位。而且，根据法律规定，劳动者以此解除合同，用人单位应当向劳动者支付经济补偿。

4.3.4 哪些情况企业不得解除劳动合同

我国法律整体倾向于保护弱者的方面，劳动者是劳动关系中的弱势方，而孕妇、工伤者、老年人等是弱者中的弱者。因此，对于这些弱势群体，法律对其做出了特别保护，即企业在对方无明显过失的情况下不得辞退对方。

【《劳动合同法》第四十二条】 劳动者有下列情形之一的，用人单位不得依照本法第四十条、第四十一条的规定解除劳动合同：

（一）从事接触职业病危害作业的劳动者未进行离岗前职业健康检查，或者疑似职业病病人在诊断或者医学观察期间的；

（二）在本单位患职业病或者因工负伤并被确认丧失或者部分丧失劳动能力的；

（三）患病或者非因工负伤，在规定的医疗期内的；

（四）女职工在孕期、产期、哺乳期的；

（五）在本单位连续工作满十五年，且距法定退休年龄不足五年的；

（六）法律、行政法规规定的其他情形。

此处第四十条、第四十一条是指上文中所提到的无过失辞退以及经济性裁员的内容。企业若违反该规定，则要对劳动者进行两倍经济补偿。

（1）从事接触职业病危害作业的劳动者未进行离岗前职业健康检查，或者疑似职业病病人在诊断或者医学观察期间的。"职业病危害",是指对从事职业活动的劳动者可能导致职业病的各种危害。职业病危害因素包括:职业活动中存在的各种有害的化学、物理、生物因素以及在作业过程中产生的其他职业有害因素。为保障劳动者的健康及相关权益,用人单位不应与从事接触职业病危害作业而未进行离岗前职业健康检查的劳动者或在诊断、医疗观察期间的疑似职业病病人解除劳动合同。

(2)在本单位患职业病或者因工负伤并被确认丧失或者部分丧失劳动能力的。职业病是指劳动者在职业活动中因接触粉尘、放射性物质和其他有毒有害物质等因素而引起的疾病,其范围很广。职业病的确定,由指定的职业病诊断医院或者职业病科确诊后做出。因工负伤是指在因工伤亡事故中负伤,或者属于劳动法规规定范围内的其他原因造成的因工负伤。由于执行日常工作以及执行企业行政方面临时指定或者同意的工作、在紧急情况下未经企业行政方面指定而从事对企业有利的工作、由于从事发明或者技术改进的工作和在从事对社会有利的工作的情况下负伤等都属于因工负伤。劳动能力丧失程度,由法定机构(劳动鉴定委员会)鉴定和证明。劳动者患职业病或因工负伤而丧失劳动能力都是由于工作所致。因此,为了保障劳动者的生活、劳动的权益,用人单位不能解除劳动合同。对于在本单位患职业病或者因工负伤并被确认为丧失或者部分丧失劳动能力的劳动者,用人单位负有保障其生活和劳动权利的义务。

(3)患病或者非因工负伤,在规定的医疗期内的。根据相关法律、法规规定,劳动者在患病或非因工负伤的医疗期内有权接受治疗和休息,用人单位不得在此期间解除劳动合同。劳动者患病或者负伤,用人单位应当依法给予医疗期,以保证劳动者治病和疗伤需要。在此期限内,劳动者身体状况尚未康复,无法重新寻找工作,即使用人单位出现经营困难,在医疗期届满之前,用人单位也不得解除劳动合同。

(4)女职工在孕期、产期、哺乳期的。为了保护妇女儿童的合法权益及其身心健康,《中华人民共和国妇女权益保障法》《劳动法》以及有关女职工劳动保护的其他法律、法规都规定,女职工在孕期、产期、哺乳期内享受特殊劳动保护。因此,在上述期限内,用人单位不得解除劳动合同。国家规定,孕期为10个月,产期和哺乳期共12个月。用人单位因女职工怀孕、生育、哺乳而不能行使无过错解雇权的时间为22个月。

(5)在本单位连续工作满15年,且距法定退休年龄不足5年的。为了保障劳动者的合法权益,把劳动者对用人单位的贡献作为用人单位解除劳动合同的限制之一进行规定。劳动者在本单位连续工作满15年,说明劳动者为企业作出了较大贡献,几乎已经把自己大部分精力和能力都奉献给了用人单位。距法定退休年龄不足5年,如果劳动者在这个年龄阶段被解除合同,就很难再找到新的工作。所以,国家规定,在本单位连续工作满15年且距法定退休年龄不足5年的劳动者,即使具备了非过失性解除和经济性裁员的条件,用人单位也不得与其解除劳动合同。这样规定,体现了社会、用人单位对劳动者已经作出贡献的承认和给予的回报,同时也降低了这些人员永久失业的可能性,有利于社会的稳定。

(6)法律、行政法规规定的其他情形。法律、法规如对用人单位解除劳动合同作出了限制性规定,用人单位也不得与劳动者解除劳动合同。

4.3.5 法律责任

1. 经济性补偿

《劳动法》以及《劳动合同法》均是倾向于保护劳动者的，因此在这些法律规定中，作为强势方的企业往往要承担更多的法律责任。在双方均无过错的情况下，企业应当向劳动者支付经济性补偿。

【《劳动合同法》第四十六条】有下列情形之一的，用人单位应当向劳动者支付经济补偿：

（一）劳动者依照本法第三十八条规定解除劳动合同的；

（二）用人单位依照本法第三十六条规定向劳动者提出解除劳动合同并与劳动者协商一致解除劳动合同的；

（三）用人单位依照本法第四十条规定解除劳动合同的；

（四）用人单位依照本法第四十一条第一款规定解除劳动合同的；

（五）除用人单位维持或者提高劳动合同约定条件续订劳动合同、劳动者不同意续订的情形外，依照本法第四十四条第一项规定终止固定期限劳动合同的；

（六）依照本法第四十四条第四项、第五项规定终止劳动合同的；

（七）法律、行政法规规定的其他情形。

我国经济补偿制度的特点，一是由用人单位单方面向劳动者支付；二是经济补偿的标准和支付情形由法律统一规定。

（1）因用人单位违法致使劳动者解除合同，用人单位应当支付经济补偿。

因用人单位违反劳动合同约定或者违法致使劳动者解除合同，用人单位应当支付经济补偿。具体包括用人单位未按照劳动合同约定提供劳动保护或者劳动条件的；未及时足额支付劳动报酬的；未依法为劳动者缴纳社会保险费的；规章制度违反法律、法规的规定，损害劳动者权益的；以欺诈、胁迫的手段或者乘人之危，使劳动者在违背其真实意思的情况下订立或者变更劳动合同致使劳动合同无效的；以暴力、威胁或者非法限制人身自由的手段强迫劳动者劳动，或者违章指挥、强令冒险作业危及劳动者人身安全的，等等。

（2）用人单位提出解除劳动合同，并与劳动者协商一致解除劳动合同。

用人单位提出解除合同的动议，劳动者同意，双方协商一致解除劳动合同的，用人单位应当向劳动者支付经济补偿。协商一致解除合同，用人单位是否需要支付劳动者经济补偿，关键在于解除合同是谁提出来的。如果是由用人单位提出来的，需支付劳动者经济补偿；如果是劳动者提出来的，用人单位可以不用支付经济补偿。

（3）无过失原因解除劳动合同，用人单位应当支付经济补偿。

劳动者无过失，用人单位解除劳动合同时，应当向劳动者支付经济补偿。具体情形包括劳动者患病或者非因工负伤，在规定的医疗期满后不能从事原工作，也不能从事由用人单位另行安排的工作的；劳动者不能胜任工作，经过培训或者调整工作岗位，仍不能胜任工作的；劳动合同订立时所依据的客观情况发生重大变化，致使劳动合同无法履行，经用人单位与劳动者协商，未能就变更劳动合同内容达成协议的。

（4）经济性裁员解除劳动合同，用人单位应当支付经济补偿。

用人单位因经济性裁员，应当向劳动者支付经济补偿。具体情形包括依照企业破产法规定进行重整的；生产经营发生严重困难的；企业转产、重大技术革新或者经营方式调整，经变更劳动合同后仍需裁减人员的；其他因劳动合同订立时所依据的客观经济情况发生重大变化，致使劳动合同无法履行的。

（5）劳动合同期满，用人单位不续签合同或降低条件签订合同，应当支付经济补偿。

除用人单位维持或者提高劳动合同约定条件续订劳动合同，劳动者不同意续订的情况外，劳动合同期满终止固定期限劳动合同的，用人单位应向劳动者支付经济补偿。这一规定应从三个方面理解：①用人单位在维持或提高合同约定条件续订合同的情况下，如果劳动者同意，劳动关系继续存在，不会出现终止合同的问题；如果劳动者不同意续订，那么合同期满终止，用人单位不需要支付经济补偿。②用人单位降低合同约定条件续订，如果劳动者不同意续订，合同终止，用人单位也需要支付经济补偿。③合同期满，用人单位终止劳动合同，须支付劳动者经济补偿。

（6）用人单位主体资格消失应当支付经济补偿。

用人单位被依法宣告破产，或者被吊销营业执照、责令关闭、撤销或提前解散，劳动合同终止的，应当支付经济补偿。

（7）以完成一定工作任务为期限的劳动合同终止，须支付经济补偿。

【《劳动合同法实施条例》第二十二条】以完成一定工作任务为期限的劳动合同因任务完成而终止的，用人单位应当依照劳动合同法第四十七条的规定向劳动者支付经济补偿。

这条规定含有两个意思：以完成一定工作任务为期限的劳动合同终止时用人单位负有支付经济补偿的义务；经济补偿的支付依照《劳动合同法》第47条以及《劳动合同法实施条例》相关规定执行。以完成一定工作为期限的劳动合同是指用人单位与劳动者约定以某项工作的完成为合同期限的劳动合同。通常，这种合同以某项任务的完成为合同期限，一般要受季节、时间的限制，具有一定的不确定性；与固定期限和无固定期限的劳动合同一样，一旦发生法定事由即可以终止合同。用人单位不应当因为劳动者与其签订的是以完成一定工作任务为期限的劳动合同就不将劳动者视为本单位职工，更不能在企业破产劳动合同终止时拒绝支付劳动者经济补偿。

（8）劳务派遣劳动合同解除或者终止，应当依法支付经济补偿。

【《劳动合同法实施条例》第三十一条】劳务派遣单位或者被派遣劳动者依法解除、终止劳动合同的经济补偿，依照劳动合同法第四十六条、第四十七条的规定执行。

（9）法律、行政法规规定的其他情形。

与劳动法相比，《劳动合同法》大大扩展了经济补偿金的支付范围。根据《劳动合同法》的规定，只有以下四种情况无须支付经济补偿金：①劳动者主动辞职、解除劳动合同；②因严重违纪等行为被企业解除劳动合同；③劳动者在劳动法上主体资格消灭的，如依法享受基本养老保险待遇、自然死亡、宣告死亡或失踪的；④非全日制劳动合同终结的。除以上情形之外的劳动合同的解除和终止，用人单位应依法支付经济补偿。

2. 违反有关离职解聘法律规定的责任

上文提到，在企业与劳动者双方均无过错的情况下，企业仍须支付经济补偿。在企业一方违规解除劳动合同的情况下，企业责任加重，若劳动者不再要求继续履行劳动合同，则企业需要向劳动者支付双倍经济补偿。因此，企业在辞退劳动者时一定要按照法定程序进行，否则得不偿失。

【《劳动合同法》第四十八条】用人单位违反本法规定解除或者终止劳动合同，劳动者要求继续履行劳动合同的，用人单位应当继续履行；劳动者不要求继续履行劳动合同或者劳动合同已经不能继续履行的，用人单位应当依照本法第八十七条规定支付赔偿金。

（1）继续履行合同。

继续履行合同又称实际履行合同，带有一定的强制性。用人单位违反《中华人民共和国劳动合同法》的实体性规定或者程序性规定解除或终止劳动合同的，劳动者要求履行的，在能够履行的条件下，对原劳动合同未履行的部分继续按照约定履行。劳动合同继续履行应当满足三个条件：用人单位有违法行为存在，即用人单位存在违反《中华人民共和国劳动合同法》规定解除或者终止劳动合同的行为；劳动者选择继续履行劳动合同，劳动者有权选择用人单位承担责任的方式，既可以要求用人单位继续履行劳动合同，也可以要求用人单位支付赔偿金；劳动合同能够履行。合同履行应当具备履行的客观条件，如果客观情况发生变化使劳动合同不能履行，劳动者就只能接受经济赔偿。

（2）支付赔偿金。

支付赔偿金的前提是劳动者不要求继续履行劳动合同或者劳动合同已经不能继续履行。支付赔偿金是对用人单位违法行为的惩罚。只有进一步提高违法成本，才能有效遏制违法行为，使劳动者的权益得到更有效的保护。根据《中华人民共和国劳动合同法》的规定，用人单位应当按照经济补偿标准的 2 倍向劳动者支付赔偿金。这一加重赔偿的规定，强化了用人单位的法定责任，既补偿了劳动者损失，又惩罚了用人单位，实现了对劳动者的有效保护。用人单位依法支付了赔偿金的，不再支付经济补偿。赔偿金的计算年限自用工之日起计算。

复习与思考

（1）什么是劳动合同风险，为什么企业需要关注和管理这些风险？

（2）在劳动合同的订立阶段，企业需要考虑哪些风险因素？

（3）劳动合同中的关键条款和条件是哪些，如何确保它们能够最大限度地减少风险？

（4）劳动仲裁过程中可能出现哪些风险，企业应该如何应对？

（5）什么情况会导致劳动合同解除，解除劳动合同可能带来哪些潜在风险？

（6）企业应该如何保护自身免受不正当解雇的指控？

（7）在劳动合同管理中，保障劳动者权益与维护企业权益之间的平衡如何实现？

（8）企业在遇到劳动合同风险时，应该寻求法律咨询或其他专业支持吗？何时应该采取这些措施？

案例与实训

案例一

陈某与某玩具厂签订了为期 3 年的劳动合同，该合同书中规定了试用期为 1 年，在试用期内陈某不得单方提出解除劳动合同。

【思考】该份合同中的哪些内容违反劳动法规定？

案例二

某时装有限公司与其主管级别的员工都签订有一份定薪协议，协议约定员工每月固定薪资 3000 元，该薪资包含加班费及基本工资、奖金等；公司与普工签订的劳动合同中也对薪资作出约定，员工每月工资 1000 元，公司以此作为计算加班费的计算基数。

【思考】该公司针对工资的处理方式是否违法？

案例三

李某系某物业公司员工，在该物业公司所在的成都服务处上班。双方签订了书面劳动合同，就工资地点、工作内容、工资标准等进行了约定。2016 年 8 月 4 日，因该物业公司调整李某工作岗位，双方发生争议。后该物业公司以李某未按照工作流程到新岗位报到，经催告仍不履行相关义务，严重违反了公司规章制度为由将其除名。李某于 2016 年 9 月向劳动人事争议仲裁委员会申请仲裁，要求该物业公司支付违法解除劳动合同赔偿金、未休年休假工资等。仲裁委于 2016 年 11 月 11 日作出裁决，裁决该物业公司向李某违法解除劳动合同赔偿金 37410.94 元并驳回李某其他请求。该物业公司不服裁决，向法院提起诉讼。其理由为：李某系未按照工作流程报到，经催告仍不履行相关义务，严重违反了公司规章制度。物业公司依据规章制度明文规定将其除名系合法解除劳动合同，无须支付李某经济赔偿金。

【思考】你若是法官如何裁定本案？请阐述你的观点及理由。

案例四

某公司 2008 年 1 月 1 日对其原有的规章制度进行修订，增加了部分条款，但是该公司对此并没有采取任何的民主程序，且没有将新制定的条款向员工进行公示。2008 年 8 月 1 日，该公司根据自己的规章制度辞退员工胡某，胡某不服，向劳动争议仲裁委员会申请仲裁，胡某提出公司的规章制度制定的程序不合法，且公司没有对新增加的条款向其进行公示，该公司在答辩时表示据以辞退胡某所使用的规章制度条款是在 2008 年 1 月 1 日前制定的，可以作为辞退胡某的依据使用。

【思考】该公司的答辩理由在法律上是否成立？

案例五

2008 年 11 月 3 日，李某在工作中与其他部门员工因工作原因发生矛盾，引起打架事件。事后公司以李某打架严重违反公司规章制度为由与其解除劳动合同。李某称其在打架事件中系为保护机器而遭受人身伤害，实为此次打架事件的受害者，公司单方解除其劳动合同是违法的，特向仲裁委提起劳动仲裁。

【思考】公司单方解除与李某的劳动合同是否违法？

案例六

姜某于 2007 年 8 月 4 日进入某公司从事普工工作。2008 年 4 月 23 日，姜某因违规操作发生工伤，经工伤鉴定为十级伤残。2009 年 1 月，公司以姜某消极怠工不能按时完成工作为由，连续三天记姜某三次大过，并以姜某严重违反公司规章制度为由与姜某解除劳动合同。而事实上公司并没有制定规章制度，其所能提供的证据仅有未经员工签字确认的 3 张记姜某大过的处罚单。

【思考】 公司解除姜某存在哪些法律风险？

案例七

胡某于 2015 年 2 月 1 日进入某科技公司担任销售部高级客户经理，劳动合同期限至 2018 年 1 月 31 日，约定试用期为 3 个月。试用期满后，胡某的销售业绩一直未能达标。2015 年 7 月 1 日，应公司要求，胡某与单位签署了《个人业绩改进计划》，该计划中公司给予胡某 3 个月的观察期，胡某承诺 2015 年 7 月至 9 月每月的销售业绩不低于 5 万元，如未能完成该销售业绩，则自行提出辞职。后胡某未能完成该销售业绩。2015 年 9 月 30 日，某科技公司以胡某履行其自行离职的约定为由，要求胡某离职并收回了办公用计算机、考勤卡等。胡某依照公司要求办理了离职手续，但不认为是自行离职。后胡某提出仲裁申请，要求公司支付其违法解除劳动合同赔偿金。

【思考】 请你评析上述案件，并判断该《个人业绩改进计划》是否合法，阐述你的理由。

案例八

某公司在与员工签订劳动合同时遇到一个棘手问题，员工甲 2008 年 1 月 1 日进厂，但公司一直忘了与员工甲签订劳动合同，员工甲知道公司如果不与其签订书面劳动合同，依法需要向其支付双倍的工资，因此一直不动声色，直至 2008 年 5 月 1 日，公司对劳动合同进行了一次普查，才发现与员工甲漏签了劳动合同，公司表示要与员工甲补签劳动合同，员工甲同意补签，但是公司要先支付其 2008 年 1 月至 4 月的另一倍工资，否则员工甲只愿意将补签劳动合同日期定在 2008 年 5 月 1 日。

【思考】 公司如何处理上述案件较为妥当？

第 5 章

企业合同风险

◆ **导语**

第 4 章详细探讨了劳动合同风险领域的法律规定和实践，使我们更深入地理解了雇佣关系中的法律挑战以及相关各方的法律责任。劳动合同作为商业环境中的一个重要组成部分，其规范和解决方式至关重要。进入第 5 章，我们将转向另一个关键领域——企业合同风险管理。

企业合同风险管理是每个企业日常运营中不可或缺的部分。第 5 章将引领我们深入探讨不同潜在风险的识别与处理，以及评估合同效力的标准。我们将研究合同违约赔偿程序，以便了解如何在合同履行中处理可能出现的问题。此外，我们还将介绍一系列常用的预防策略和管理方法，帮助企业有效降低与合同相关的法律风险。

第 4 章和第 5 章之间的过渡为我们提供了逻辑和知识上的衔接，使我们能够将劳动合同风险与企业合同风险管理有机结合。这两个领域都是法律教育的重要组成部分，它们相辅相成，为学习者提供了全面的法律培训。让我们继续深入研究企业合同风险管理，以便更好地理解和应对企业在合同管理中所面临的挑战。

◆ **本章主要内容**

目前，我国的企业经营环境正不断演变，市场经济也呈现出越来越多元化的趋势。在这种背景下，企业之间通过签订合同建立联系，以追求各自的经济目标。然而，在实际操作中，许多企业往往忽视了合同管理中存在的潜在风险，导致合同风险事件频繁发生。为了有效防控合同管理中的风险，企业应将内部控制视角作为基础，积极寻求防范策略。

在企业的管理体系中，合同管理具有关键地位，因为企业签订的合同直接影响着其未来发展。企业在合同管理过程中可能面临各种问题，它们不仅会对合同管理产生负面影响，还可能引发更多潜在风险，导致企业遭受重大经济损失，甚至陷入危机。在新的市场环境下，企业合同风险管理的重要性凸显。本章将从合同订立、合同效力、合同履行、合同违约四个方面分析企业合同管理中的风险，并提出相应的预防措施。

◆ **学习目标**

深入了解企业合同风险，掌握不同潜在风险的识别与处理、合同效力评估的标准、合同违约赔偿程序等;全面认知企业合同风险,并熟悉常用的预防策略和管理方法。

5.1 合同风险概述

5.1.1 合同

合同是为适应私有制的商品经济的客观需求而产生的,它代表了商品交换在法律范畴内的具体表现。随着商品的生产和长期的交换实践,人们为了确保交易的安全性以及维护自己的信誉,逐渐形成了一系列与交易相关的约定和习惯。这些约定逐渐演化为管理商品交换的通则。随着私有制的确立和国家的出现,统治阶级将通则中有利于他们的部分规定转化为法律,并通过国家的强制力来确保其实施。从此,合同法制在商品交换领域得以形成。

早在古罗马时代,合同就备受重视,只有按规定方式签署的合同才具有法律效力。任何合同仪式中的细节遗漏都可能导致合同无效。这种复杂的合同签订形式在后来的商品经济发展中产生了不小的影响。罗马法逐渐克服了合同形式主义,引入了要物合同和合意合同,标志着罗马法从关注形式转向了关注合同当事人的意愿。因此,商品交换摆脱了繁文缛节,成为现代合同自由观念的历史根源。

在中国,合同制度也有悠久的历史。《周礼》中就详细规定了早期合同的形式,判书、质剂、傅别、书契等都是古代合同的书面形式。随着唐、宋、元、明、清等朝代的变迁,法律对合同的规范也变得愈加系统。

根据法律的定义,合同是平等主体之间(包括自然人、法人、其他组织)建立、修改、终止民事权利和义务关系的协议。经法定程序成立的合同受到法律保护。合同通常以书面形式存在,但也可以口头或其他形式存在。根据法律规定,合同应包括以下内容:合同当事人的名称、姓名和住址,合同标的、数量、质量、价款或报酬、履行期限、地点和方式,违约责任,争议解决方法等。

5.1.2 企业合同管理

企业合同,又被称为"经济合同",是企业法人之间或企业法人与公民或其他社会组织之间,为实现一定的经济目标,明确相互权利义务关系的协议。相较于民事合同,企业合同具有以下特征。首先,合同主体的特定性。一般情况下,企业合同的主体应当是具有法人资格的企业单位,但也允许个体经营户和农村社员与企业法人订立企业合同;其次,合同内容强调经济性。企业合同的订立旨在实现经济目标,涉及生产和流通领域的经济关系,而非消费领域;最后,合同受计划的约束。大部分企业合同的订立和履行受国家计划的直接或间接影响,因此受计划的制约和监管。此外,企业合同始终涉及对价。

合同管理的过程以洽谈为起点,包括合同草拟、签署、生效,一直到合同失效。合同签订前的管理至关重要,但签署后的管理同样不可忽视。合同管理需要具备系统性,即各部门都要共同管理涉及合同条款内容的事项。此外,动态性也至关重要,即需要关注合同全过程中的情势变化,特别要重视不利情况的变化,及时修改、变更、补充、中止或终止合同。

合同管理是一个多环节的复杂动态管理过程,包括相对人资信调查、合同谈判、合同文本的起草、审核审批、合同签署、合同履行、维护监督、合同归档以及纠纷处理等环节。企业合同管理对企业至关重要且不可或缺。从市场角度看,合同管理有助于企业实现市场目标、树立企业形象、提高品牌可信度,从而促进企业的可持续发展。从企业角度看,合同管理能够维护企业的合法权益,确保企业正常运营,有助于企业完成经营活动与市场的对接,提高企业在市场中的竞争力。

5.1.3 企业合同风险

"合同管理实际上就是企业风险管理、权利管理和效益管理,对企业的生存及发展具有基础性作用。"[①]因此,企业合同法律风险管理也是企业合同管理不可或缺的一环。通过运用法律和管理手段综合规避合同风险,进而维护企业合法权益,就是合同风险管理的目的。在日常企业合同管理过程中,存在着未来合同履行行为及内外界条件的变化,这可能会导致事先预定的合同管理实现目的与之不一致。这种可能性包括给企业带来损失或者收益。企业合同风险管理是指企业在合同管理过程中综合各类型合同风险归纳出的一种管理风险,而不是针对某个合同的具体风险。从合同法律风险可能存在的不同阶段来进行定义,可以将其定义为企业在合同准备、订立、签署生效、履行、变更和非正常终止及救济过程中权益受损的可能性。

与企业经营过程中的其他风险相比,合同法律风险具有其特征性。第一,合同法律风险是客观存在的,并不能完全避免,只能通过一些有效手段,在一定程度上规避一部分可以避免的风险。第二,合同法律风险与自然风险和商业风险相比,具有可认知性。自然风险不以人的意志为转移,不可能根据少量的现象或规律准确判断;商业风险是固有的市场风险,无法预先判断是否会发生。而合同法律风险的可认知性主要表现在其发生原因具有约定性,这种约定又受到法律保护。任何一方违反了合同约定或违反了法律的强制性规定,都将受到法律的制裁。第三,合同法律风险具有损失性。如果不能及时和合理地应对合同法律风险,就会产生现实的危机。这些危机可能导致企业资金减少,错过商机,承担巨额赔偿,甚至失去市场竞争力继而退出市场。只有有效地管理控制合同法律风险,才能够避免损失的产生。第四,合同法律风险具有可控性。可控性包括可知性、可预测性和可操作性。这是企业合同法律风险的特点,也是其在管理上与自然风险和商业风险的区别所在。因为这一特征,通过采取有效的预防、管理、控制措施,可以降低合同风险的发生率,从而最大限度地保证企业的正常生产经营。

上面我们介绍了合同法律风险的概念和特征,为了有效防控法律风险的发生,我们有必要追根溯源,对其形成原因进行分析,只有找对了病根,方能对症下药、药到病除。根据我国现有的企业合同管理现状,合同法律风险的主要成因如下:

首先,许多企业在法律风险方面存在意识缺失、风险防范意识较差的情况。一些企

---

① 樊进光. 打造合同管理的理念[J]. 中国电力企业管理, 2002(11): 60.

业往往盲目追求利润最大化，将费用压缩至最低，内部没有设立法务部门，也未聘请专业的法律顾问。企业认为法律防范支出的费用可省则省，法律意识淡薄，对可能发生的风险认识不足，甚至存有侥幸心理，然而，一旦风险转化为法律纠纷，就像无头苍蝇一样到处寻求救兵。这时，企业已经病入膏肓，临近存亡危机。

再次，一些企业对合同的法律约束力认识不足。在经营活动中，它们不按合同约定行事，违反合同、违规甚至违法侵权。这些行为都可能带来极高的风险。

再者，一些企业只重视合同的静态管理，而忽视了合同的动态管理。这种片面看待问题的做法在国内企业的合同管理中并不罕见。国内企业通常会在合同准备阶段花费大量时间和精力，而在合同履行、归档等环节却很少投入精力。与此相比，合同条款中约定的交货、验收、结算是否如约执行，合同全过程中的单据、权证等重要证据是否归档才是更关键的因素。毕竟，合同的目的就是顺利完成具体的经济行为。合同如同人一样，具有生命周期，从准备、订立、履行直至终结，是一个环环相扣的全周期的生命体。管理者必须妥善处理每个环节，否则一环损坏，全局难以维持。

最后，很多企业的合同管理模式相对滞后，合同管理不到位。制定合同管理制度并不困难，但制度的科学性、适用性以及是否能有效发挥管理作用需要通过实践来验证。然而目前情况显示，企业的合同管理制度存在敷衍了事、执行不到位、不符合实际情况等问题。一些企业仍然采用法律部门合同负责制的模式，由法律部门审核每份合同。然而，法律部门通常只从法律角度审查合同条款的合规性和合理性，对于合同背景、当事人的具体情况以及合同执行过程中可能存在的问题则知之甚少。在合同履行中，法律部门无法有效监控合同执行情况。在这种模式下，合同管理往往做得还到位，合同风险防控只能停留在纸面上。

企业合同风险可以根据合同运行阶段，即合同准备阶段、合同订立阶段、合同履行阶段和合同纠纷阶段进行分类。本章将合同订立与履行阶段的风险进行详述。

5.2 合 同 订 立

5.2.1 合同订立的程序

一般来说，合同的订立过程可以分为两个阶段，即要约和承诺。要约是指希望与他人订立合同的意思表示，发出要约的一方称为要约人，而接受要约的一方称为受要约人。在这里需要明确以下几点：第一，要约必须是特定人的意思表示；第二，要约人必须具备订立合同的意愿；第三，要约是由要约人向受要约人发出的；第四，要约的内容必须是确定而完整的，即必须明确且足以使受要约人能够正确理解，同时还需要包括构成合同的主要条款；第五，要确保要约能够送达给受要约人。

除了承诺，与要约相关的概念还包括要约邀请，有时也称为要约引诱。要约邀请是指希望他人向自己发出要约的意思表示。一般来说，寄送的价目表、拍卖广告、招标公告、招股说明书、商业广告等都属于要约邀请的范畴。此外，在订立合同的准备阶段也可能发出要约邀请。要约和要约邀请是两个容易混淆的概念，《民法典》对它们进行了如下规定：

【《民法典》第四百七十二条】 要约是希望与他人订立合同的意思表示，该意思表示应当符合下列条件：

（一）内容具体确定；

（二）表明经受要约人承诺，要约人即受该意思表示约束。

【《民法典》第四百七十三条】 要约邀请是希望他人向自己发出要约的表示。拍卖公告、招标公告、招股说明书、债券募集办法、基金招募说明书、商业广告和宣传、寄送的价目表等为要约邀请。

商业广告和宣传的内容符合要约条件的，构成要约。

一方面，要约在到达受要约人时生效，要约人受到要约的拘束，对自己发出的要约应当负责，不得随意撤回、撤销或者对要约进行限制、变更或扩张；另一方面，对于受要约人来说，受要约人取得依要约人承诺而成立合同的法律地位，只有受要约人才享有对该要约进行承诺的资格，这种资格不能随意转让，但是可以放弃。

1. 要约的撤回与撤销

既然要约的撤回或撤销不能随意，那么在什么情况下可以撤回或撤销要约呢？

要约的撤回是指，在要约人发出要约后，要约到达受要约人之前，宣告取消要约的意思表示。必须满足撤回要约的通知先于要约到达受要约人，至少要同时到达。

要约的撤销则是指在要约生效后，受要约人承诺之前，要约人将该要约取消，从而消灭该要约效力的意思表示。必须满足撤销要约的通知在受要约人发出承诺通知之前到达受要约人。在要约人已经确定了承诺期限或以其他形式明示要约不可撤销的情况下，要约人不能撤销要约；另外，在受要约人有理由认为要约是不可撤销的，并已经为履行合同作了准备工作的情况下，要约人同样不得撤销要约。

2. 承诺

承诺是与要约密切相关的一个概念，是指受要约人同意要约的意思表示。承诺必须由受要约人做出，在一定的期限内到达要约人，并且承诺的内容必须与要约的内容一致。要约人在要约到达受要约人后不能对要约进行限制、变更或扩张，同样，受要约人的承诺应当是无条件的，不得限制、扩展或变更要约的实质内容，否则不构成承诺，而是当作拒绝原要约并做出新的要约（也称反要约）来处理。也就是说，受要约人一旦对要约的内容做出实质性的变更，就视为一份新要约，而非承诺。要约一旦到达受要约人则要约生效，对应的，承诺一旦到达要约人则合同宣告成立。

基于以上合同订立过程，可以看出，对于企业来说，无论是作为要约人还是受要约人，都需要对自己的合作对象进行审查和选择，否则一旦对方毁约或是无法按照合同行事都会给企业带来损害；另外企业需要认真对待合同条款，以防其中存在对己方不利的信息。

3. 资质审查

一般来讲，在订立合同之前甚至选定合作对象之前，会对合作对象的相关资质进行审查，资质审查简单来讲就是对合同各方的签约及履约资质进行审查，审查重点包括对方是否具备相关资质，能否保证在合同订立后有效履约，违约之后的追责难度及对方的偿债能力等，以这种方式来确认合同能够有效执行，以保证企业正常经营。至于具体的审查内容需要企业根据实际情况确定，以下内容是建立在合同各方之前没有合作基础、了解有限的基础上的。这一风险针对合同各方有不同的侧重点，以下将分别进行阐述。

首先，最基本的一点是，企业内部的公章、合同章的保管和使用要有严格的规定，即使没有企业法人或授权人的签字，一旦盖上公章或合同章，合同就具有了法律效力，所以公章或合同章被盗用对企业非常不利。

合同是平等主体的自然人、法人、其他组织之间设立、变更、终止民事权利义务关系的协议。那么签约主体是否具有签约并履约的资质，对企业来讲是十分重要的，所以在订立合同之前需要通过调查了解合作对象的基本情况，以在签订合同时可以在供货及付款条件上采取相应的对策，避免造成损失，重大项目合同在订立前需要聘请专业人员进行详细的专业调查和风险评估。那么具体要审查什么呢？我国法律对部分行业的从业资格做出了限制性规定，没有从业资格的单位或个人不得从事特定的业务，所以在订立合同时，需要重点审查合作方是否具备签约主体资格。

对于重大项目合同，这项审查会更加严谨，企业会事先派专业考察团去对方所在地进行审查，考察团人员需要包括企业高级管理人员、项目主管负责人、专业技术人员、法务人员和财务人员等，审查内容包括对方提供的各类执照、许可证、资格证、企业经营状况、涉诉状况、财务状况等，更加细致一点的话还要去政府相关工作部门调查核实企业情况。

在调查完以上内容，确认对方具有签约资质以后，还需要调查其商业信誉和履约能力，此类调查可以在进行实地考察时一同进行，或者委托专业的调查机构对其资信状况进行调查，主要调查以下内容：对方财产状况、生产经营能力、企业运营现状、是否满足履行合同的条件、合同标的是否存在争议、企业经营历史和客户评价等。

需要特别注意的是，在现实操作过程中，企业不可能将所有的合同签订都集中于法定代表人或负责人身上，很多时候是授权代理签约。企业通常会预先提供给销售代表或销售分公司相当数量的盖有企业公章的空白介绍信或格式合同，以便其在适当时机签订合同，这样的确会提高企业效率，但与之俱来的便是无权代理或表见代理等风险。

无权代理是指未经授权而为的行为、超越代理权的行为和代理权终止后的行为，预防无权代理可以采取以下措施：尽量避免预先发出盖章的空白介绍信和空白合同，如果需要预先发出，必须严格控制，明确规定该代理人可以签订的合同项目、金额上限、有权代理时间期限等；在代理人因职位停止或岗位调动等失去代理权限之后应该确保之前预先发出的空白介绍信、授权委托书、空白合同及时如数收回，同时有必要尽快以书面形式通知和该代理人有业务往来的客户。如果因为某些原因，无权代理已经发生，企业可以根据情况及时选择行使追认权和拒绝权。

表见代理是指行为人没有代理权、超越代理权或者代理权终止后以被代理人名义订立合同，但是相对人有理由相信行为人有代理权的，该代理行为有效，企业要对该代理行为的后果承担责任。

因为表见代理很容易被相对人忽视，或者说，相对人在获取相关信息时具有一定难度，所以为了避免公司发生表见代理，需要特别注意以下几种情况：

（1）企业对外声明授予某人代理权，而实际上并没有授权的；
（2）知道他人以自己的名义从事经济活动而不作否认表示的；
（3）将本企业的公章、合同专用章，以及盖章的业务介绍信和空白合同书交给他人的；
（4）授权委托书中授权不明的；
（5）代理权消灭后未及时收回授权委托书的；
（6）代理权消灭后未及时通知第三人的。

目前发生的众多合同诈骗经济犯罪案件都与表见代理有关，这一犯罪行为通常会给签约双方公司都带来一定损失。涉及经济犯罪而且由企业承担民事赔偿责任两种情形是：

第一，个人借用单位的业务介绍信、合同专用章或者盖有公章的空白合同书，以出借单位名义签订经济合同，骗取财物归个人占有、使用、处分或者进行其他犯罪活动，给对方造成经济损失构成犯罪的，除依法追究借用人的刑事责任外，出借业务介绍信、合同专用章或者盖有公章的空白合同书的单位，依法应当承担赔偿责任。但是，有证据证明被害人明知签订合同对方当事人是借用行为，仍与之签订合同的除外。但事实上这一举证目的往往很难实现。

第二，单位聘用的人员被解聘后，或者受单位委托保管公章的人员被解除委托后，单位未及时收回其公章，行为人擅自利用保留的原单位公章签订经济合同，骗取财物占为己有构成犯罪，如给被害人造成经济损失的，单位应当承担赔偿责任。这是公章管理方面的问题。

反过来，在我们审查签约对方代理人的代表权时要注意必须收取其《授权委托书》，内容方面的审查除要加盖有对方单位的公章外，还必须有授权委托的具体事项、权限范围以及委托代理的时间期限。确保其没有超越代理权或者代理权已经过期，因为这几种情况下签订合同未经被代理人的追认，合同对被代理人不发生效力，由行为人自己承担责任。

从授权的程序管理上看，应当由业务部门提出申请，经过企业法务部门或合同管理部门审查，由法定代表人签署授权委托书，如果授权事项变更应履行变更手续。每年应当对代理人的授权代理书进行核查，对不符合要求的应当及时收回代理权、撤销委托书。代理人应当妥善保管授权书，不得转借、出卖他人；授权委托书遗失时，企业应及时登报声明作废；代理人离岗应交回授权委托书。

4. 合同条款确定

一般来讲，除了国家法律规定的统一条款之外的合同条款都是在合同各方的不断商讨下决定的，关于价格、交货期等的条款可能要反复讨价还价，过程中，可能有些企业会在某些条款上做出一些模糊处理，或故意制定一些不平等条款，或在制定过程中由于疏漏导致履约过程中相互扯皮，甚至在违约后责任难以划分。这就决定了在约定合同条款时可能出现诸多风险，为了保障企业的权益，在合同条款上必须下足心思，以免吃哑巴亏。合同成立生效以遵循意思自治原则为基础，双方在平等自愿的基础之上达成一致协议，明确双方的权利义务，会促使双方签订合同目的的实现、避免争议的发生。但在实际操作中，合同法律风险存在的另一个主要原因是很多当事人对合同项下的各条款的相关约定不明确，存在一些争议，以至于约定的条款得不到正确的履行。正如买卖合同中，货物的交付、货款的支付、货物提取的风险、质量验收、质量保修退换等问题是整个合同的关键部分，影响着合同目的的最终实现，一旦其中一个环节约定的条款不明确，发生问题时双方若不能友好协商解决，必将引发诉讼，需要更大的成本来解决问题。因此，在合同法律风险管理中，对合同项下条款的明确约定，是实现法律风险有效规避、保障合同约定条款有效执行的重要基础。

合同条款中可能存在的风险复杂多样，接下来以与企业日常经营活动联系最为密切的买卖合同为例，对合同条款中可能存在的风险进行阐述。买卖合同主要应该注意规范以下条款：质量标准条款、交付方式条款、付款条款、定金条款、违约责任条款、争议管辖条款等[①]。

1）质量标准条款

根据我方的产品质量情况明确约定质量标准，并约定质量异议提出的期限。另外还要认真审查合同中约定的标准是否符合客户的需求。一般来讲，超过质量异议期未提出异议即视为质量符合约定，国家规定有质保期的除外。

2）交付方式条款

如果货物送往本地，应该明确约定送货地点，这关系到纠纷处理时法院的管辖；如果货物送往外地，则尽量不要写明，而应争取约定由本地法院管辖。此外，合同中应列明收货方的经办人的姓名，以防对方在经办人离开后否认收货事实，造成诉讼中难以举证。

3）付款条款

应明确约定付款的时间，避免对方借机拖延。

4）定金条款

注意"定金"与"订金"的区别，定金条款应写明"定金"字样，而非"订金"，最高院关于适用《中华人民共和国担保法》若干问题的司法解释第118条规定，当事人交付留置金、担保金、保证金、订约金、押金或者订金等，但没有约定定金性质的，当事人主张定金权利的，人民法院不予支持。定金不得超过主合同标的额的百分之二十；给付定金的一方不履行约定的债务的，无权要求返还定金；收受定金的一方不履行约定的债务的，应当双倍返还定金。对于超过百分之二十的部分，可以作为预付款，可以要求返还，但不具备定金的性质。

5）违约责任条款

企业在起草合同时应明确约定对方的违约责任，并且要以与我公司订立合同的目的能否实现为标准。与之对应的，对于对方起草的合同，特别需要注意，其中是否存在不平等的违约责任条款或加重我方责任的违约责任条款。《民法典》中虽然规定了一方违约，另一方可以向其追索违约金和赔偿金，但如果合同中没有明确违约金的数额，法院就会视为双方当时放弃违约金权利，而不予支持。在合同中对赔偿金计算方法列出明确条款，可以在发生争议之后快速确定赔偿金额。现实中很多合同中只注明了违约方需要承担责

---

① 苑红艳. 浅谈企业经济合同订立中的风险防控措施[J]. 营销界, 2020（52）: 168-169.

任,但并没有明确赔偿数额或是计算经济损失的标准或方法,给违约后赔偿和追责都带来一定困难。

6)争议管辖条款

现在有一些案件在诉讼管辖耗上费时间和精力,想要避免这种风险,需要在合同中明确管辖法院,趁在订立合同这个还算友好的阶段,双方应提前确定好管辖法院,以免日后徒增烦恼。特别需要注意的是,在合同中写明的仲裁机构的名称需要具体且明确,如果只是笼统地写,一旦发生纠纷在甲方(或乙方)所在地仲裁部门解决,这样的条款是无效的。根据《中华人民共和国仲裁法》的规定,当事人在订立仲裁协议或约定仲裁条款时,应当选定仲裁委员会,如果在合同中并未写具体仲裁部门名称,在发生纠纷之后,只能由合同当事人协商签订补充协议予以说明,如果协商未达成统一意见或合同仲裁条款无效,就需要由有管辖权的法院管辖。因此,诉讼管辖地的约定也应该明确,根据法律规定,当事人可以书面协议的管辖法院包括原告所在地、被告所在地、合同签订地、合同履行地、标的物所在地等与争议有实际联系的地点的人民法院,且不能违反专属管辖和级别管辖的规定。

合同订立阶段需要注意的细节很多,稍不注意就有可能在将来给企业带来损失,所以在这一阶段务必小心谨慎,除了以上提到的可能的风险,在签订合同时还要注意以下几点:合作方应加盖其单位的公章,合作方的经办人应提供加盖了其单位公章的签约授权委托书;加盖的公章应清晰可辨;合同文本经过修改的,应由双方在修改过的地方盖章确认;取得合作方的营业执照复印件。

5.3 合同履行

合同履行,指合同规定义务的执行。任何合同规定义务的执行,都是合同的履行行为;相应地,凡是不执行合同规定义务的行为,都是合同的不履行。履行合同的变现形式根据合同的类型而不同,但一般来讲,所有合同的履行都必须有当事人的履约行为,当事人按照合同约定或法律的规定,全面、正确地完成合同义务,使合同履行完毕。

1. 完全履行原则

履行合同,就其本质而言,是指合同的全部履行。只有当事人双方按照合同的约定或者法律的规定,全面、正确地完成各自承担的义务,才能使合同债权得以实现,也才能使合同法律关系归于消灭。完全履行合同中涉及正确的履行主体、履行标的、履行期限等限制,也可以说在这些方面,完全履行合同需要遵守一系列规则。

1)履行主体

合同履行主体不仅包括债务人,也包括债权人。因为,合同全面正确履行的实现,不仅依赖于债务人履行债务的行为,还依赖于债权人受领履行的行为。因此,合同履行的主体是指债务人和债权人。除法律规定、当事人约定、性质上必须由债务人本人履行的债务以外,履行也可以由债务人的代理人进行,但是代理只有在履行行为是法律行为时方可适用。同样,在上述情况下,债权人的代理人也可以代为受领。此外,必须注意的是，在某些情况下，合同也可以由第三人代替履行，只要不违反法律的规定或者当事人的约定，或者符合合同的性质，第三人也是正确的履行主体。不过，由第三人代替履行时，该第三人并不取得合同当事人的地位，第三人仅仅只是居于债务人的履行辅助人的地位。

2）履行标的。

合同的标的是合同债务人必须实施的特定行为，是合同的核心内容，是合同当事人订立合同的目的所在。合同标的不同，合同的类型也就不同。如果当事人不按照合同的标的履行合同，合同利益就无法实现。因此，必须严格按照合同的标的履行合同就成了合同履行的一项基本规则。合同标的的质量和数量是衡量合同标的的基本指标，因此，按照合同标的履行合同，在标的的质量和数量上必须严格按照合同的约定履行。合同对标的的质量没有约定或者约定不明确的，当事人可以补充协议，协议不成的，按照合同的条款和交易习惯来确定。仍然无法确定的，按照国家标准、行业标准履行；没有国家标准、行业标准的，按照通常标准或者符合合同目的的特定标准履行。在标的数量上，全面履行原则的基本要求便是全部履行，而不是部分履行，但是在不损害债权人利益的前提下，也允许部分履行。

3）履行期限。

合同履行期限是指债务人履行合同义务和债权人接受履行行为的时间。作为合同的主要条款，合同的履行期限一般应当在合同中予以约定，当事人应当在该履行期限内履行债务。如果当事人不在该履行期限内履行合同义务，则可能构成迟延履行，承担违约责任。履行期限不明确的，双方当事人可以另行协议补充，协议补充不成的，应当根据合同的有关条款和交易习惯来确定。如果还无法确定，债务人可以随时履行，债权人也可以随时要求履行，但应当给对方必要的准备时间。这也是合同履行原则中诚实信用原则的体现。不按履行期限履行合同义务，有两种情形：迟延履行和提前履行。在履行期限届满后履行合同为迟延履行，当事人应当承担迟延履行责任，此为违约责任的一种形态；在履行期限届满之前所为之履行为提前履行，提前履行不一定构成不适当履行。

4）履行地点。

履行地点是债务人履行债务、债权人受领给付的地点，履行地点直接关系到履行的费用和时间。在国际经济交往中，履行地点往往是纠纷发生以后用来确定适用的法律的根据。如果合同中明确约定了履行地点，债务人就应当在该地点向债权人履行债务，债权人应当在该履行地点接受债务人的履行行为。如果合同约定不明确，双方当事人可以协议补充，如果不能达成补充协议，则按照合同有关条款或者交易习惯确定。如果履行地点仍然无法确定，则根据标的的不同情况确定不同的履行地点。如果合同约定了给付货币，在接受货币一方所在地履行；如果交付不动产，在不动产所在地履行；其他标的，在履行义务一方所在地履行。

5）履行方式。

履行方式是合同双方当事人约定以何种形式来履行义务。合同的履行方式主要包括运输方式、交货方式、结算方式等。履行方式由法律或者合同约定或者是合同性质来确定，不同性质、内容的合同有不同的履行方式。根据合同履行的基本要求，在履行方式上，履行义务人必须首先按照合同约定的方式履行合同义务。约定不明确的，当事人可以协议补充；协议不成的，可以根据合同的有关条款和交易习惯来确定；仍然无法确定的，按照有利于实现合同目的的方式履行。

6）履行费用。

履行费用是指债务人履行合同所支出的费用。如果合同中约定了履行费用，则当事人应当按照合同的约定负担费用。如果合同没有约定履行费用或者约定不明确，则按照合同的有关条款或者交易习惯确定；如果仍然无法确定，则由履行义务一方负担。因债权人变更住所或者其他行为而导致履行费用增加，增加的费用由债权人承担。

确保合同完全履行也是合同订立的目的之一，因此在履行合同时，除了遵守上述规则之外，还要在各个环节注意一些原则，具体包括：

实际履行原则。它是指合同当事人必须严格按照合同规定的标的履行自己的义务，未经权利人同意，不得以其他标的代替履行或者以支付违约金和赔偿金来免除合同规定的义务。

全面履行原则。它又称适当履行原则或正确履行原则，是指当事人按照合同规定的标的及其性质、数量，由适当的主体在适当的履行期限、履行地点，以适当的履行方式，全面完成合同义务的履行原则。

协作履行原则。它是指当事人不仅适当履行自己的合同债务，而且基于诚实信用原则的要求协助对方当事人履行其债务的履行原则。

【《民法典》第五百零九条】 当事人应当按照约定全面履行自己的义务。

当事人应当遵循诚信原则，根据合同的性质、目的和交易习惯履行通知、协助、保密等义务。

当事人在履行合同过程中，应当避免浪费资源、污染环境和破坏生态。

【《民法典》第五百三十三条】 合同成立后，合同的基础条件发生了当事人在订立合同时无法预见的、不属于商业风险的重大变化，继续履行合同对于当事人一方明显不公平的，受不利影响的当事人可以与对方重新协商；在合理期限内协商不成的，当事人可以请求人民法院或者仲裁机构变更或者解除合同。

人民法院或者仲裁机构应当结合案件的实际情况，根据公平原则变更或者解除合同。

诚实信用原则，是指当事人按照合同约定的条件，切实履行自己所承担的义务，取得另一方当事人的信任，相互配合履行，共同全面地实现合同的签订目的。从字面上看，诚实信用原则就是要求人们在市场活动中讲究信用，恪守诺言，诚实不欺，在不损害他人利益和社会利益的前提下追求自己的利益，以"诚实商人"的形象参加经济活动。从内容上看，诚实信用原则并没有确定的内涵，因而有无限的适用范围。即它实际上是一个抽象的法律概念，内容极富于弹性和不确定，有待于就特定案件予以具体化，并随着社会的变迁而不断修正自己的价值观和道德标准。从功能上看，诚实信用原则兼有法律调节和道德调节的双重功能，在当事人就合同发生争执时，赋予法官较大的公平裁量权，如同给予了法官一张空白委任书，可以由法官根据合同履行过程中出现的具体情况，作出不同的解释，直接调整合同当事人的权利义务。

情势变更原则，是指合同成立后至履行完毕前，合同存在的基础和环境，因不可归属于当事人的原因发生变更,若继续履行合同将显失公平,故允许变更合同或者解除合同。我国在计划经济时期,情势变更多为计划变动所致,主要依靠行政手段解决。

作为法定免责事由之一的不可抗力是指不能预见、不能避免、不能克服的客观情况。在我国,许多学者将适用情势变更的事由局限于不可抗力,认为情势变更是因不可抗力而发生的,不以当事人主观意志为转移。具体来说,不可抗力与情势变更存在着如下区别:

不可抗力和情势变更在具体的表现形式上存在较大的差异。不可抗力一般表现为灾难性事件,如台风、地震等;而情势变更则表现为合同基础动摇,即当事人缔约之际期待和重视的事实消除或并未出现,如价格暴涨暴跌等。

情势变更和不可抗力导致合同变更和解除合同时所适用的程序不同。各国法律都规定,如果在合同履行过程中发生不可抗力并导致合同履行不能,则因不可抗力而履行不能的一方当事人享有法定的变更、解除权,可以直接通知对方当事人解除或变更合同。但在情势变更的情形下,当事人要援用情势变更原则救济自身利益,主张变更或解除合同,必须请求法院做出裁判,如果法院驳回当事人的请求,则该当事人仍应履行合同义务。

在相互关系上,不可抗力与情势变更之间并不存在一一对应的关系。也就是说,不可抗力的发生并不必然导致情势变更,如果不可抗力并没有导致合同基础动摇或者丧失而引起当事人之间的利益失衡,就没有适用情势变更原则的可能;而情势变更原则的适用不仅局限于不可抗力,还包括意外事故和其他事件。

两者的功能不同。根据《民法典》的规定,不可抗力属于法定免责事由,在合同责任和侵权责任中均可适用,一旦出现了不可抗力,则产生债务人依法被免于承担民事责任,也可导致合同的变更和解除。而情势变更原则属于合同履行的原则,其功能在于指导合同正常履行。即在合同履行过程中因情势变更的出现使当事人履行义务,有悖诚实信用原则,从而应允许当事人变更或解除合同。

不可抗力和情势变更都能导致合同的变更或解除,但是两者产生的后果存在明显的差异。因不可抗力而导致合同变更或解除,无论是全部不能还是部分不能,也无论是一时不能还是永久不能,都必须使该合同因不可抗力而不能实现。而适用情势变更导致合同变更或解除的情形,则并不要求合同履行不能,而此时合同仍然能够履行,只不过履行代价过于高昂,且强行履行将导致合同当事人之间出现严重的利益不平衡状态。

2. 不完全履行

不完全履行又称为"不完全给付""不良给付""积极侵害债权",是指债务人虽然履行债务,但其履行不完全符合债务的本旨甚至给债权人造成损害的情形。不完全履行主要有违约瑕疵、损害瑕疵、部分履行以及其他不适当履行等分类。

违约瑕疵,是指债务人履行的标的物不符合合同规定的质量要求,也就是说履行具有瑕疵。我国法律没有采取大陆法系的瑕疵担保责任,而认为瑕疵履行是一种违约行为,当事人应当承担违约责任。

【《民法典》第五百八十二条】 履行不符合约定的,应当按照当事人的约定承担违约责任。对违约责任没有约定或者约定不明确,依据本法第五百一十条的规定仍不能确定的，受损害方根据标的的性质以及损失的大小，可以合理选择请求对方承担修理、重作、更换、退货、减少价款或者报酬等违约责任。

损害瑕疵，又称为加害给付，是指当债务人的违约瑕疵履行行为造成债权人的履行利益以外的人身或其他财产损失时，债权人享有的履行利益实际上是债权人享有的债权，而债权人享有的履行利益以外的其他利益，主要是债权人享有的绝对权，这两种权利分别受到《中华人民共和国合同法》和《中华人民共和国侵权法》的保护，受害人有权选择要求债务人承担违约责任或者依照其他法律要求其承担侵权责任。

部分履行，指合同虽然履行，但没有按照合同约定全部履行。例如，不符合数量的规定，或者履行在数量上存在着不足。对于部分履行，债权人可以拒绝接受，但部分履行不损害债权人利益的除外。在部分履行的情况下，非违约方首先有权要求违约方依据合同继续履行，交付尚未交付的货物、金钱以及提供未提供的服务。非违约方也有权要求违约方支付违约金。如果因部分履行造成了损失，有权要求违约方赔偿损失。由于在一般情况下，对部分不履行，债务人是可以补足的，因此不必要解除合同。如果因部分履行而导致解除合同，则已经履行的部分将返还，从而会增加许多不必要的费用。所以，除非债权人能够证明部分履行已构成根本违约，导致其订约目的不能实现，则一般不能解除合同。

其他的不适当履行，主要包括履行的标的物的品种、规格、型号等不符合合同约定；履行方式不适当，如依约应一次性履行而分期履行；履行地点不适当，即未在合同规定的履行地点履行；违反附随义务的行为，如违反告知义务行为等。

不完全履行也是合同履行的一种表现形式，并不是完全不履行，因此，需要满足一些条件才可视为不完全履行。

首先，不完全履行必须有履行行为，如果没有履行行为，则可能构成履行不能，而不会构成不完全履行。另外需要注意的是，债务人的履行行为，是指以履行债务为意思的行为；与履行债务无关的行为造成债权人损害的，不属于加害给付，属于一般的侵权行为。

其次，债务人的履行必须不完全合乎债的合同，债务人履行债务应以满足债权人的利益为目的，同时债务人的履行行为也不能给债权人带来损害。这是法律对债务人的最基本的要求。而在不完全履行的场合，债务人违反了此义务，没有按照债务本旨履行债务。债务人的履行不完全合乎债的内容，具体表现为：履行的数量上不完全，标的物的品种、规格、型号不合乎规定或标的物有缺陷，加害给付，履行方法上的不完全以及违反附随义务的不完全履行。

另外，必须可以归责于债务人，是指债务人对其履行债务所造成的对于债权人的损害，未尽相当的注意。在瑕疵给付中，无论债务人主观上是否具有故意或者过失，只要其交付的标的物有瑕疵，债务人即应负责；在加害给付中，因其系债务人的履行行为造成债权人的其他利益的损失，故应以债务人主观上具有故意或过失为要件。但对于债务人的故意或过失，债权人不负举证责任，债务人须证明自己主观上没有过错时，才能免于负责。

最后，债务人必须无免责事由，如果债务人履行不符合债务本旨，是不可抗力所致，则债务人并不负不完全履行的责任。此外，如果当事人对不完全履行存有有效的约定的免责条款，也可以不负不完全履行的责任。

3. 抗辩权与不安抗辩权

在合同当事人中，双方当事人都承担义务，通常一方的权利与另一方的义务之间是相互依存、互为因果的关系。为了保证合同当事人的利益关系相对公平，我国法律有如下规定：当事人一方在对方未履行或者不能保证履行时，一方可以行使不履行的保留性权利，这就是对抗对方当事人要求履行的抗辩权。

【《民法典》第五百二十五条】 当事人互负债务，没有先后履行顺序的，应当同时履行。一方在对方履行之前有权拒绝其履行请求。一方在对方履行债务不符合约定时，有权拒绝其相应的履行请求。

【《民法典》第五百二十六条】 当事人互负债务，有先后履行顺序，应当先履行债务一方未履行的，后履行一方有权拒绝其履行请求。先履行一方履行债务不符合约定的，后履行一方有权拒绝其相应的履行请求。

【《民法典》第五百二十七条】 应当先履行债务的当事人，有确切证据证明对方有下列情形之一的，可以中止履行：

（一）经营状况严重恶化；

（二）转移财产、抽逃资金以逃避债务；

（三）丧失商业信誉；

（四）有丧失或者可能丧失履行债务能力的其他情形。

当事人没有确切证据中止履行的，应当承担违约责任。

【《民法典》第五百二十八条】 当事人依据前条规定中止履行的，应当及时通知对方。对方提供适当担保的，应当恢复履行。中止履行后，对方在合理期限内未恢复履行能力且未提供适当担保的，视为以自己的行为表明不履行主要债务，中止履行的一方可以解除合同并可以请求对方承担违约责任。

通过行使抗辩权可以使对方的请求权归于消灭或推迟，同时履行抗辩权和不安抗辩权，则使债权人行使权利的时间比合同约定的更迟。不安抗辩权是为了预防因履行合同一方发生信用危机、财产极度减少以及其他不利于履行合同的情形，致使先履行一方蒙受不测损失。

综上所述，不安抗辩权是抗辩权的一种，但是行使不安抗辩权有其特定的条件。

第一，双方当事人因同一双务合同而互负债务。不安抗辩权为双务合同的效力表现，其成立须双方当事人因同一双务合同而互负债务，并且该两项债务存在对价关系。

第二，后给付义务人的履行能力明显降低，有不能为对待给付的现实危险。不安抗辩权制度保护先给付义务人是有条件的，只有在后给付义务人有不能为对待给付的现实危险、危及先给付义务人的债权实现时，才能行使不安抗辩权。所谓后给付义务人的履行能力明显降低，有不能为对待给付的现实危险，包括其经营状况严重恶化；转移财产、抽逃资金以逃避债务；谎称有履行能力的欺诈行为；其他丧失或者可能丧失履行能力的情况。

履行能力明显降低，有不能为对待给付的现实危险，须发生在合同成立以后。如果在订立合同时即已经存在，先给付义务人若明知此情而仍然缔约，法律则无必要对其进行特别保护；若不知此情，则可以通过合同无效等制度解决。

第三，有先后的履行顺序，享有不安抗辩权之人为先履行义务的当事人。

第四，先履行义务人必须有充足的证据证明相对人无能力履行债务。

第五，先履行一方的债务已经届满清偿期。

第六，后履行义务未提供相应担保。

与其他权利相似，不安抗辩权也有其有效合理期限，同时，对于不同的情况有不同的效力。

（1）第一次效力。先履行方可中止履行合同，但应通知对方并给对方一合理期限，使其恢复履行能力或提供适当的担保。中止履行既是行使权利的行为，又是合法的行为，先履行方于履行期满不履行债务或迟延履行，并不构成违约。中止履行乃暂停履行或延期履行之含义，因此它不同于解除合同，其目的不在于使既有合同关系消灭，而是维持合同关系。如果先履行方解除合同，则其行为构成违约，后履行方可要求其承担债务责任。先履行方中止履行，应当通知后履行方，通知方式以口头或书面形式均可。

在合理期限内，后履行方未提供担保且未恢复履行能力而要求对方履行的，先履行方可以拒绝。

在合理期限内，后履行方提供担保或恢复履行，先履行方应当继续履行合同。后履行方提供担保或恢复履行能力后，先履行方无法获得对待给付的危险消失，因此应当恢复履行合同。此时，充分体现了不安抗辩权的一时抗辩权的性质。

（2）第二次效力。如果合理期限届满，后履行方未提供适当担保且未恢复履行能力，则发生第二次效力，即先履行方可以解除合同并要求损害赔偿。

5.3.2 合同违约

合同违约是指违反合同债务的行为，亦称为合同债务不履行。这里的合同债务，既包括当事人在合同中约定的义务，又包括法律直接规定的义务，还包括根据法律原则和精神的要求、当事人所必须遵守的义务。仅指违反合同债务这一客观事实，不包括当事人及有关第三人的主观过错。

1. 违约和违约责任

按照不同的分类标准，可以将违约划分为不同的种类。按照违约行为是否实际发生可以分为实际违约和预期违约。

实际违约，指在履行期限到来以后，当事人不履行或不完全履行合同义务的情况。实际违约又可以分为以下几种：①不履行，包括履行不能和拒绝履行，履行不能是指债务人在客观上没有履行能力。拒绝履行是指合同履行期到来时，一方当事人能够履行但是故意不履行合同规定的全部义务。②不适当履行：指债务人虽然履行了债务，但是不符合合同的约定，分为以下几类：履行在数量上不完全；标的物的品种、规格、型号等不符合合同规定，或者标的物有隐蔽缺陷；加害给付，所谓加害给付，是指履行对债权有积极的侵害，也就是超过履行利益或者于履行利益之外发生的其他损害的违约形态；履行方式的不完全；违反附随义务的不完全履行。

预期违约，也称先期违约，是指在合同履行期限到来之前，一方无正当理由但明确表示其在履行期到来后将不履行合同，或者其行为表明其在履行期到来后将不可能履行合同，包括明示毁约和默示毁约两种。所谓明示毁约，是指在合同履行期到来之前，一方当事人无正当理由而明确、肯定地向另一方表示他将不履行合同。所谓默示毁约，是指在履行期到来之前，一方当事人有确凿的证据证明另一方当事人在履行期到来时将不履行或不能履行合同，而另一方又不愿提供必要的履约担保。预期违约表现为未来将不履行合同义务，而不是实际违反合同义务。

按照违约行为是否导致另一方订立合同的目的不能实现来看，违约可以分为根本违约和非根本违约，二者的主要区别在于根本违约可以构成合同法定解除的理由。

按照违约方情况，违约可以分为单方违约和双方违约。顾名思义，单方违约是只有合同一方当事人违反了合同义务，另一方正常履行；而双方违约是指双方当事人分别违反了自己的合同义务。根据法律规定可知，当事人双方都违反合同的，责任不能相互抵消，应当各自承担相应的责任。

违约有不同的种类，违约的责任形式同样也有不同的类型。按照我国《民法典》可知主要包括五大违约责任形式：

第一，继续履行，也称强制履行，指在违约方不履行合同时，由法院强制违约方继续履行合同债务的违约责任。法院作出这一处理必须满足确实存在违约行为，且有守约方请求违约方继续履行合同义务的行为，最重要的是，违约方具备继续履行合同的能力。

第二，采取补救措施。履行不符合约定的，应当按照当事人的约定承担违约责任。对违约责任没有约定或者约定不明确，依据本法第五百一十条的规定仍不能确定的，受损害方根据标的的性质以及损失的大小，可以合理选择请求对方承担修理、重作、更换、退货、减少价款或者报酬等违约责任。

第三，赔偿损失，即债务人不履行合同债务时依法赔偿债权人所受损失的责任。《民法典》上的赔偿损失是指金钱赔偿，即使包括实物赔偿，也限于以合同标的物以外的物品予以赔偿。这一处理的构成要件包括违约行为、损失、违约行为与损失之间存在因果关系且违约一方没有免责事由。

其突出特点表现在补偿性上，一般不具有惩罚性，主要是为了弥补或填补债权人因违约行为遭受的损害结果，赔偿数额的确定是以实际发生的损害为计算标准，而不是当事人主观过错程度。赔偿范围遵循的规则如下：

（1）完全赔偿的原则。

违约方对于违约行为造成的损害应当全部赔偿。当事人一方违反合同的赔偿责任，应当相当于另一方因此所受到的损失。

（2）可得利益的赔偿。

违约方应赔偿合同在适当履行以后可以实现和取得的财产利益。具有未来性、期待性和现实性。如果非违约方能够举证证明其遭受的可得利益的损失确实是因违约行为造成的，则违约方应赔偿。

（3）合理预见规则。

违约方承担的间接损害赔偿责任的范围不得超过其在订立合同时所能预见或应当预见的损失。

（4）减轻损失规则。

当事人一方违约后，对方应当采取适当措施防止损失的扩大；没有采取适当措施致使损失扩大的，不得就扩大的损失要求赔偿，即减损规则。依据诚实信用原则，债权人应积极协助债务人履行合同，这有助于减少财富浪费、有效利用资源，是一种法定义务。

（5）损益相抵规则。

受害人基于损失发生的同一原因而获得利益时，在其赢得的损害赔偿中应扣除其后所得的利益部分。赔偿责任的目的在于补偿受害人因违约而遭受的损失，而不是使受害人获得不当利益。

第四，定金责任。当事人可以约定给付定金作为债权的担保，《民法典》中规定了定金抵作价款或回收、无权请求返还定金、双倍返回定金的情况。

第五，违约金责任，又称违约罚款。在一方当事人不履行合同时向另一方当事人支付一定数额的金钱，也可以表现为一定价值的财物。比如经纪公司与艺人之间的违约金。造成违约金责任需要满足确实发生违约行为，违约类型根据合同约定或法律规定而定，而且原则上要求违约方有过错，无论是故意还是过失。

2. 归责和免责

归责原则构建了侵权类型，即过错责任、过错推定、严格责任。

归责原则对应着侵权责任的基本分类。三种归责原则对应了各种侵权责任的具体类型，它们在构成要件、免责事由等方面都存在差异。过错责任、过错推定和严格责任对行为人所强加的责任是有区别的，就行为人来说，严格责任最重，过错推定次之，过错责任最轻。对受害人的保护也不相同，从受害人的角度考虑，在责任的选择上应选择对其最为有利的责任。

现代侵权法出现了一般条款和类型化相结合的模式，为了适应此种发展趋势，我国《民法典》采取了一般条款+类型化的模式。所谓一般条款，是指在成文法中居于核心地位的、成为一切侵权请求权之基础的法律规范。行为人因过错侵害他人民事权益，应当承担侵权责任。这就在法律上确立了过错责任的一般条款。所谓类型化，是指在一般条款之外就具体的侵权行为类型作出规定。

归责原则确定了不同的责任构成要件。例如，过错责任的构成要件是三要件或者四要件，严格责任的构成要件不能按照一般的责任构成要件来确立。

归责原则还确定了不同的减轻和免责事由。就一般侵权责任的免责事由而言，其需要符合侵权责任的一般构成要件，如果不符合构成要件，就不构成侵权责任。如果具备了法律规定的免责事由，如受害人的故意、第三人行为、不可抗力、正当防卫、紧急避险等，既可能表明行为没有过错，也可能表明没有因果关系，所以，也可以认定为侵权责任不成立。因此，法律规定的上述免责事由，都可以成为一般侵权责任中的免责事由。但是，在特殊侵权责任中，需要具备特殊责任的构成要件和免责事由才能减轻或免除责任。

1）过错责任

过错责任是指行为人因过错侵害他人民事权益应当承担的侵权责任。过错责任原则是指以过错为归责的依据，并以过错为确立责任和责任范围的基础的归责原则。

以下是几种典型的过错责任形态。

网络侵权，指发生在互联网上的各种侵害他人民事权益的行为。具体包括两项规则：一是通知规则或提示规则，即通知—删除责任，指在网络用户利用网络服务实施侵权行为时，只有在受害人通知网络服务提供者以后，网络服务提供者才有义务采取必要措施以避免损害的发生或扩大。二是知道规则，指网络服务提供者只有在知道网络用户利用网络侵害他人民事权益时，才有义务采取必要措施，以避免损害的发生或扩大。

违反安全保障义务责任，指行为人依据法律规定、合同约定或先前行为等负有对他人的注意义务，因未尽到注意义务而造成他人损害的，应当承担赔偿责任。主要包括两种情况：一是场所责任，指在宾馆、商场、银行、车站等公共场所，因场所的管理人未尽到安全保障义务而发生致他人损害所承担的责任。二是组织者责任，指群众性活动的组织者，未尽到安全保障义务，造成他人损害，应当承担的侵权责任。

限制行为能力人在教育机构学习、生活期间遭受损害的责任。这些规定的主要特点在于：第一，没有采用监护人的责任，不适用严格责任。第二，区分了无行为能力人和限制行为能力人，对前者实行过错推定，而对后者采用过错责任。第三，规定了因第三人造成学生损害的，由第三人负责；但如果教育机构没有尽到管理责任，也应承担相应的补充责任。

医疗损害责任，又称为医疗事故责任、医疗侵权责任。医疗事故责任所涵盖的范围较为狭窄，引起此种责任的医疗活动只能是医疗事故。医务人员在诊疗活动中给患者造成损害的，应由用人单位即医疗机构承担责任。在一般情况下，医务人员的过错都属于医疗机构的过错。

2）过错推定

过错推定，也称过失推定，指行为人因过错侵害他人民事权益，依据法律规定，推定行为人具有过错，如行为人不能证明自己没有过错，应当承担侵权责任。过错推定是根据法定的基础事实，推定侵权人有过错。过错推定采取举证责任倒置的证明方式，如果行为人未能有效证明其没有过错，则人民法院最终得以认定其具有过错，并据此确立侵权责任。

过错推定的典型形式是道路交通事故责任。《道路交通安全法》第 76 条规定，机动车与非机动车驾驶人、行人之间发生交通事故，非机动车驾驶人、行人没有过错的，由机动车一方承担赔偿责任；有证据证明非机动车驾驶人、行人有过错的，根据过错程度适当减轻机动车一方的赔偿责任；机动车一方没有过错的，承担不超过百分之十的赔偿责任。因此，机动车一方只有在证明自己没有过错的情况下，才能承担不超过百分之十的赔偿责任。也就是说，道路交通事故发生后，首先推定机动车一方有过错，只要机动车一方不能证明其没有过错，则其需要承担全部责任。

3）严格责任（无过错责任）

严格责任，是指行为人的行为造成他人的损害，不论该行为人是否具有过错，如不存在法定的免责事由，都应当承担侵权责任。严格责任归责的基础在于风险活动，行为人的免责事由受到严格限制。

产品责任，指产品生产者、销售者因产品具有缺陷对他人生命、身体、健康或财产造成损害依法应承担的民事责任。第一，扩大了损害的概念，从比较法上看，各国大多认为产品损害主要是指缺陷产品以外的损害。第二，规定了召回制度，增加了召回义务。这实际上是在《中华人民共和国食品安全法》的基础上，将召回制度扩大适用，有利于保护消费者权益、防患于未然。第三，采用了多种责任形式。除规定损害赔偿外，还规定了排除妨害、消除危险等责任形式。第四，规定了惩罚性赔偿。

环境污染侵权，指因环境污染而发生的侵权责任。

高度危险责任，指因高度危险作业或高度危险物导致他人损害而应当承担的侵权责任，高度危险责任的归责基础是危险。

动物致人损害，指饲养的动物造成他人人身或财产损害而应由动物的饲养人、管理人等承担侵权责任。

3. 违约处理

1）自救手段

对于预期违约，守约方依此享有合同解除权，可单方解除合同，并可请求对方赔偿损失，此规定比较适合明示毁约。但对于默示毁约，因恐难以掌握对方违约的确切证据，守约方不宜采取解除合同措施，可中止合同履行或履行准备，以避免扩大自己的经济损失；立即通知对方当事人在预期间内提供适当的履行担保。若对方当事人在处理期间内不能提供适当担保，应视为对方明示毁约，此时可依法解除合同并请求赔偿损失。此种自助措施与行使抗辩权相似。

2）司法救济

一方当事人违约，对方可在履行期限届满之前要求其承担违约责任。此种措施，对于明示毁约易于操作；但对于默示毁约，守约方在掌握对方预期违约的确切证据后方可诉诸法律，否则，将因证据不力导致于己不利。

3）等待履行

当一方预期违约，对方可坚持合同的效力，要求或等待对方到期履行合同，以静观对方的态度是否有所变化，然后决定是否采取相应措施。对于明示毁约，守约方应明确要求对方撤回毁约的意思表示，而不能一味地坐等对方履行，以免扩大损失。对于默示毁约，守约方一时无确切证据证实对方毁约，可等待观察对方到期是否履行；若对方到期不履行，可依实际违约中的不履行情形追究其违约责任，或者依法解除合同，请求赔偿损失。

首先双方在订立合同的时候，为了避免后续违约时产生的麻烦，应对合同违约所应承担的责任进行约定。双方在合同中没有就违约责任进行约定的，可以根据国家相关法律的规定要求赔偿，无论是以哪种方式进行赔偿、都有一个赔偿的上限，不能随意约定违约金的金额大小。

缔约过失责任,是指当事人在订立合同的过程中,因过错违反依诚实信用原则负有的先合同义务,导致合同不成立或被确认无效、被变更或撤销,给对方造成损失时所应承担的民事责任。

5.3.3 合同效力

企业在订立合同之前需要做好充分的准备工作,而在签署合同后,仍然需要进行合同管理。合同管理包括了解合同内容和了解合同的法律效力。一般而言,法律效力在权利方面指的是当事人的权利得到法律保护;在义务方面,当事人应按照合同约定履行义务,否则将承担违约责任。此外,在特定条件下,法律效力也对第三方具有约束力。合同生效后即具有法律效力,通常是在合同订立后立即生效,除非合同中另有约定或者法律规定。

合同效力是法律赋予依法成立的合同的约束力。根据合同的效力,可以将合同分为四类,即有效合同、无效合同、效力待定合同和可撤销合同。

1. 有效合同

企业订立的合同最基本的区分标准就是有效和无效。简单来讲,符合一定有效要件的合同就是有效合同,不符合有效要件的合同按照不同情况分为无效合同、效力待定合同和可撤销合同。有效合同是指依照法律的规定成立并在当事人之间产生法律约束力的合同。在合同效力方面,法律评价当事人各方的合意,是规定合同的有效要件。在我国,目前并没有有效合同的具体明确的规定,但是从相关法条当中可以总结出合同的一般有效要件如下:

第一,合同意思表示真实。这指的是合同当事人的表达行为应当真实地反映其内心真实的意思,即其意思效果与表达行为相一致,不存在误解或模糊处理,也不存在欺诈、胁迫等不当情况。合同的订立不能利用他人困境,且不得存在明显的不公平情况。

第二,合同不违反法律或社会公共利益。在这里,"法律"一词应该解释得更加广泛,既包括全国人民代表大会及其常务委员会通过的法律,又包括国务院颁布的行政法规,但同时,它应该解释得更加狭窄,仅指其中具有强制力的规范,而不包括任意性规定。合同不得违反这些强制性规范,这是合同制度目的的一般原则。除了法律的强制性规范外,合同还不能违背社会公共利益。这是因为社会生活广泛,经济交往复杂,情况多种多样,法律不可能对所有情况都做出详尽规定。因此,以不得违反社会公共利益作为最后的底线是必要的。需要注意的是,"社会公共利益"是一个不确定的概念,通常指的是不特定多数人的利益,我国社会生活的政治基础、公共秩序、道德准则和风俗习惯等都可以被纳入其中。违反社会公共利益的合同将严重偏离合同制度的目标,造成巨大危害,是不能被允许的。将不违反社会公共利益作为合同有效的要件,一方面,可以弥补法律调整中可能出现的漏洞和脱节;另一方面,也有助于培养社会道德伦理和规范社会风气。

第三,合同标的必须确定和可能。合同标的决定着合同权利义务的质和量,没有它,合同就会失去目的,失去积极的意义,应归于无效。合同标的确定,是指合同标的自始确定，或可得确定。合同标的可能，是指合同给付可能实现。

第四，行为人具有相应的民事行为能力。这一要件要求当事人能够了解合同的状况和法律效果，而这一点对保护其合法权益和减少纠纷均具有意义。自然人签订合同，原则上须有完全行为能力，一般来讲，限制行为能力人和无民事行为能力人不得亲自缔约，由其法定代理人代为签订，但有存在以下例外情况：

（1）可独立签订接受奖励、赠与、报酬等纯获利益，或被免除义务的合同；

（2）限制民事行为能力人可以签订与其年龄、智力和精神健康状况相适应的合同；

（3）可独立签订日常生活中的格式合同或事实合同，如利用自动售货机、乘坐交通工具、进入游园场所；

（4）签订处分自由财产的合同，如学费、旅费等由法定代理人预定使用目的的财产和处分；

（5）其他征得法定代理人同意的合同。按照我国原来的法律规定及其理论，法人签订合同严格地受其宗旨、目的、章程及经营范围的制约，超过经营范围的合同无效。

2. 无效合同

无效合同是指合同虽然已经成立，但因其严重欠缺有效要件，在法律上不按当事人之间的合约赋予其法律效力。从近几年的司法实践看，我国法院对于认定合同无效是非常谨慎的，在审理合同效力纠纷时，尽量尊重合同当事人之间的意思自治，维护交易秩序的稳定，尽量不认定合同无效。因此，《民法典》合同编中并没有列举合同无效的法定情形，而是适用第一编第六章《民事法律行为》民事法律行为中的相关规定。

【《民法典》第五百零八条】本编对合同的效力没有规定的，适用本法第一编第六章的有关规定。

【《民法典》第一百四十四条】无民事行为能力人实施的民事法律行为无效。

【《民法典》第一百四十六条】行为人与相对人以虚假的意思表示实施的民事法律行为无效。

以虚假的意思表示隐藏的民事法律行为的效力，依照有关法律规定处理。

【《民法典》第一百五十三条】违反法律、行政法规的强制性规定的民事法律行为无效。但是，该强制性规定不导致该民事法律行为无效的除外。

违背公序良俗的民事法律行为无效。

【《民法典》第一百五十四条】行为人与相对人恶意串通，损害他人合法权益的民事法律行为无效。

另外，合同编中有以下涉及合同无效的条款：

【《民法典》第四百九十七条】有下列情形之一的，该格式条款无效：

（一）具有本法第一编第六章第三节和本法第五百零六条规定的无效情形；

（二）提供格式条款一方不合理地免除或者减轻其责任、加重对方责任、限制对方主要权利；

（三）提供格式条款一方排除对方主要权利。

【《民法典》第五百零六条】合同中的下列免责条款无效：

（一）造成对方人身损害的；

（二）因故意或者重大过失造成对方财产损失的。

实际执行中，被判定为无效的合同通常具有以下特征：

（1）具有违法性，指违反了法律和行政法规的强制性规定和社会公共利益。

（2）具有不履行性，指当事人在订立无效合同后，不得依据合同实际履行，也不承担不履行合同的违约责任。

（3）无效合同自始无效。无效合同违反了法律的规定，国家不予承认和保护。一旦确认无效，将具有溯及力，使合同从订立之日起就不具有法律约束力，以后也不能转化为有效合同。

无效合同再细分，又可以按照是否全部不具备法律效力分为全部无效和部分无效。全部无效合同就是指合同的所有内容都从一开始就没有法律效力，不受法律约束。部分无效合同是指合同的一部分内容不具有法律效力，其余部分具有法律约束力。合同被判定为全部无效合同的充分条件包括：

（1）订立合同的主体不合格，即无民事行为能力人、限制行为能力人订立的合同且法定代理人不予追认的（特殊情况除外）；或者不合格代理人且相对人有过失而成立的合同；或者法人和其他组织的法定代表人、负责人超越权限订立的合同且相对人知道或应当知道其超越权限的。这里需要特别注意的是，表见代理和无权代理签订的合同并不一定无效，相对人是善意第三人的情况下，合同有效或部分有效。

（2）订立的合同内容不合法，也就是合同内容违反法律、行政法规的强制性规定，或违反社会公共利益；或者合同是恶意串通签订的且有损国家、集体或第三人利益。还有一些时候，合同看起来是合法的，但其被掩盖的目的是非法的，这样的合同也属于全部无效合同。

（3）合同意思表示不真实，也就是意思表示有瑕疵，比如一方以欺诈、胁迫手段订立的合同。

部分无效合同的判定标准比较繁杂，一般来讲，不满足上述全部无效的充分条件，但合同中又存在某些条款无效的情况下，则视为部分无效，比如免责条款无效。

3. 效力待定合同

合同效力待定是指在合同成立后，由于存在使合同无法被认定为有效的瑕疵，导致合同无法产生法律效力。在一定的时间内，合同的效力处于不确定的状态，此时有追认权的当事人可以进行补正，或者有撤销权的当事人可以选择撤销合同。具体情况将决定合同是否最终生效。这一阶段中的合同被称为效力待定合同。

效力待定合同本质上是无效合同，但可以通过修正合同并弥补瑕疵来使其有效，因此它被视为一种处于不确定状态的合同，既不具备有效合同的特征，也不完全等同于无效合同。

在合同处于待定状态时，如果当事人及时修正合同并弥补瑕疵，就有可能使原本无法生效的合同变为有效合同。这也是设立这一状态的目的，即鼓励并促进交易的完成，符合成就交易的基本原则。然而，为了促进社会财富流通，需要尽快确定和稳定不确定的权利义务关系，因此合同不能长时间处于效力待定状态。效力待定不能作为合同的最终状态，必须在规定的时限内将合同完善为有效合同，否则合同将最终归为无效。

通常情况下，效力待定合同不会侵犯当事人的合法权益，因为其主要适用于合同主体不具备合格资格的情况。在这种情况下，当事人通常愿意对合同进行修正以使其有效。效力待定合同主要包括三种情形，即限制民事行为能力人签订的合同、未经授权代理签署的合同以及无权处分财产的人签署的合同。

"处分权"指的是财产所有人在法律规定的范围内对其财产最终处理的权利，包括但不限于资产的转让、消费、出售、销毁、丢弃等权利。上述无权处分财产的人签署的合同涉及了无权处分行为。举例来说，如果 A 公司将某一机器设备借给 B 公司使用，而 B 公司未经许可将该设备私自出售给 C 公司，那么 B 公司和 C 公司之间的交易将被视为无权处分，相应的合同则被认定为由无权处分财产的人签署的合同。值得特别注意的是，某一共有人未经其他共有人同意擅自处分共有财产，也构成无权处分行为。

对于无权处分财产的人签署的合同，如果该财产的权利人在之后追认了合同或者无权处分财产的人获得了处分权，那么该合同将被视为有效。这里所谓的"权利人"指的是对于无权处分的财产享有处分权的人。与不合格的签署主体（如限制民事行为能力人、无权代理人、无权处分人等）签署合同的另一方被称为相对人，在无权处分行为中也可能被视为受让人。

追认权是指，法定代理人在一定期限内，对限制民事行为能力人超越其行为能力与他人订立的合同加以承认。获得法定代理人承认后，这个合同就从效力待定合同转变为有效合同。追认权实质上是一种形成权，追认行为是一种单方的法律行为，对效力待定行为的承认或拒绝取决于本人单方意志，不需要征得行为人或第三人的同意。

在权利人追认之前，因无权处分而订立的合同属于效力未定的合同，相对人可以终止履行义务。在追认以后，此种效力待定的合同将得到补正，因此合同将产生溯及既往的效力，任何一方当然有权请求另一方履行合同。

对于相对人来说，若权利人拒绝追认而使无权处分的合同被宣告无效，相对人可以根据善意取得制度取得相应的权利。善意取得制度是法律为维护交易安全而设定的制度，其基本内容是：无权处分人处分其占有的动产给他人，如果受让人取得该动产时出于善意，则可以依法取得该动产的所有权。

对于权利人而言，如果想让无权处分行为有效、行使追认权，也可以在事后授予处分人处分权。从法律上看，无权处分行为的本质特征在于，处分人在无权处分的情况下处分他人财产，从而侵害了权利人的财产权利。一旦处分人事后取得了财产权利，便可以消除无权处分的状态和导致合同无效的原因。如果权利人拒绝追认而使无权处分行为无效，但由于该无权处分行为对权利人造成了损失，权利人可基于物上请求权对无权处分人提出返还原物、赔偿损失等请求。

效力待定合同有不同类型，而且每种类型的合同中又有不同的情形，因此追认的意思表示向谁作出也应有所不同。判断追认或拒绝追认的意思表示应向谁作出，应坚持两个标准：

第一，以相对人是否催告为标准。对于限制民事行为能力人订立的合同和无权代理人以被代理人名义订立的合同，凡是相对人催告的，追认或拒绝追认的意思表示应向相对人作出。相对人没有催告的，对于限制民事行为能力人订立的合同所作的追认或拒绝追认的意思表示应分别向限制民事行为能力人和相对人作出。

第二，以追认权人的意愿为标准。对于无权代理人以被代理人名义订立的合同和无处分权人处分他人财产而订立的合同，追认的意思表示可只向限制民事行为能力人和无权代理人作出，也可以只向相对人作出。因为在这两种情况下，均可以使效力待定的事由归于消灭或者使效力待定的合同发生效力。

需要注意的是，追认的意思表示必须是以明示的方式进行，且让效力待定合同的相对人知晓，至于是采取书面形式还是口头形式，则取决于追认权人。

既然效力待定合同是一种临时状态，那么追认权就应该有行使时间限制，不能一直让合同处于待定状态。一般情况下，追认权的行使时间从追认权人知道或应当知道效力待定合同存在时开始。在相对人催告的情况下，追认权在收到通知的三十日后消失。在相对人没有催告的情况下，追认权何时消灭，《民法典》没有规定，应与一般诉讼时效相一致，即在追认权人知道或应当知道效力待定合同存在之日起 3 年内不行使，追认权归于消灭。

【《民法典》第一百四十五条】 限制民事行为能力人实施的纯获利益的民事法律行为或者与其年龄、智力、精神健康状况相适应的民事法律行为有效；实施的其他民事法律行为经法定代理人同意或者追认后有效。

相对人可以催告法定代理人自收到通知之日起三十日内予以追认。法定代理人未作表示的，视为拒绝追认。民事法律行为被追认前，善意相对人有撤销的权利。撤销应当以通知的方式作出。

综上所述，在我国，对于效力待定合同主要有以下几种修正措施：①限制民事行为能力人订立的合同，经法定代理人追认后，合同有效，对当事人具有法律约束力；②无权代理合同，经被代理人追认，合同有效；③无处分权人处分他人财产的合同，经权利人追认或无处分权人订立合同后取得处分权，合同有效。

4. 可撤销合同

合同有有效与无效之分，但有些合同虽然已经生效，但因为当事人在订立合同时意思表示不真实，法律允许撤销权人行使撤销权使该合同归于无效，这就是可撤销的合同。

撤销权通常由因意思表示不真实而受损害的一方当事人享有。撤销权的行使，不一定必须通过诉讼的方式。如果撤销权人主动向对方作出撤销的意思表示，而对方未表示异议，则可以直接发生撤销合同的后果；如果对撤销问题，双方发生争议，则必须提起诉讼或仲裁，要求人民法院或仲裁机关予以裁决。除此之外，撤销权人有权提出变更合同，请求变更的权利也是撤销权人享有的一项权利。撤销权人必须在规定的期限内行使撤销权。

【《民法典》第一百五十二条】 有下列情形之一的，撤销权消灭：

（一）当事人自知道或者应当知道撤销事由之日起一年内、重大误解的当事人自知道或者应当知道撤销事由之日起九十日内没有行使撤销权；

（二）当事人受胁迫，自胁迫行为终止之日起一年内没有行使撤销权；

（三）当事人知道撤销事由后明确表示或者以自己的行为表明放弃撤销权。

当事人自民事法律行为发生之日起五年内没有行使撤销权的，撤销权消灭。

在合同履行过程中，合同当事人可申请撤销合同，但是为了合同的稳定，法律规定不能随意地进行合同变更，要符合一定的情形才可以。

有时候合同性质和内容会决定当事人中的一方可以变更合同，比如一些为当事人一方利益而签订的合同或合同中某些条款是专为当事人一方利益约定的，这种情况下，当事人一般可以选择是否放弃自己应得的权益，也就是说当事人一方在合同订立以后可以根据客观情况变化选择是否放弃合同为自己带来的利益，进而决定是否需要变更合同。除此之外，如果是当事人双方协商同意对合同进行变更，必须满足协商变更的意思表示是明确的，且不会损害国家利益和社会公共利益。如果当事人任何一方对合同变更的内容约定不明确，则视为合同未变更。另外，现实中存在不可抗力因素导致合同义务全部或部分不能履行的情况，这样的情况下，按照大陆法系，应当允许当事人变更合同。不可抗力是指不能预见或者不能避免、不能克服的客观情况。不可抗力必须达到使合同无法履行的程度，才能作为变更合同的理由。如发生不可抗力后，经义务人的努力，合同仍可履行，则不能作为合同变更的理由。

对于可撤销合同，我国《民法典》也做出了相关规定，可总结为以下3类：

（1）因重大误解订立的合同。

在这种情况下，误解是由误解方自己的过失造成的，即因其不注意、不谨慎造成的，而不是受他人的欺骗或不正当影响造成的。

（2）以欺诈、胁迫的手段订立的合同。

在受欺诈、受胁迫的情况下所订立的合同，明显违背我国民法的自愿原则；一方当事人乘对方处于危难之机、为谋取不正当利益迫使对方作出不真实的意思表示而签订的合同，严重损害对方利益的，属于乘人之危而订立的合同。

（3）显失公平的合同。

在我国法律体系中，显失公平是指一方当事人利用己方优势或者利用对方没有经验，致使双方权利和义务明显违反公平、等价、有偿原则的民事行为。

《民法典》第一百四十七条 基于重大误解实施的民事法律行为，行为人有权请求人民法院或者仲裁机构予以撤销。

《民法典》第一百四十八条 一方以欺诈手段，使对方在违背真实意思的情况下实施的民事法律行为，受欺诈方有权请求人民法院或者仲裁机构予以撤销。

《民法典》第一百四十九条 第三人实施欺诈行为，使一方在违背真实意思的情况下实施的民事法律行为，对方知道或者应当知道该欺诈行为的，受欺诈方有权请求人民法院或者仲裁机构予以撤销。

《民法典》第一百五十条 一方或者第三人以胁迫手段，使对方在违背真实意思的情况下实施的民事法律行为，受胁迫方有权请求人民法院或者仲裁机构予以撤销。

《民法典》第一百五十一条 一方利用对方处于危困状态、缺乏判断能力等情形，致使民事法律行为成立时显失公平的，受损害方有权请求人民法院或者仲裁机构予以撤销。

在上述情况下，受损害方拥有权利向人民法院或仲裁机构申请合同撤销。欺诈是指行为人故意提供虚假信息或隐瞒真实情况，以误导对方做出错误的表达意愿的行为。而胁迫则是指以威胁给亲友或对方合法权益造成损害的手段，迫使对方做出背离真实意愿的行为。

将以欺诈或胁迫手段签订的合同视为可撤销合同，充分体现了意思自治原则。当事人应当自行决定签署合同时的真实意愿，并判断是否受到欺诈或胁迫的影响。这样一来，既尊重了当事人的意愿，也保护了受害方的利益。有时撤销合同可以及时止损，但有时履行合同可能更为有利。因此，是否行使撤销权取决于受害者，这有助于更好地保护其利益，同时也维护了善意第三人的权益。根据我国法律规定，以欺诈或胁迫手段签订的合同，其撤销不会对抗善意第三人。这种规定既保护了受害方和善意第三人的利益，也有助于促进交易，因为如果受害者选择继续履行或因不能对抗善意第三人而导致合同继续履行，这将增加交易和社会财富。

可撤销合同一旦被撤销就被视为无效合同，但如果撤销权不被行使，该合同仍然具有法律效力。这意味着可撤销合同与无效合同在性质上存在区别。无效合同自始至终都没有法律效力，未履行的部分不得履行，已经开始履行的必须立即停止，已经履行完毕的必须恢复到合同履行前的状态。需要强调的是，无效合同不仅需承担经济责任，还可能涉及刑事责任。而对于可撤销合同，如果享有撤销权的当事人不愿意行使撤销权，人民法院将按照法律规定认可和保护合同。可撤销合同的法律义务和责任是根据享有撤销权的当事人的主观意愿而定的。

复习与思考

（1）在企业合同法律风险的管理与控制中，建立良好的风险控制环境，是推进合同管理力度建设、落实监督管理的重要保障。当前，企业要在新的思维空间，通过科学有效的管控措施，实现风险控制的高效开展。因此，具体而言，企业合同法律风险管理与控制，可以从哪几个方面展开？

（2）要约和要约邀请有什么区别？生活中有什么例子？

（3）企业经营过程中，由于无权代理产生的纠纷不在少数，而这种纠纷往往会给公司带来一定损失。那么，企业应该如何避免无权代理的发生呢？

（4）除了章节中讲到的条款之外，你认为还有什么条款是企业在签订合同时需要特别注意的？

（5）合同实际履行过程中还有什么其他情况吗？对于这种履行情况，企业需要承担什么样的后果，能通过什么方式进行防范？

（6）《民法典》中没有像《合同法》中明确规定无效合同的几种情形，结合近几年的司法案例，你认为这是为什么？

（7）在本章节中介绍了三种归责原则，搜索具体的商业纠纷案例及其最终判决，思考其使用了哪种原则？

案例与实训

案例一

原告：某建筑工程有限责任公司

被告：某房地产开发有限公司

原、被告于2009年4月1日签订《杏林苑工程建设工程施工承包合同》，约定被告将某镇新沙路杏林苑工程发包给原告承建，合同对开工、竣工时间、履约金及支付时间进行了约定，并约定：甲方（被告）向乙方（原告）提供施工图3套，施工场地"三通一平"（水、电、路通，场地平）后，具备施工条件，乙方才进场施工。合同签订后，双方于2009年7月21日签订了关于《杏林苑工程建设工程施工承包合同》的补充协议，将开工时间延后到2009年9月9日，对履约保证金的金额和给付时间进行了变更，即原告需在2010年12月31日前向被告分批次缴纳履约保证金共计200万元。原告自2009年6月24日至2009年12月26日分11次向被告给付履约保证金78万元。之后因被告一直未将拆迁工作开展完成，施工证也未办理，施工场地"三通一平"等施工条件也未达到，致使原告无法进场施工，原告遂拒绝继续支付履约保证金。被告于2010年1月21日向原告发出"关于解除《杏林苑工程建设工程施工承包合同》及相关补充协议的通知"，要求解除双方签订的合同及补充协议。原告随后于2010年7月12日向被告发出"关于催收保证金款的函"，要求被告返还原告缴纳的履约金，被告拒不退还原告缴纳的履约金78万元。

重庆市江津区人民法院经审理认为：原、被告于2009年4月1日签订的《杏林苑建设工程施工承包合同》及2009年7月21日签订的关于《杏林苑建设工程施工承包合同》的补充协议系双方当事人真实意思表示，合同及协议内容不违反法律、法规禁止性规定，依法应得到保护。双方约定被告应提供施工图3套，且保证施工场地"三通一平"后，具备施工条件，原告方才进场施工，但根据本案事实，被告一直未完成施工场地拆迁工作，是导致合同无法履行的主要原因，因此对原告要求解除合同并由被告退还原告已缴纳的履约保证金78万元的请求，本院依法予以支持。至于被告辩称其系因为原告未能按合同约定按时缴纳履约保证金违约在先，被告系行使抗辩权而未能完成拆迁工作及"三通一平"工作，由于被告至今未完成拆迁工作，"三通一平"亦无法完成，原告虽有先履行债务的义务，但根据合同法的相关规定，原告行使不安抗辩权符合法律规定。同时，根据双方所签的合同，原告缴纳的履约保证金并不是用于被告进行拆迁工作。因此，被告辩驳理由不成立，对被告的反诉请求，本院不予支持。现双方均同意解除合同，本院予以确认。根据法律相关规定，判决解除原、被告于2009年4月1日签订的《杏林苑建设工程施工承包合同》及2009年7月21日签订的关于《杏林苑建设工程施工承包合同》的补充协议，并判决被告于本判决生效后10日内返还原告缴纳的履约保证金780000元。

一审宣判后，被告不服判决向重庆市第五中级人民法院提起上诉。重庆市第五中级人民法院经审理认为，原审判决认定事实清楚，程序合法，适用法律正确，依法应予维持。判决驳回上诉，维持原判。

【思考】本案的争议焦点在于如何界定原告因怀疑被告的履约能力而拒绝再支付履约保证金的行为性质问题，请分析原告是否依法享有不安抗辩权？若案件发生在2021年，按照《民法典》审理，整个过程和最终判决会有什么不同？

第6章

企业知识产权风险

◆ 导语

第五章深入研究了企业合同风险,为我们提供了对合同法律体系的深刻理解,并教导我们如何在商业交易中有效管理风险。合同是商业运营中的支柱,在第六章中,我们将继续探讨另一个关键领域——知识产权风险管理。

知识产权是现代企业不可或缺的资产之一。在第六章,我们将深入研究著作权、商标权、专利权及相关知识产权的基本概念与性质。我们将讨论这些不同类型的知识产权在法律体系中的法律特征和法律地位,以帮助学习者更好地理解它们的作用和设置目的。

与第五章相比,第六章将带领我们进入一个截然不同的法律领域,但它同样重要。这两个章节旨在引导学习者无缝过渡到知识产权风险管理这一话题。在本书的余下部分,我们将继续探讨如何在企业运营中管理各种法律风险,使您能够具备全面的法律知识,为未来的法律实践和商业决策做好准备。让我们继续深入研究知识产权风险,以便更好地理解和应对企业在知识产权管理中所面临的挑战。

◆ 本章主要内容

知识产权是指民事主体对智力成果依法享有的支配性权利。其具备传统民事权利中的身份权和财产权的属性,并逐渐演变为独立的民事权利范畴。具体而言,知识产权包括专利权、商标权、著作权、商业秘密权、植物新品种权等多个方面。

随着知识经济时代的兴起,对知识产权确认和保护的需求日益增加。大多数跨国公司都设有专门的知识产权部门,旨在执行企业的知识产权战略并有效管理知识产权,以提升企业的竞争力。事实上,知识产权已成为维护大型企业竞争力的重要壁垒,在当今企业竞争中扮演着关键的角色。

然而在我国,企业对知识产权保护的认识仍相对薄弱,缺乏明确的知识产权战略和发展计划。在实际经济活动中,知识产权侵权问题屡见不鲜。因此,我们迫切需要加强企业知识产权的保护,预防各种知识产权法律风险。本章主要对知识产权领域常见法律风险进行详细分析。

> **学习目标**
>
> 理解知识产权，尤其是著作权、商标权、专利权及有关权利的基本概念与性质；了解其法律特征与法律地位，掌握各类知识产权的作用和设置目的。

6.1 知识产权概述

6.1.1 知识产权的含义

知识产权（Intellectual Property）也称"知识所属权"，是指权利人对其智力劳动所创作的成果和经营活动中的标记、信誉依法享有的专有权利。根据《民法典》的规定，知识产权属于民事权利，是基于创造性智力成果和工商业标记依法产生的权利的统称。

知识产权从本质上说是一种无形财产权，法律制度意义上的无形财产权主要包括三类：一是创造性成果权，包括专利权、著作权、商业秘密权、集成电路布图设计权、植物新品种权等；二是经营性标记权，包括商标权、商号权、产地标记权、其他与制止不正当竞争有关的识别性标记权等；三是经营性资信权，包括信用权、商誉权、商品化（形象）权等。

知识产权的客体是智力成果或是知识产品，是一种无形财产或者一种没有形体的精神财富，是创造性的智力劳动所创造的劳动成果。它与房屋、汽车等有形财产一样，都受到国家法律的保护，都具有价值和使用价值。有些重大专利、驰名商标或作品的价值也远远高于房屋、汽车等有形财产。根据《民法通则》，知识产权分为著作权、专利权、商标权、商号权、商业秘密权、地理标志权、植物新品种权和集成电路布图设计权等。

6.1.2 知识产品的基本特点

1. 创造性

知识产品与物质产品不同，它并非现有产品的简单重复，而是必须有所创新、有所突破。创造性是知识产品取得法律保护的条件，对于不同类别的知识产品的创造性程度要求不同，一般情况下创造性要求最高的是专利发明，它必须是该项技术领域中先进的科学技术成就，它所体现的技术思想和技术方案必须使某一领域的技术发生质的飞跃，即发明应具有技术先进性或非显而易见性；创造性要求次之的是著作权作品，著作权作品必须是作者创造性劳动的成果，任何作品只要是独立构思和创造的，不论其思想内容是否与他人作品相同或相似，都可以取得著作权，即要求作品具有独创性（或称为原创性）；最后，商标所要求的创造性仅仅是易于区别的程度即可，即商标应当有显著特征、便于识别，其文字、图形或其组合应当避免与他人的商标混同，即要求商标具有可识别性。综上可见，受保护的对象不同，对其创造性的要求也不同。

2. 非物质性

知识产品虽具有内在的价值和使用价值，但没有外在的形态。非物质性是知识产品区别于有形财产所有权客体的主要特征。所谓非物质性，即知识产品的存在不具有一定形态，不占有一定空间。人们对它的占有并非实在的控制，而是表现为认识和利用。一项物质产品在一定的时空条件下只能由某一个人或社会组织实际占有或使用，其可以有效管理自己的有形财产，以排除他人的不法侵占。而知识产品则不同，在同一时空条件下它可以为若干主体同时占有、共同使用。知识产品一旦传播就可能被他人不法占有。虽然知识产品具有非物质性，但总要通过一定的客观形式表现出来，这种客观表现形式即知识产品的载体。例如商标表现为图案、色彩、文字等；作品表现为文字作品、绘画、音像制品等。但这些只是知识产权表现形式的载体，并非知识产品本身。

3. 公开性

知识产品必须向社会公示、公布，公开性是知识产品所有人取得知识产权的前提，作者创造作品的目的之一就是使之传播，从而在传播中得以行使权力、取得利益；例如专利发明者必须公布专利技术的内容才能划定自己的权利范围；商标所有者为了将自己的商品或服务与他人的区分开就必须公开使用商标。因此，知识产权产生的条件是：知识产品所有人将自己的作品公布出来，使公众看到，然而虽然知识产品是公开的，但除权利所有人以外的任何人都无权擅自加以使用，否则即构成侵权。因此，知识产权的独占性与知识产品的公开性结合，可以概括为"权力垄断，知识公开"。特殊的是，知识产品中的商业秘密不具有公开性，而是需要依靠保密来维持其专有权利。

6.1.3 知识产权的法律特征

知识产权的本质特征是客体的非物质性。知识产权的客体是知识产品（或称为智力成果），是一种无形的精神财富。知识产品的无形是相对于动产和不动产的有形而言的：首先，由于知识产品不具有物质形态，不占有一定空间，人们对它的占有表现为对某种知识、经验的认知与感受。知识产品虽然具有非物质特征，但仍需要通过一定的客观形式表现出来，作为其表现形式的物化载体对应的是有形财产权而不是知识产权；其次，知识产品必须向全社会公示、公布，在一定的时空条件下可以被若干主体共同使用，这种使用不会像有形物品的使用一样发生损耗，因此民事责任中的"恢复原状"无法适用于知识产品的使用。因此国家赋予知识产品的创造者以知识产权，并对这种权力实行有别于传统财产权制度的法律保护是十分有必要的。

知识产权的基本特征主要有三个，即专有性、地域性和时间性。

（1）专有性。

知识产权是一种专有性的民事权利。它与所有权一样具有排他性和绝对性的特点，但差异在于前者是知识财产的所有权，后者是有形财产的所有权。知识产权的专有性主要表现为两个方面：其一，知识产权为权利人独占，权利人垄断这种专有权利并受到严格保护，没有法律规定或未经权利人许可，任何人不得使用其知识产品；其二，对同一项知识产品，不允许有两个或两个以上同一属性的知识产权并存。例如两个相同的发明物，根据法律程序只能将专利权授予其中的一个，而以后的发明与已有的技术相比，如果没有突出的实质性特点和显著的进步，将不能取得相应专利权。

知识产权与所有权在专有性方面存在一定区别：首先，所有权的排他性表现为所有人排斥非所有人对其所有物进行不法侵占、妨害或毁损，而知识产权的排他性则主要是排斥非专有人对知识产品进行不法仿制、假冒或剽窃；其次，所有权的独占性是绝对的，即所有人行使对物的权利，既不允许他人干涉，也不需要他人积极协助，在所有物为所有人控制的情况下，无地域和时间的限制。而知识产权的独占性则是相对的，这种垄断性权利往往受到一定限制，只有在一定空间地域和有效期限内才发生效力。

（2）地域性。

知识产权作为一种专有权，受到地域的限制，具有严格的领土性，即按照一国法律获得承认和保护的相关权利，只能在该国范围内发生法律效力。由于知识产权的非物质性，权利人无法进行实质性占有，因而无法像有形财产那样因占有而适用"权利推定"，从而使知识产权在域外得到保护。因此，除了签有国际公约或双边互惠协定的国家以外，其他国家对这种权力没有保护义务，任何人均可在自己的国家内自由使用该知识产品，既无须取得权利人同意，也不必向权利人支付报酬。

从19世纪末开始，随着科学技术的发展和国际贸易的扩大，有关知识产权交易的国际市场也开始形成和发展起来。因此，知识产品的国际性需求与知识产权的地域性限制之间出现了巨大的矛盾。为了解决这一矛盾，各国先后签订了一些保护知识产权的国际公约，成立了一些全球性或区域性的国际组织，在世界范围内建立了以国民待遇原则、最惠国待遇原则、透明度原则、独立保护原则、自动保护原则及优先权原则为基本原则的、旨在确立并保护各类知识产权的一整套知识产权国际保护制度。《巴黎公约》中首次提出了国民待遇原则，国际公约中关于国民待遇原则的规定，使得一国承认或授予的知识产权可以根据国际公约在缔约国发生域外效力。目前我国参加的知识产权公约有《TRIPS协定》（与贸易有关的知识产权协定）、《伯尔尼公约》《世界版权公约》《巴黎公约》《马德里协定》《专利合作条约》等。

（3）时间性。

知识产权既不是无限空间的绝对垄断权力，也不是没有时间限制的永恒权利。知识产权时间性的特点表明，这种权利仅在法律规定的期限内受到保护，一旦超过法律规定的有效期限，这一权利就自行消灭，相关知识产品即成为整个社会的共有财富。根据各类知识产权的性质、特征及本国的实际情况，各国法律对著作权、专利权、商标权都规定了长短不一的保护期。其中，商标权与其他两者不同，它在有效期满后可以通过续展延长其实际有效期。

知识产权的上述基本特征是与其他财产权利相比较而言的，并非各类知识产权都具备以上三项特征，例如，商业秘密权不受保护期的限制、商号权的地域性有其特殊规定。从本质上说，只有客体的非物质性是知识产权所属权项所具有的共同法律特征。

6.2 著 作 权

6.2.1 著作权的内容

著作权（Copyright）过去称为版权，是指作者或其他著作权人依法对文学、艺术或科学作品所享有的各项专有权利的总称。著作权包括发表权、署名权、修改权、保护作品完整权、使用权和获得报酬权。

著作权分为著作人身权和著作财产权。著作人身权是指作者基于作品创作所享有的各种与人身相联系而无直接财产内容的权利，包括发表权、署名权、修改权和保护作品完整权。一般来说，著作人身权具有永久性、不可分割性和不可剥夺性的特点。著作财产权又称经济权利，是指著作权人自己使用或者授权他人以一定方式使用作品而获取物质利益的权利，主要包括复制权、发行权、展览权、广播权、改编权等权利。与著作人身权不同的是，著作财产权可以转让、继承或放弃。

6.2.2 著作权的主客体

《中华人民共和国著作权法》（以下简称《著作权法》）第9条规定，著作权的主体，也就是著作权人包括作者和其他依法享有著作权的公民、法人或者非法人单位。著作权的主体可分为原始主体和继受主体。所谓原始主体，是指在作品创作完成后，直接根据法律规定或者合同约定对文学、艺术和科学作品享有著作权的人。一般情况下原始主体即为作者，而其他人能否成为原始主体，各国有不同的规定。所谓继受主体，是指通过受让、继承、受赠或法律规定的其他方式取得全部或一部分著作权的人，其享有的著作权从原始著作权主体处取得。

著作权的客体即作品，《著作权法》中所称的作品是指文学、艺术和科学领域内具有独创性并能以一定形式表现的智力成果。受《著作权法》保护的作品形式包括文字作品；口述作品；音乐、戏剧、曲艺、舞蹈作品；美术、建筑作品；摄影作品；视听作品；工程设计图、产品设计图纸及其说明；地图、示意图等图形作品和模型作品；计算机软件；符合作品特征的其他智力成果。而著作权法不予保护的对象有：①法律、法规，国家机关的决议、决定、命令和其他具有立法、行政、司法性质的文件，及其官方正式译文；②单纯事实消息；③历法、通用数表、通用表格和公式。另外，《著作权法》第6条规定，民间文学艺术作品的著作权保护办法由国务院另行规定。

6.2.3 著作权的适用范围

《著作权法》对于中国公民实行自动保护，《著作权法》第2条规定："中国公民、法人或者非法人单位的作品，不论是否发表，依照本法享有著作权。"同时，著作权法对于外国人和无国籍人的著作权实行区分情况的保护：外国人的作品首先在中国境内发表的，依照本法享有著作权。外国人在中国境内发表的作品，根据其所属国同中国签订的协议或者共同参加的国际条约享有的著作权，受本法保护。

6.2.4 著作权的合理使用制度

合理使用，是指在特定的条件下，法律允许他人自由使用享有著作权的作品，而不必征得权利人许可、不向其支付报酬的合法行为。合理使用制度经历了从判例法到成文法的演变过程。《著作权法》第22条对于著作权的合理使用范围作出规定，在下列情况下使用作品，可以不经著作权人许可不向其支付报酬，但应当指明作者姓名、作品名称，并且不得侵犯著作权人依照本法享有的其他权利：①个人：为个人学习、研究或者欣赏，使用他人已经发表的作品；②媒体：为报道时事新闻，在报纸、期刊、广播、电视节目或者新闻纪录影片中引用他人已经发表的作品，以及报刊、广播及电视台刊登或在公众集会上发表的讲话；③国家机关为执行公务使用已经发表的作品；④公益性质：学校为课堂教学或者科学研究，翻译或者少量复制已经发表的作品，供教学或者科研人员使用，但不得出版发行；图书馆、档案馆、纪念馆、博物馆、美术馆等为陈列或者保存版本的需要，复制本馆收藏的作品；将已经发表的汉族文字作品翻译成少数民族文字在国内出版发行；将已经发表的作品改成盲文出版；⑤免费表演已经发表的作品，该表演未向公众收取费用，所在单位也未向表演者支付报酬，但必须在表演的过程中注明表演作品的名称、作者的姓名，并保护作品的完整权；⑥机械复制：对设置或者陈列在室外公共场所的艺术作品进行临摹、绘画、摄影、录像；⑦适当引用：为介绍、评论某一作品或者说明某一问题，在作品中适当引用他人已经发表的作品。

6.2.5 著作权法律保护

1. 著作权侵权行为的认定

著作权侵权行为，是指一切违反著作权法侵害著作权人享有的著作人身权、著作财产权的行为。侵犯著作权的行为，须具备以下三个条件：

（1）有侵权的事实。

这是指行为人未经著作权人许可，不按著作权法规定的使用条件，擅自使用著作权人的作品，以及表演、音像制品和广播电视节目。著作权侵权行为，既没有征得作者和其他著作权人同意，也不属于合理使用和法定使用的情形，是对作品的擅自使用，因而是一种违反著作权法的行为。这种侵权行为既可能对他人的著作人身权造成损害，也可能对他人的著作财产权造成损害，还可能同时损害他人的著作人身权和财产权。例如，非法复制他人作品可能只侵害了他人的著作财产权，而假冒他人作品，则往往同时侵害了他人的著作人身权和财产权。

（2）行为具有违法性。

著作权是一种绝对权，任何人都负有不能侵犯该项权利的不作为义务。他人在使用著作权作品时必须遵守《著作权法》及其他法律有关规定，如果行为人违反了法律的规定，其行为即具有违法性。至于不受《著作权法》保护的作品、未能取得著作权的作品，或者是已进入公有领域的"作品"，其他人在使用时不存在侵权问题。

（3）行为人主观有过错。

所谓过错，是指侵权人对其侵权行为及其后果所抱的心理状态，包括故意和过失两种形式。侵犯著作权的行为，绝大多数是故意的；也有少数既可以由故意构成，也可以由过失构成。区分过错的形式，在确定侵权人的法律责任时有一定的意义。一般说来，故意侵权行为所应承担的法律责任重于过失侵权行为所应承担的法律责任。

著作权侵权行为的主要法律特征是：

（1）侵权对象的多重性。

著作权具有权利的多重性及可分性特点，包含著作财产权和著作人身权，其中著作财产权又包含复制、表演等十多项权利。上述权利既可独立行使，也可结合行使。相应地，著作权侵权行为的侵害对象，也会表现出这些特点：一是财产权与人身权同时被侵害；二是多项财产权与人身权同时被侵害。此外，著作权侵权行为的侵害对象还包括合同债权，如出版他人享有专有出版权的图书。

（2）被侵害主体的特定性。

侵权行为所侵害的主体，一是对作品依法享有著作权的著作权人，包括作者和其他著作权人。其他著作权人包括通过继承、接受遗赠、根据委托关系而获得著作权的权利人，即作品使用权利的受让人，如享有专有著作权的人。这些都是与著作权有着直接或间接联系的特定主体。

（3）侵权行为表现为使用他人作品的非法性。

一是使用他人作品未经权利人允许；二是使用他人作品无法律根据，包括不按著作权法规的使用条件使用他人作品。

（4）侵权形式的多样性。

一般的民事侵权行为有一人单独实施的侵权行为和两人或两人以上因共同过错实施的共同侵权行为两种形式。在著作权侵权行为中，除这两种形式外，还存在第三种状态，即由数个行为人分别对同一权利人进行的侵害。

著作权侵权行为可以分为直接侵权和间接侵权两种。直接侵权是指不法行为直接侵犯受著作权法保护的作品，例如未经授权复制、发行权利人的作品，包括上传至网络；间接侵权是指不法行为并未直接侵犯受著作权法保护的作品，但为侵权行为提供条件，从而对著作权造成侵害，间接侵权要求行为人主观上有过错，例如将明知是盗版的图书、影碟等物品运到外地销售。

对于侵犯著作权行为的认定，国际上有三种不同的立法体系：正面规定著作权法保护的内容；概括性规定，任何人侵犯法律所列的专有权均视为侵权行为；详细列举侵犯著作权的行为。《著作权法》采用的是第三种方式，《著作权法》第52条和第53条规定，著作权侵权行为主要有：擅自发表他人作品；歪曲、篡改他人作品；未经合作作者许可，将与他人合作创作的作品当作自己单独创作的作品发表；没有参加创作，为谋取个人名利，在他人作品上署名；未经著作权人许可，以展览、摄制视听作品的方法使用作品，或者以改编、翻译、注释等方式使用作品；剽窃他人作品等。

随着网络技术的发展，越来越多用户通过网络分享受著作权法保护的作品，而著作权人难以通过既有条件控制作品未经许可的传播，原本通过传统著作权市场获取的收益也会减少。由于涉及网络侵权的最终用户众多且赔偿能力有限，著作权人为了提高效率，多利用间接侵权起诉软件及网络平台提供商。《民典法》规定，网络服务提供者知道网络用户利用其网络服务侵害他人民事权益，未采取必要措施的，与该网络用户提供连带责任。由此看出我国已有立法通过共同侵权来规制网络服务提供者的教唆或帮助侵权责任。网络服务提供者承担间接责任，一般以其"知道"或"应当知道"网络用户侵害网络传播行为为前提。这对网络服务提供者的注意义务规定了范围。

2. 著作权侵权行为的法律责任

(1) 民事责任。

著作权是民事权利中的一种。对于侵权行为人,法律要求其对受害人承担主要以补偿损失为目的的民事责任。《著作权法》第 52 条和第 53 条规定,侵犯著作权应该承担的民事责任有:停止侵害,无论侵权行为人主观上有无过错,只要在客观上构成了侵权行为,都应立即停止。消除影响,即责令侵权行为人在一定范围内澄清事实,以消除人们对权利受害人或其作品的不良影响,恢复其名誉。一般侵权行为人在多大范围内给著作权人造成不利影响和损害,就应在多大范围内消除影响。公开赔礼道歉,具体方式有登报道歉、在公开场所声明或借助其他媒体表示歉意等。侵权行为人拒绝道歉的,人民法院可以强制执行。赔偿损失,赔偿损失是最常见的民事责任方式,主要适用于对著作财产权的侵害。《著作权法》第 54 条规定:"侵犯著作权或者与著作权有关的权利的,侵权人应当按照权利人因此受到的实际损失或者侵权人的违法所得给予赔偿;权利人的实际损失或者侵权人的违法所得难以计算的,可以参照该权利使用费给予赔偿。对故意侵犯著作权或者与著作权有关的权利,情节严重的,可以在按照上述方法确定数额的一倍以上五倍以下给予赔偿。权利人的实际损失、侵权人的违法所得、权利使用费难以计算的,由人民法院根据侵权行为的情节,判决给予五百元以上五百万元以下的赔偿。赔偿数额还应当包括权利人为制止侵权行为所支付的合理开支。"

(2) 行政责任。

行政责任是指国家著作权行政管理机关依照法律规定,对侵犯著作权行为人给予的行政处罚。《著作权法》第 53 条规定,侵权行为同时损害公共利益的,由主管著作权的部门责令停止侵权行为,予以警告,没收违法所得,没收、无害化销毁处理侵权复制品以及主要用于制作侵权复制品的材料、工具、设备等,违法经营额五万元以上的,可以并处违法经营额一倍以上五倍以下的罚款;没有违法经营额、违法经营额难以计算或者不足五万元的,可以并处二十五万元以下的罚款。

(3) 刑事责任。

刑事责任是指侵权行为人因其侵犯著作权的行为触犯《中华人民共和国刑法》(以下简称《刑法》),依照《刑法》应承担的法律后果。《著作权法》规定,侵犯著作权行为构成犯罪的,依法追究刑事责任。《著作权法》中并未规定刑事责任条款,但《刑法》规定了侵犯著作权罪。侵犯著作权罪是指以营利为目的,违反著作权管理法规,侵犯他人著作权,违法所得数额较大或者有其他严重情节的行为。该行为客观表现为:未经著作权人许可,复制发行、通过信息网络向公众传播其文字作品、音乐、美术、视听作品、计算机软件及法律、行政法规规定的其他作品的;出版他人享有专有出版权的图书的;未经录音录像制作者许可,复制发行、通过信息网络向公众传播其制作的录音录像的;未经表演者许可,复制发行录有其表演的录音录像制品,或者通过信息网络向公众传播其表演的;制作、出售假冒他人署名的美术作品的;未经著作权人或者与著作权有关的权利人许可,故意避开或者破坏权利人为其作品、录音录像制品等采取的保护著作权或者与著作权有关的权利的技术措施的。

侵犯著作权罪的特征主要有：侵犯著作权罪的主体可以是自然人也可以是单位；侵犯著作权罪客体是著作权人对其作品所享有的著作权及国家对文化市场的管理秩序；侵犯著作权罪的主观表现为故意。

6.2.6 著作权的保护期限

著作权的保护期限是指著作权受法律保护的时间界限。在著作权的保护期限内，作品的著作权受法律的保护；著作权期限届满，该作品进入公共领域，不受法律保护。在中国，对于著作权的保护期计算分为两种情况：对于一般作品，采用"死亡起算主义"，即作者终生及死亡后若干年限内享有著作权；而对于特殊作品，采用"发表起算主义"，即自作品出版、登记、发行、公开表演之年年末起50年内保护其著作权。

（1）著作人身权的保护期限。

《著作权法》第20条对著作人身权的保护期做了规定，即作者的署名权、修改权、保护作品完整的保护期不受限制。而对于发表权，《著作权法》规定其保护期与著作财产权保护期相同，为作者终生及其死后50年。由于发表权是著作财产权产生的前提，作品的发表往往会给作者或其继承人带来经济利益，因此如果规定发表权永久受到保护，不利于作品的利用。

（2）著作财产权的保护期限。

一般作品的著作财产权保护期。绝大多数国家著作权法均规定，公民作品的著作财产权保护期为作者有生之年加死后若干年。《伯尔尼公约》规定最低保护期限为作者有生之年加死后50年；《世界版权公约》规定最低保护期限为作者有生之年加死后25年。我国在制定著作权法时，参照《伯尔尼公约》要求的最低标准，规定了作者有生之年加死后50年的著作财产权保护期；而合作作品著作财产权保护期以作品产生或首次发表起算，截止于最后死亡作者死后第50年的12月31日。合作作者之一死亡后，其对合作作品享有的著作财产权无人继承且无人受赠的，由其他合作作者享有。

对于法人或其他组织的作品，《著作权法》规定的保护期为50年，截止于作品首次发表后第50年的12月31日，但作品自创作完成后50年内未发表的，《著作权法》则不再保护。

特殊作品的著作财产权保护期。对于计算机软件的著作权，各国提供的保护范围和期限不尽相同。日、英、美、德等国家的著作权法对软件的保护期规定与一般作品的保护期相同。而《中华人民共和国计算机软件保护条例》第14条规定，软件著作权自软件开发完成之日起产生。自然人对软件享有著作权的，保护期为自然人的终生及其死后50年，截止于自然人死亡后第50年的12月31日；软件是合作开发的，截止于最后死亡的自然人死亡后第50年的12月31日。单位对软件享有著作权的，保护期为50年，截止于软件首次发表后第50年的12月31日，但软件自开发完成之日起50年未发表的，则不再保护。

对于匿名作品和假名作品的保护，《著作权法》规定，作者身份不明的作品，其著作财产权的保护期为50年，截止于作品首次发表后第50年的12月31日。作者身份一旦确定，适用《著作权法》一般保护期的规定。

6.2.7 邻接权

1. 邻接权的概念

邻接权，也称作品传播者权，是指作品的传播者在传播作品的活动过程中，对其为传播作品而创作的创造性劳动成果依法所享有的专有权利。《著作权法》及相关法规没有直接使用邻接权一词，而称作"与著作权有关的权利"。

邻接权有广义与狭义之分，狭义的邻接权是指传统意义上的邻接权，包括表演者权、音像制作者权和广播组织权，在不同的国家，上述三类狭义邻接权的具体内容也稍有区别。广义的邻接权，又增加了包括出版者权在内，几乎一切传播作品的媒介所享有的专有权利，有些国家甚至将与作品尚有一定差距的含有"思想表达形式"的制品或产品的传播权都归入了广义的邻接权。我国著作权法虽然没有直接使用邻接权的提法，但著作权法的调整对象却包括了广义邻接权的基本内容，包括表演者权、录音录像制作者权、广播电台、电视台播放者权以及出版者的版式设计权。此外，不同国家对邻接权种类的规定又不尽相同，如德国《著作权法》中的邻接权除传统意义上的三种权利外，还包括特种版本权、照片摄制者权等；《法国知识产权法典》中的邻接权除传统意义上的三种权利外，还包括录像制作者权、卫星播放及有线转播者权。

《著作权法》确立了完整的邻接权保护制度。同时，国务院及其主管部门针对国内图书、音像制品盗版猖獗的现象，积极完善立法制度。例如，国家版权局于1991年7月发布了《关于加强音像版权管理的通知》，国务院于1994年8月发布了《音像制品管理条例》，国家新闻出版署于1996年2月发布了《音像制品出版管理办法》和《音像制品复制管理办法》于1996年3月发布了《电子出版物管理暂行规定》等，这些法律文件构成了我国邻接权保护的基本框架，为加强邻接权保护提供了有力的法律依据。尽管法律保护邻接权人的权利，但《中华人民共和国著作权法实施条例》中也有明确规定，邻接权人在行使权力时，不得损害被使用作品和原作品著作人的权利。

2. 邻接权与著作权的异同

邻接权与著作权的相同点如下：首先，邻接权与著作权都与作品相联系，著作权与作品存在直接联系，作品的创作是著作权产生的前提。邻接权则与作品存在间接联系。表演者权中表演者表演的对象是作品，音像制作者权中录制的对象是作品，广播组织者权中广播的对象也是作品，因此脱离了作品，邻接权将不会存在。其次，邻接权与著作权都是法律规定的权利，其内容、主体、客体均来自法律的直接规定。最后，它们都具有严格的地域性，只有在法律承认该权利的国家才能受到保护。

邻接权与著作权的区别如下：

（1）权利内容不同。

著作权人享有发表权、署名权、修改权、保护作品完整权、使用权和获得报酬权等权利。而邻接权中，表演者享有表明其身份的权利、保护其表演形象不受歪曲的权利、许可他人从现场直播和公开传送其现场表演并获得报酬的权利、许可他人录音录像并获得报酬的权利等；录音录像制作者对其制作的录音录像制品享有许可他人复制、发行、出租、通过信息网络向公众传播并获得报酬的权利；广播组织者享有播放节目的权利、许可他人播放并获得报酬的权利、许可他人复制发行其制作的广播、电视节目并获得报酬的权利以及播放已出版的录音制品的权利。

（2）主客体不同。

著作权保护的主体是作品的创作者或依法取得著作权的人。邻接权保护的主体是以表演、录音录像或广播方式帮助作者传播作品的人。后者在传播的作品中加入了自身的创造性劳动，改变了原作的表现形式，因此有必要受到法律保护。

著作权的客体是作品。邻接权中，表演者权的客体是表演活动，录音录像制作者权利的客体是其制作的录音录像制品，广播组织者权利的客体是其制作的广播、电视节目。

（3）保护期限不同。

《著作权法》规定，作者的署名权、修改权、保护作品完整权的保护期不受限制；公民的作品发表权、使用权和获得报酬权等权利的保护期为作者终生及其死后50年；法人或者非法人单位的作品、著作权（不包括署名权）由法人或其他组织享有的职务作品，其发表权、使用权和获得报酬权等权利的保护期为50年；影视作品等的发表权、使用权和获得报酬权保护期亦为50年。邻接权的保护期从表演发生后、录音录像制品首次制作完成时起计算，保护期为50年。

6.3 商 标 权

6.3.1 商标

1. 商标的含义

商标（Trademark），是指能够将不同经营者所提供的商品或者服务区别开来、并可为视觉所感知的识别性标记，一般由文字、图形或者其他组合图案构成，附着在商品、商品包装、服务设施或者相关的广告宣传品上。其最原始最基本的功能是识别商品和服务的来源。其显著而醒目的特点有助于消费者将商品或者服务与其经营者联系起来，便于经营者展开正当竞争。

2. 商标的构成

《中华人民共和国商标法》第8条规定："任何能够将自然人、法人或者其他组织的商品与他人的商品区别开的标志，包括文字、图形、字母、数字、三维标志、颜色组合和声音等，以及上述要素的组合，均可以作为商标申请注册。"同时，商标最基本的作用是区别商品来源，因此一个标志是否可以作为商标受到保护，其核心要件在于是否具有显著特征，缺乏显著性的标志不能作为商标注册，各国商标法及国际公约都毫无例外地将显著性规定为商标构成的必要条件以及商标注册的积极条件。《商标法》第9条规定："申请注册的商标，应当有显著特征，便于识别，并不得与他人在先取得的合法权利相冲突。"

因此，文字、图形、字母、三维标志、颜色组合和声音等构成要素与显著特征兼备，满足了商标的构成条件。

3. 商标的分类

（1）注册商标和未注册商标。

根据商标是否登记注册，可将商标划分为注册商标和未注册商标。注册商标是经商标行政机关依法核准注册的商标。注册商标和未注册商标者都可以使用，但一般而言，未注册商标的使用不得对抗注册商标，未注册商标一旦被他人注册便会被禁止使用。因此，需要取得商标专用权的，应当向商标管理机关申请商标注册。商标的注册需具备法定条件和经法定程序，中国现行的商标制度为商标注册使用制度，注册商标的权利主体对其商标依法享有专有使用权，并排除他人将相同或相似商品使用在与其注册商标指定商品相同或相似的商品上。

未注册商标一般情况下不受商标法保护，但是当一个长期使用的标识已经具有识别作用、取得消费者的认可、享有一定声誉的时候，该未注册商标也可获得《商标法》的一定程度保护，例如通过驰名商标制度可以对未注册商标进行保护。另外，特有名称、商品装潢等能够起到识别来源作用的标识，都属于商标，在满足一定条件的情况下，这些未注册商标都可以获得《商标法》和《反不正当竞争法》的保护。

（2）商品商标和服务商标。

根据商标的标示对象不同，可将商标划分为商品商标和服务商标。

商品商标是指商品生产者在自己生产或经营的商品上使用的商标。服务商标是指服务的经营者为将自己提供的服务与其他同类服务相区别而在其向社会提供的服务项目上使用的标记，如中国人民保险公司的 PICC 标记。可作为标志对象的服务项目包括广告、运输、旅游、建筑、金融、法律服务等 11 个类别。

商品商标附置于商品之上，随着商品的流传而广为传播，使消费者易于识别辨认；而服务是无形的，因而服务商标只能在服务场所显示或者借助服务过程中的器皿、工具等进行宣传，以及通过广告传播提高商标的公众认知度。

（3）集体商标和证明商标。

根据商标具有的特殊作用，可将商标分为集体商标和证明商标。

集体商标是指以团体、协会或者其他组织名义注册，专供该组织成员在商事活动中使用，以表明使用者在该组织中的成员资格的标志。例如行业协会注册的商标供协会成员使用。集体商标的作用是向用户表明使用该商标的企业所经营的商品或服务项目具有共同的特点。一个使用着集体商标的企业，有权同时使用自己独占的其他商标。

证明商标是指由对某种商品或服务具有检测和监督能力的组织所控制，而由其以外的人使用在商品或服务上，以证明商品或服务的产地、原料、制造方法、质量、精确度或其他特定品质的商标。证明商标有两种类型，一类是原产地证明商标，证明商品或服务本身出自某原产地，是一种地理标志，原产地名称在一定情况下也可以作为证明商标注册，例如库尔勒香梨、景德镇瓷器等；另一类是品质证明商标，是证明商品或服务具有某种特定品质的标志，例如绿色食品标志、纯羊毛标志、真皮标志等。证明商标的使用，可以促进商品质量的提高，有利于企业向市场推销商品、加强商品的竞争力，也有利于消费者选择商品、保护消费者权益。

（4）制造商标和销售商标。

根据商标使用者在商品的生产、流通过程中所处的不同环节，可以将商标划分为制造商标和销售商标。制造商标又称生产商标，是商品生产者在其制造的商品上使用的商标。例如德国大众汽车公司的大众商标、日本三洋株式会社的三洋商标。使用这种制造商标的特殊意义在于，不仅可以把别的生产商区别开来，而且可以在商品销售中突出表明制造者，有利于增强顾客对生产厂商的信任感，使生产商与销售商可以共享利益。

销售商标又称商业商标，是指商品销售者为了保证自己所销售商品的质量而使用的商标。例如屈臣氏、国美电器等。销售商标的意义在于宣传销售商的商业信誉，用来说明商标的使用者是销售者而不是生产厂家，从而使自己经营销售的商品与别的同类商品相区别，与别的经销商销售的同类商品展开商业竞争。有的商品既使用制造商标又使用销售商标，可以同时起到宣传生产厂家和经销商的作用。

4. 商标的禁用条款

商标的禁用条款，即确定下列标志不得作为商标使用，或者违背法律规定使用下列标志的即不符合商标的基本标准，不得作为商标。《商标法》对于商标禁用的相关条款主要有以下几点：

第一，不得违反公序良俗。商标附置于商品上流通于市场，具有传播信息、引导时尚和推广风气的社会功能，因此《商标法》第10条第6项、第7项、第8项规定，带有民族歧视性的、夸大宣传并带有欺骗性的、有害于社会主义道德风尚或者有其他不良影响的文字或图形，不得作为商标使用。

第二，不得侵犯他人的在先权利。在先权利是指在申请商标注册之前他人已有的合法权利，其对象可能涉及其他知识产权或者民事权利。《商标法》第9条规定："申请注册的商标，应当有显著特征、便于识别，并不得与他人在先取得的合法权利相冲突。"

第三，不得与特定标志相同或近似。《商标法》第10条规定，以下标志不得作为商标使用：①同中华人民共和国国家名称、国旗、国徽、国歌、军旗、军徽、军歌、勋章等相同或者近似的，以及同中央国家机关的名称、标志、所在地特定地点的名称或标志性建筑物的名称、图形相同的；②同外国的国家名称、国旗、国徽、军旗等相同或者近似的，但经该国政府同意的除外；③同政府间国际组织的名称、旗帜、徽记等相同或者近似的，但经该组织同意或者不易误导公众的除外；④与表明实施控制、予以保证的官方标志、检验印记相同或者近似的，但经授权的除外；⑤同"红十字""红新月"的名称、标志相同或者近似的。

第四，在商标禁用条款中，对于涉及地名的，第二次修改后的《商标法》规定："县级以上行政区划的地名或者公众知晓的外国地名，不得作为商标。但是，地名具有其他含义或者作为集体商标、证明商标组成部分的除外；已经注册的使用地名的商标继续有效。"这些规定既有禁止事项，又有除外事项，是为了适应使用地名作为商标的复杂情况。

6.3.2 驰名商标

驰名商标（Well-known Trade Mark）是指在中国境内为相关公众广为知晓的商标。

有权机关（国家知识产权局工商局、商标评审委员会或人民法院）依照法律程序认定其为"驰名商标"。将与他人驰名商标相同或者近似的新商标申请注册，容易导致混淆或者致使该驰名商标注册人的利益受到损害的，驳回注册申请；已经注册的，自注册之日起五年内，驰名商标注册人可以请求商标评审委员会予以宣告无效，但恶意注册的不受五年时间限制。

6.3.3 商标注册原则

1. 自愿注册原则

自愿注册，是指商标使用人申请商标注册取决于自己的意愿。商标使用人取得或者放弃商标权利，都是在行使自己的民事权利，不受他人非法干涉，也不应当受行政权力的制约。

实行自愿注册原则的同时，《商标法》对于极少数商品仍保留了强制注册办法。《商标法》第6条规定："法律、行政法规规定必须使用注册商标的商品，必须申请商标注册，未经核准注册的，不得在市场销售。"目前要求必须注册商标的商品是烟草制品。

2. 申请在先原则

申请在先原则又称注册在先原则，《商标法》第31条规定："两个或者两个以上的商标注册申请人，在同一种商品或者类似商品上，以相同或者近似的商标申请注册的，初步审定并公告申请在先的商标；同一天申请的，初步审定并公告使用在先的商标，驳回其他人的申请，不予公告。"该规定明确了我国实行的是以申请在先原则为主，以使用在先原则为补充的审核制度。申请日不同的，申请在先的商标无论使用与否，都应优先审查，优先注册，申请在后的商标无条件予以驳回；申请日为同一天的，采用使用在先的方法，优先考虑首先使用该商标人的申请。

3. 优先权原则

《商标法》第25条规定："商标注册申请人自其商标在外国第一次提出商标注册申请之日起六个月内，又在中国就相同商品以同一商标提出商标注册申请的，依照该外国同中国签订的协议或者共同参加的国际条约，或者按照相互承认优先权的原则，可以享有优先权。"优先权并不自动产生，申请人要求优先权的，应当在提出商标注册申请的时候提出书面声明，并且在三个月内提交第一次提出的商标注册申请文件的副本；未提出书面声明或者逾期未提交商标注册申请文件副本的，视为未要求优先权。

4. 分类申请原则

《商标法》第22条规定："商标注册申请人应当按规定的商品分类表填报使用商标的商品类别和商品名称，提出注册申请。"因此，一份申请只限于一件商标。在不同类别的商品申请填报同一商标的，应当按照商品分类表提出注册申请；在同一类的其他商品上使用的，应另行提出注册申请。

6.3.4 商标权

商标权，是指商标所有人对其商标所享有的独占的、排他的权利。在我国，由于商标权的取得实行注册原则,因此,商标权实际上是因商标所有人申请、经国家商标局确认的专有权利,即因商标注册而产生的专有权。

(1)商标权的有效期。

《商标法》第39条、第40条规定,商标权有效期10年,自核准注册之日起计算。注册商标有效期满,需要继续使用的,商标注册人应当在期满前十二个月内按照规定办理续展手续;在此期间未能办理的,可以给予六个月的宽展期。每次续展注册的有效期为十年,自该商标上一届有效期满次日起计算。期满未办续展手续的,注销其注册商标。

(2)商标侵权。

商标侵权(Trademark Infringement)是指行为人未经商标权人许可,在相同或类似商品上使用与其注册商标相同或近似的商标,或者其他干涉、妨碍商标权人使用其注册商标,损害商标权人合法权益的行为。

《商标法》第57条规定,有以下行为之一的,均构成商标侵权行为:未经商标注册人的许可,在同一种商品上使用与其注册商标相同的商标的;未经商标注册人的许可,在同一种商品上使用与其注册商标近似的商标,或者在类似商品上使用与其注册商标相同或者近似的商标,容易导致混淆的;销售侵犯注册商标专用权的商品的;伪造、擅自制造他人注册商标标识或者销售伪造、擅自制造的注册商标标识的;未经商标注册人同意,更换其注册商标并将该更换商标的商品又投入市场的;故意为侵犯他人商标专用权行为提供便利条件,帮助他人实施侵犯商标专用权行为的;给他人的注册商标专用权造成其他损害的。

6.4 专 利 权

6.4.1 专利权的内容及性质

专利权是指专利权人在法律规定的范围内独占使用、收益、处分其发明创造,并排除他人干涉的权利。

专利权的性质主要体现在排他性、时间性和地域性三个方面。所谓排他性也称独占性或专有性,专利权人对其拥有的专利权享有独占或排他的权利,未经其许可或者出现法律规定的特殊情况,任何人不得使用,否则即构成侵权。这是专利权最重要的法律特点之一。时间性是指法律对专利权所有人的保护不是无期限的,而有限制,超过这一时间限制则不再予以保护,专利权随即成为人类共同财富,任何人都可以利用。地域性是指任何一项专利权,只有依一定地域内的法律才得以产生并在该地域内受到法律保护。这也是其区别于有形财产的另一个重要法律特征。根据该特征,依一国法律取得的专利权只在该国领域内受到法律保护,而在其他国家则不受该国家的法律保护,除非两国之间有双边的专利保护协定,或共同参加了有关保护专利的国际公约。

6.4.2 专利权的主体

专利权的主体即专利权人,是指依法享有专利权并承担相应义务的人,专利权的主体分为以下几种:

(1) 发明人或设计人。

发明人或设计人,是指对发明创造的实质性特点作出了创造性贡献的人。在完成发明创造过程中,只负责组织工作的人、为物质技术条件的利用提供方便的人或者从事其他辅助性工作的人,例如试验员、描图员、机械加工人员等,均不是发明人或设计人。其中,发明人是指发明的完成人;设计人是指实用新型或外观设计的完成人。发明人或设计人只能是自然人,不能是单位、集体或课题组。另外,发明创造是智力劳动的结果,发明创造活动是一种事实行为,不受民事行为能力的限制,因此,无论从事发明创造的人是否具备完全民事行为能力,只要他完成了发明创造,就应认定为发明人或设计人。

发明人或者设计人包括非职务发明创造的发明人或者设计人和职务发明创造的发明人或者设计人两类。非职务发明创造,是指既不是执行本单位的任务,也没有主要利用单位提供的物质技术条件所完成的发明创造。对于非职务发明创造,申请专利的权利属于发明人或者设计人。发明人或者设计人对非职务发明创造申请专利,任何单位或者个人不得压制。申请被批准后,该发明人或者设计人为专利权人。如果一项非职务发明创造是由两个或两个以上的发明人、设计人共同完成的,则完成发明创造的人称为共同发明人或共同设计人。共同发明创造的专利申请权和取得的专利权归全体共有人共同所有。

(2) 受让人。

受让人是指通过合同或继承而依法取得该专利权的单位或个人。专利申请权和专利权可以转让。专利申请权转让之后,如果获得了专利,那么受让人就是该专利权的主体;专利权转让后,受让人成为该专利权的新主体。

两个以上单位或者个人合作完成的发明创造、一个单位或者个人接受其他单位或者个人委托所完成的发明创造,如果双方约定发明创造的专利申请权归委托方,申请被批准后,申请的单位或者个人为专利权人。如果单位或者个人之间没有协议,构成委托开发的,专利申请权以及取得的专利权归受托人,但委托人可以免费实施该专利技术。

继受了专利申请权或专利权之后的受让人并不因此而成为发明人、设计人,该发明创造的发明人、设计人在发明创造的专利申请权或专利权转让后依旧享有其特定的人身权利。

(3) 职务发明。

对于职务发明创造来说,专利权的主体是该发明创造的发明人或者设计人的所在单位。职务发明创造,是指执行本单位的任务或者主要是利用本单位的物质技术条件所完成的发明创造。这里所称的"单位",包括各种所有制类型和性质的内资企业和在中国境内的中外合资经营企业、中外合作企业和外商独资企业;从劳动关系上讲,既包括固定工作单位,也包括临时工作单位。

职务发明创造的专利申请权和取得的专利权归发明人或设计人所在的单位。发明人或设计人享有署名权和获得奖金、报酬的权利，即发明人和设计人有权在专利申请文件及有关专利文献中写明自己是发明人或设计人；被授予专利权的单位应当按规定向对职务发明创造的发明人或者设计人发给奖金；在发明创造专利实施后，单位应根据其推广应用的范围和取得的经济效益，对发明人或者设计人给予合理的报酬。

（4）委托发明。

委托发明，是指基于他人的委托而进行研究、设计所完成的发明创造。委托发明，除合同另有约定的外，专利申请权属于对发明创造的实质性特点作出了创造性贡献的人，申请经批准后，专利权归发明人或发明单位所有或持有，但是根据平等互利原则，研究开发人应向委托人提供两项优惠，即研究开发人取得专利权的，委托人可以在合同约定的期间内免费实施该项专利；研究开发人就其发明创造转让专利申请权的，委托人享有以同等条件优先受让专利申请权的权利。

（5）合作发明。

合作发明是指由两人或两人以上共同完成的一项发明创造。《中华人民共和国专利法》规定，两个以上单位或个人合作完成的发明创造，如果双方事先签订了书面合同，除非合同无效，应当按照合同规定确定权利归属，如果事先没有签订合同，申请专利的权利属于完成或共同完成的单位或者个人，申请批准后，申请的单位或者个人为专利权人。也就是说，合作完成的发明创造，申请专利的权利属于完成方所有。合作人可以通过协商一致的方式来行使专利权。如果协商不能达到一致，任何一个专利权人都可以许可他人使用，当然这种许可只能是普通许可，不能是排他性许可或独占性许可，而许可以后获得的报酬应该在各专利权人之间合理分配。

此外，行使共有的专利申请权或者专利权应当取得全体共有人的同意。如果合作开发者中一个要申请专利权，另一个人坚决反对，则不能申请专利，只能采取对技术秘密的方式来进行保护。如果合作开发人中的一个主张申请专利，而另一个放弃专利申请权，此时主张申请专利的一方可以单独提出申请。当主张申请专利的一方单独提出申请后获得专利权，另一方有权免费实施该项专利而不构成侵权。

6.4.3 专利权的客体

专利（Patent）是指受到专利法保护的发明创造，即专利技术，是受国家认可并在公开的基础上进行法律保护的专有技术。在法律上，根据不同的分类方法可将专利分为发明、实用新型、外观设计、植物专利、补充专利、输入专利、产品专利、方法专利等。各国在专利法中所规定的专利种类不尽相同，《中华人民共和国专利法》第 2 条规定的发明创造是指发明专利、实用新型专利和外观设计专利。

（1）发明专利。

所谓发明是指对产品、方法或者其改进所提出的新的技术方案。发明需要具备几个特点：第一，发明需要有新颖性和创造性。所谓创新是指与现有技术相比，发明必须是前所未有的，并且与现有技术相比有一定难度或进步。不能完完全全重复前人的成果，当然，发明并非完全不能借鉴前人成果，利用、借鉴前人成果，在现有技术的基础上作出改进也是创新。第二，发明必须利用自然规律或者自然现象但并非自然规律或自然现象本身。从专利法的角度出发，不利用自然规律或自然现象的创新不能称之为发明。发明本质上是一种技术方案，技术则是在利用自然规律或自然现象的基础上发展起来的各种工艺操作方法或生产技能以及相应的生产工具和物资设备等。因此没有利用自然规律的方案不属于技术方案，故而也不能称为发明。例如数学运算方法、财务结算方法均不是法律意义上的发明。需要注意的是，自然规律或者自然现象本身并不是发明，这本质上是科学发现与技术发明的区别，科学发现是指对自然现象、物质或规律的发现或认识，无论是自然现象、物质还是科学理论或规律，都是一种客观存在，而不是人类创造的。第三，发明是一种具体的具有实用性的技术性方案，"具体"是指发明必须使他人可以感知、能够实施、达到一定技术效果且具有可重复性。

按创新程度不同，发明可以分为开创性技术发明（基本技术发明）和改良性技术发明。开创性技术发明所依据的基本原理与已有技术有质的不同，蒸汽机技术的发明开创了热能向机械能的转化，在基本原理上区别于仅有机械能转化的简单机械。而改良性技术发明是在基本原理不变的情况下，对已有技术作程度不同的改变和补充，例如高压蒸汽机、汽轮机和多缸蒸汽机的发明，都是对蒸汽机技术的改进。改进性技术发明以开创性技术发明为基础，开创性技术发明靠改进性技术发明得到完善和发展。改进性技术发明可能以新的科学发现为前提，但在很多情况下是靠长期的经验积累和经验摸索。没有科学原理的根本性突破，也可能做出有重大价值的改进性技术发明。

发明是有价值和使用价值的成果，专利把发明的商品属性以法律形式固定下来，使之成为不得无偿占有的财产，从而保护发明者的利益。专利还要求发明者公开其创造成果以利于他人有偿使用，并把实施发明创造作为专利权人的法律义务，以促进技术信息交流和发明的推广应用。

（2）实用新型专利。

实用新型是指对产品的形状、构造或者形状和构造的结合所提出的适于使用的新的技术方案。《专利法》中对实用新型的创造性和技术水平要求比发明专利低，但实用价值大，因此实用新型有时会被人称为小发明或小专利。与发明相比，它们最大的共同之处在于都属于技术方案，因此在保护方式上基本相同。但按照我国的有关规定，二者之间在具体问题上仍然存在着较大的差异：保护客体不同。从《中华人民共和国专利法实施细则》中对于发明和实用新型的定义可以看出，发明专利保护产品和方法，而实用新型专利只保护产品的形状和构造。审查制度不同。发明专利申请有实质审查程序（即新颖性、创造性和实用性的"三性"审查）；而实用新型没有实质审查程序。实用新型专利的创造性要求低于发明专利。《专利法》第22条对授予专利权的发明和实用新型的创造性有明确规定："创造性，是指与现有技术相比，该发明具有突出的实质性特点和显著的进步，该实用新型具有实质性特点和进步。"由此可见，建立实用新型保护制度的目的是保护一些达不到发明专利的创造性高度的简单的小发明。由于实用新型在授予专利的条件方面较为宽松，因而与之相称，其保护水平也相应低于发明专利，如发明专利的保护期为自申请日起20年，而实用新型的保护期为自申请日起10年。不是所有产品都可以申请实用新型专利。由于实用新型是对产品形状、构造所做出的新设计，因此申请实用新型专利的产品必须有确定的形状或者固定的三维构造。例如没有确定的形状的气态、液态、粉末状的物质或材料、只具有二维的平面图形（如表格、图形、文字、刻度）等都不是实用新型专利的保护对象。此外，实用新型专利中对产品构造的新设计也有一定要求。如果仅对产品进行单纯的材料替换或用不同工艺生产同样形状、同样结构的产品，由于这些产品的形状或结构并未发生变化，因而均不能授予实用新型专利权。

（3）外观设计专利。

外观设计也被称为工业品外观设计或工业设计，《中华人民共和国专利法》第2条中规定的外观设计是指对产品的形状、图案或者其结合以及色彩与形状、图案的结合所作出的富有美感并适于工业上应用的新设计。形状是指对产品造型的设计，也就是指产品外部的点、线、面的移动、变化、组合而呈现的外表轮廓，即对产品的结构、外形等同时进行设计、制造的结果。图案是指由任何线条、文字、符号、色块的排列或组合而在产品的表面构成的图形。色彩是指用于产品上的颜色或者颜色的组合，制造该产品所用材料的本色不是外观设计的色彩。

从外观设计的定义中可以看出其应当具备以下特点：外观设计必须是对产品的外观所作的设计。不以产品为依托的设计只能作为一种美术作品，可以受《著作权法》的保护，不能作为外观设计受到《专利法》的保护；外观设计必须富有美感而不追求实用功能。这也是外观设计与发明和实用新型最大的差异，发明和实用新型专利都是一种技术方案，必须具有一定的实用功能、能够解决一定的技术问题。外观设计和实用新型虽然在构成要素上都有"形状"，但在专利保护上的意义却截然不同，因此外观设计制度也只能保护产品的造型，而不保护其功能；外观设计必须是适用于工业的应用。所谓的工业应用是指外观设计可以通过工业手段大量复制，因此即使是一件艺术作品，如果将其应用于工业产品之上，该作品也会削弱或失去其作为艺术品的意义。

（4）不授予专利权的对象。

根据《专利法》的规定，不授予专利权的对象包括以下几种：违反法律、社会公德或者妨害公共利益的发明创造；违反法律、行政法规的规定获取或者利用遗传资源，并依赖该遗传资源完成的发明创造；科学发现；智力活动的规则和方法；疾病的诊断和治疗方法；动物和植物品种；原子核变换方法以及用原子核变换方法获得的物质；对平面印刷品的图案、色彩或者二者的结合作出的主要起标识作用的设计。

6.4.4 专利权的产生

1. 专利的申请程序

（1）专利申请日的确定。

《专利法》第28条规定："国务院专利行政部门收到专利申请文件之日为申请日。如果申请文件是邮寄的，以寄出的邮戳日为申请日。"如果邮戳模糊不清，无法或难以辨认，专利局会告知申请人，如果申请人能够提交申请文件在邮局寄出的确切日期证据的，以寄出文件日为申请日；如果申请人不能提供相关的证明文件时，一般以国务院专利行政部门收到申请文件之日为申请日。

（2）专利授予原则。

按照《专利法》的基本原则，对于同一个发明只能授予一个专利权。当出现两个以上的人就同一发明分别提出专利申请的情况时，有两种处理的原则：一个是先发明原则，一个是先申请原则。先发明原则是指，同一发明如有两个以上的人分别提出专利申请，应把专利权授予最先做出此项发明的人，而不问其提出专利申请时间的早晚。由于采取此项原则时，在确定谁是最先发明人的问题上往往会遇到很多实际困难，因此，目前世界上只有美国、加拿大和菲律宾等少数国家采用这种专利申请原则。所谓先申请原则，是指当两个以上的人就同一发明分别提出申请时，不问其作出该项发明的时间的先后，而以提出专利申请时间的先后为准，即把专利权授予最先提出申请的人，中国和世界上大多数国家都采用先申请原则。

（3）专利审查程序。

各国对专利申请的审查有不同的要求，基本上实行两种不同的制度。有的国家实行形式审查制，即只审查专利申请书的形式是否符合法律的要求，而不审查该项发明是否符合新颖性等实质性条件。中国和世界上大多数国家采用实质审查制，即不仅审查申请书的形式，而且对发明是否具备新颖性、先进性和实用性等条件进行实质性的审查，只有具备上述专利条件的发明，才授予专利权。

2. 专利权的授予条件

《专利法》第22条规定，授予专利权的发明和实用新型，应当具备新颖性、创造性和实用性。新颖性，是指该发明或者实用新型不属于现有技术；也没有任何单位或者个人就同样的发明或者实用新型在申请日以前向国务院专利行政部门提出过申请，并记载在申请日以后公布的专利申请文件或者公告的专利文件中。创造性，是指与现有技术相比，该发明具有突出的实质性特点和显著的进步，该实用新型具有实质性特点和进步。实用性，是指该发明或者实用新型能够制造或者使用，并且能够产生积极效果。

《专利法》第23条规定："授予专利权的外观设计，应当不属于现有设计；也没有任何单位或者个人就同样的外观设计在申请日以前向国务院专利行政部门提出过申请，并记载在申请日以后公告的专利文件中。"也就是说授予专利权的外观设计与现有设计或者现有设计特征的组合相比，应当具有明显区别，并且不得与他人在申请日以前已经取得的合法权利相冲突。

6.4.5 专利权的保护

1. 专利权人的权利和义务

专利权人依法享有的权利包括：①实施许可权，即专利权人可以许可他人实施其专利技术并收取专利使用费。②转让权。转让专利权的当事人应当订立书面合同，并在国务院专利行政部门登记，由国务院专利行政部门予以公告，专利权的转让自登记之日起生效。③标示权，即专利权人享有在其专利产品或者该产品的包装上标明专利标记和专利号的权利。

同时，专利权人需要缴纳专利年费。《专利法》第 43 条、第 44 条规定，专利权人应当自被授予专利权的当年开始缴纳年费，未按规定缴纳年费的，可能导致专利权的终止。

2. 专利合同

（1）专利申请权转让合同。

专利申请权转让合同，是指转让方将其发明创造申请专利的权利转让给受让方，而受让方支付约定的价款所订立的合同。专利申请权转让合同应采用书面形式，经国务院专利行政部门登记和公告后生效。合同一般需要包括的主要条款有合同名称、发明创造名称、发明创造种类、发明人或者设计人、技术情报和资料清单、专利申请被驳回的责任、价款及其支付方式、违约金损失赔偿额的计算方法、争议的解决办法等。

（2）专利权转让合同。

专利权转让合同是指就专利权人作为转让方将其发明创造专利权移交受让方，受让方支付约定的转让费所订立的合同。它是技术转让合同的特殊类型，其本质是专利技术的买卖或赠与。依照法律，专利权转让合同应当向国务院专利行政部门登记、公告之后才能对抗第三人。专利权转让合同通常应包括的主要内容有专利技术的名称、内容；专利申请日、申请号、专利号以及专利权的有效期；专利实施的状况，包括许可他人实施的状况；有关技术情报资料的清单；转让费用及支付方式；违约责任及其承担；争议解决办法等。

（3）专利实施许可合同。

专利实施许可合同是技术转让合同的一种，指当事人一方许可另一方在一定的期限，一定的地区，以一定的方式实施其专利技术而订立的技术合同。专利实施许可合同的主要条款一般包括以下几方面：专利技术的内容和专利的实施方式；实施许可合同的种类；实施许可合同的有效期限和地域范围；技术指导和技术服务条款；专利权瑕疵担保和保证条款；专利许可使用费用及其支付方式；违约责任以及违约金或者赔偿损失额的计算方法。专利实施许可不同于转让，专利实施许可合同生效后专利权仍在专利权人手中，被许可人只享有合同约定范围内的实施权，并不享有完整的专利权。

专利实施许可合同按被许可人享有的实施权的排他程度由高到低可以分为独占实施许可、排他实施许可和普通实施许可：独占实施许可是指被许可方在合同约定的时间和地域范围内，以合同约定的使用方式对专利进行独占性实施，从而排斥包括专利权人在内的一切人实施该项专利。排他实施许可是指被许可方在约定的时间和地域范围内以合同约定的使用方式享有对专利的排他性实施权。在合同约定的时间和地域范围内，专利权人不得再许可任何第三人以此相同的方式实施该项专利，但专利权人可自行实施。普通实施许可则是指合同的被许可方根据许可方的授权在合同约定的时间和地域范围内，按合同约定的使用方式实施该专利，同时专利权人保留了自己在同一地域和时间实施该专利以及许可第三人实施该专利的权利。

复习与思考

（1）知识产权具有哪些基本特点？

（2）作品取得著作权保护的条件是什么？
（3）哪些对象不能受到《著作权法》保护？
（4）著作人身权和著作财产权有哪些区别？
（5）商标的基本功能是什么？商标的显著性是怎样产生的？
（6）商标权包括的权利内容有哪些？《商标法》应如何完善对未注册商标的保护？
（7）在先权利为何会成为不当注册被宣告无效的主要事由？
（8）驰名商标的保护是怎样体现的？
（9）思考先申请原则和先发明原则的优劣。
（10）职务发明和委托发明有何异同之处？
（11）发明创造的共有人享有怎样的权利？
（12）专利申请权有什么法律属性？

案例与实训

案例一

北京饭店的谭家菜是产生于清末民初的著名官府菜，为了保护"谭家菜"这一金字招牌，1995年和1996年间，北京饭店申请注册了"谭家菜"和"谭""谭府"等商标。2003年3月26日，"谭家菜"商标被北京市工商局评为"北京市著名商标"，是我国餐饮业的老字号。

北京饭店发现四川谭氏官府菜餐饮发展有限责任公司北京分公司在店内正门门厅正上方悬挂"谭府"牌匾，并在多家媒体刊登大幅版面的广告，广告中出现了"谭家菜"和"谭"字样，北京饭店认为四川谭氏官府菜餐饮发展有限责任公司的行为侵犯了"谭府"和"谭家菜"等商标的专用权，向法院提起民事诉讼，要求停止侵权行为，赔偿经济损失50万元。

对北京饭店的侵权指控，四川谭氏官府菜公司认为，谭家菜作为一种流传百年的菜肴，已成为菜系通用名称，就如川菜、粤菜等，不应由北京饭店独享。谭氏官府菜酒楼在被诉后已向国家商标评审委员会提出申请，要求撤销北京饭店"谭家菜"和"谭"的商标权。

北京饭店向法院提交大量证据，充分证明"谭家菜"等商标始终由北京饭店独家使用，并积极制止各种使"谭家菜"作为菜系名称的误导性宣传及使用，餐饮业没有广泛烹制谭家菜，北京饭店使消费者始终将"谭家菜"与北京饭店唯一、特定地联系在一起。

法院经过审理后作出判决，要求被告方停止侵犯北京饭店所享有的商标专有权的行为，并判令被告赔偿北京饭店经济损失20万元。

【思考】"谭家菜""谭"等商标属于哪一种商标类别？商标的显著性是动态可变的，商标权人该如何有效规避商标显著性退化的现象？

案例二

作曲家张某于2008年创作了一首歌曲，发表后颇受好评，家喻户晓。2009年6月，甲公司委托乙广告公司为其设计制作一部40秒的广告片，并签订了制作广告协议书。乙广告公司以张某创作的该歌曲为背景音乐制作出广告片并获得甲公司支付的10万元酬金。2009年年底，甲公司将该广告片交给丙电视台于每天黄金时段播出，并支付了50万元广告费。作曲家张某在收看电视节目时发现自己创作的歌曲被用作商业广告背景音乐，遂于2010年4月向人民法院提起诉讼，诉甲公司、乙广告公司和丙电视台共同侵权。

【思考】请根据著作权的侵权认定及法律责任问题，分析本案中甲公司、乙广告公司和丙电视台的行为是否构成侵权？如果构成，应当承担何种责任？

案例三

2011年，小王在某社区论坛上担任版主，因为管理经营出色，论坛管理人向她提供了有偿视频网站更新工作。自2012年4月份开始，小王开始为西瓜电影网进行视频更新，主要内容是通过名为"昼夜采集软件"每天从奇热网上采集更新视频复制到西瓜电影网后台；而后西瓜电影网免费向公众提供更新影视作品的点播观看服务，并在网站网页上提供收费广告服务，通过刊登收费广告获利；小王每个月的工资为3000元左右。后来，她在某社交平台上看到了类似的网站更新招聘信息，因为同学小张毕业后没有找到工作，她和招聘人联系后与小张一起应聘了这份工作，两人开始为7273电影网和tv1999网做类似的视频更新工作，每个月工资1500元左右。后经查证，一年多的时间里，两人为三家网站更新共计500多部影视作品，均未经相关著作权人许可，侵犯了合一信息技术有限公司（优酷网）、搜狐互联网信息服务有限公司、腾讯科技有限公司、乐视网信息技术股份有限公司等权利人的信息网络传播权。2013年8月，两人被公安机关抓获归案。法院经审理后认为，两人以营利为目的，未经著作权人许可，通过信息网络向社会公众传播他人影视作品，发行他人享有著作权的作品，情节严重，行为均已构成侵犯著作权罪。但考虑到两人是受雇于他人，不是涉案侵权网站实际经营者，在共同犯罪中起次要作用，是从犯；而且如实供认自己的罪行，认罪态度较好；已经深刻认识到了自己的错误，具有悔罪表现，法院对两人依法从轻处罚，适用缓刑，最后，以侵犯著作权罪判处王某有期徒刑7个月，缓刑1年，罚金2万元；判处张某有期徒刑6个月，缓刑1年，罚金2万元。

【思考】在网络化时代，如何使用网络化的思维和网络化的游戏规则来保护在网络上传播的作品的原创权利？

案例四

深圳安科高技术股份有限公司（以下简称"深圳安科"）成立于1986年，主要从事高档医疗电子设备的开发、生产和经营，目前产品涉及医疗影像、医疗信息、医疗电子和治疗四个领域。成立的第三年，徐航、张浩、祖幼冬先后入职，而后均离开深圳安科。1991年，徐航和他在深圳安科任职期间的老领导李西廷一起创办了迈瑞医疗国际股份有限公司（以下简称"迈瑞医疗"），1995年，祖幼冬追随徐航一起创办了深圳市理邦精密仪器股份有限公司（以下简称"理邦仪器"）。

1991年，深圳安科将迈瑞医疗告上法庭，理由是其生产的胎儿监护仪盗用安科的技术，因为证据确凿，迈瑞败诉，被判赔偿安科30万元，并被禁止生产胎儿监护仪。被深圳安科告上法庭之后，2011年4月8日，迈瑞医疗又将理邦仪器告上法庭，称理邦仪器的病人监护仪涉嫌侵犯其相关发明专利，要求理邦公司立即停止侵权行为，并赔偿2500

万元。直到五年后，2016年12月法院才做出终审判决，迈瑞医疗胜诉，获赔2800多万元。至此，三方专利之争似乎告一段落。

2017年11月，理邦仪器又对广州万孚生物技术股份有限公司（以下简称"万孚生物"）提起4起诉讼，认为万孚生物的血气分析仪及其血气生化测试卡等4个发明专利的专利申请权应归属理邦仪器。该专利的初始登记发明人赖某和杨某，前者自2010年4月8日起在深圳市理邦精密仪器股份有限公司（以下简称"理邦仪器"）的POCT系统担任结构工程师一职，于2015年6月12日离职，同年6月23日入职万孚生物，职务为结构工程师。后者自2010年2月23日起在理邦仪器的POCT系统担任试剂工程师一职，于2015年6月26日离职，同年7月1日入职万孚生物，曾任万孚生物微流控二组项目经理、电化学平台总监等职务。

2019年9月9日，理邦仪器收到广州知识产权法院针对4起诉讼的一审民事判决书，判决均认定4件涉案专利属于赖远强、杨斌在从理邦仪器离职后1年内作出的与其在理邦仪器承担的本职工作有关的职务发明，专利申请权均属于理邦仪器，万孚生物应于判决生效之日起20日内办理相关变更手续。

万孚生物不服上述4案一审民事判决，向最高人民法院提起上诉，最高人民法院针对上述4案作出的二审民事判决书，均判决驳回万孚生物的上诉，维持一审原判。二审案件受理费1000元由万孚生物负担。该判决为终审判决。

【思考】案例所述的发明专利属于职务发明与委托发明中的哪一种？员工离开原单位后作出的与原单位本职工作或者分配任务有关的发明创造，其专利申请权和专利权应如何归属？上述权利归属原则与竞业限制有何区别与联系？

第 7 章

公司治理风险

◆ **导语**

第六章详细讨论了知识产权风险管理，为我们揭示了知识产权领域的法律复杂性和关键性。在这一章节中，我们深入研究了著作权、商标权、专利权以及相关权利的本质，以及它们在法律框架下的法律特征和法律地位。了解这些知识产权的作用和设置目的对于现代企业至关重要。

现在，进入第七章，我们将关注另一个关键领域——公司治理风险。公司作为商业实体的基本特征和运作方式在这一章中将得到详细探讨。我们将研究有限责任公司股东的权利和义务，深入了解股东会、董事会、监事会之间的复杂关系，以及它们在公司决策和监督中的作用。此外，第七章还将探讨常见的经营纠纷，这些纠纷在商业环境中经常出现，了解如何处理它们对于维护公司治理的稳定和透明至关重要。

第六章和第七章涉及的领域都是法律教育中不可或缺的一部分，它们为学习者提供了全面的法律培训，以便他们能够更好地理解和应对在商业运营中可能出现的各种法律挑战。让我们继续深入研究公司治理风险，以便为未来的法律实践和商业决策提供坚实的法律基础。

◆ **本章主要内容**

公司治理、决策制定和风险管理一直是企业内部最为重要的活动。在当今复杂多变的经营环境中，为了确保公司能够应对风险并取得长期成功，公司高级管理层需要反思他们在决策制定、风险管理和公司治理方面所采用的思维方式。

公司治理风险指的是由于公司治理制度设计不合理或运行机制不健全而给公司持续经营带来的不稳定性，会对公司总价值产生影响，并对投资者的利益构成威胁。与管理风险不同，公司治理风险更多与制度设计相关，而管理风险通常是由于管理人员的决策失误、管理制度设计不合理或其他客观以及非人为因素造成的企业损失风险。要规避公司治理风险，就需要深入研究企业制度的构建。本章以公司的基本特征为起点，重点介绍了有限责任公司这一类型，并通过对股东会、董事会、监事会的梳理，明确公司的治理结构，重点介绍公司股东的权利和义务关系。

学习目标

了解公司的基本特征，重点掌握有限责任公司股东的权利和义务；掌握股东会、董事会、监事会之间的关系；熟悉常见的经营纠纷。

7.1 公司的基本特征

7.1.1 公司的概念和特征

公司是一种企业组织形态，是指依照法定的条件与程序设立的、有独立的法人财产、享有独立的法人财产权、以营利为目的的商事组织。具体而言，公司具有如下特征：

（1）法人性。其指公司是独立法人，公司享有法人财产权，以其全部财产独立承担民事责任。

（2）社团性。其指公司通常由2个或2个以上股东出资组成（提示："一人公司"虽然只有一个股东，但它仍然是组织体，不能因为只有一个出资人而否定其"社团性"）。

（3）营利性。其指公司的宗旨是获取利润，谋求经济利益。《民法典》第76条规定："以取得利润并分配给股东等出资人为目的成立的法人，为营利法人。营利法人包括有限责任公司、股份有限公司和其他企业法人等。"

公司的权利能力指公司享有民事权利、承担民事义务的资格。具体而言，公司权利能力取得之日，为营业执照签发之日；公司权利能力丧失之日，为公司注销登记之日；公司的权利能力受限于公司的经营范围，具有差异性。

公司的行为能力指公司独立实施民事法律行为的资格，主要可分为内外部两种实现方式：内部实现方式即公司行为能力必须通过公司的法人机关（股东会、董事会）来形成决议，外部实现方式即公司的行为由法定代表人来实施，其后果由公司承受。

7.1.2 公司的分类

1. 立法分类

《中华人民共和国公司法》中所称的公司，是指在中国境内设立的有限责任公司和股份有限公司。

有限责任公司，是指股东以其认缴的出资额为限对公司承担责任，公司以其全部资产对公司债务承担责任的企业法人。其特征为：

第一，公司资本不分为等额股份（通常表述为：股东甲持有A有限公司10%股权）。

第二，具有封闭性。其指股东持有的股权转让受到限制，不能在证券市场上自由转让。

第三，具有人资两合性。具体而言，人合性是指公司的经营活动以股东个人信用而非公司资本的多寡为基础；资合性，是指公司的经营活动以公司的资本规模为企业的信用基础。

第四，重视意思自治，允许"章程另有规定的，从其规定"。

第五，设立手续简单，公司机关可简化。

2. 学理分类

依据公司间关系，学理上可将公司分为总公司-分公司及母公司-子公司。

对于总公司-分公司而言，总公司是指依法设立并管辖公司全部组织的具有企业法人资格的总机构；分公司是指在业务、资金、人事等方面受本公司管辖而不具有法人资格的分支机构。分公司不具有法人资格，其民事责任由总公司承担（"总—分"不分家）。值得注意的是，分公司应当申请登记，领取营业执照。且分公司是独立诉讼主体，可作为原告或被告。

对于母公司-子公司而言，母公司是指拥有其他公司一定数额的股份或根据协议，能够控制、支配其他公司的人事、财务、业务等事项的公司；子公司是指一定数额的股份被另一公司控制或依照协议被另一公司实际控制、支配的公司。值得注意的是，子公司具有法人资格，独立承担民事责任。与分公司类似，子公司要领取营业执照，且是独立诉讼主体，可作为原告或被告。

7.1.3 《公司法》基本原则

《公司法》作为民法的特别法，首先要遵循民法基本原则，如公平原则、诚信原则等，其次要遵循公司法特有的原则。特有原则中最为重要的是股东有限责任原则。

（1）股东有限责任原则。

《公司法》第4条规定，有限责任公司的股东在对公司承担责任时，以其认缴的出资额为限；而股份有限公司的股东则以其认购的股份为限。这一规定被称为"有限责任原则"。由于公司作为企业法人拥有独立的法人财产，公司以其全部财产对公司债务承担责任。作为公司的出资人，股东除了按照认缴出资或认购股份缴足出资款之外，不需要对公司债务承担清偿责任。股东承担有限责任的基础是根据其认缴的出资额或认购的股份数额来确定的（前者必须大于等于后者）。需要强调的是，"有限责任"指的是股东承担有限责任，而不是公司承担有限责任。

（2）公司法人人格否认原则。

《公司法》第23条规定，如果公司股东滥用公司法人独立地位和股东有限责任，以逃避债务并严重损害公司债权人利益，就应当对公司债务承担连带责任。这一规定被称为"公司法人人格否认"，旨在防止股东滥用股东有限责任。该制度是为解决滥权股东与公司债权人之间的关系，作为对股东有限责任的补充。在实践中，股东滥用权利的情形主要包括人格混同、过度支配与控制以及资本显著不足等情况。因此，这一原则又被称为"公司人格否认"或"揭开公司面纱"。

7.2 股东的权利和义务

7.2.1 股东资格

股东，是指向公司出资，持有公司股份、享有股东权利和承担股东义务的人。股东可以是自然人、法人、非法人组织，还可以是国家。例如，国有独资公司（如中国黄金集团公司、中国盐业总公司），国家是出资人，享有股东权。（股东=出资人；发起人=设立时股东）

1. 股东资格的确认和取得

在判断某人是否具有股东资格时，需要综合考虑。这些因素包括其是否向公司出资，其股东身份是否以一定的形式呈现，其是否被记载于公司相关文件中。但这些因素均不是孤立的，要依据案情综合分析。

公司相关文件和股东资格存在以下关系：

首先，出资证明书是有限责任公司在成立后向股东签发的一种证明股权的文件。然而，出资证明书并不是获得股东资格的唯一方式，因为股东资格可以通过转让、继承等方式取得，与出资证明书没有必然关系。因此，出资证明书存在瑕疵并不能成为否定股东资格的理由，除非经过合法程序剥夺该人的股东资格（除名），否则该人仍然是公司的股东。

其次，有限责任公司应当准备股东名册，其中记录了股东的姓名或名称、住所、出资额和出资证明书编号等信息。股东名册是股东身份或资格的法定证明文件。列入股东名册的股东可以依据该名册主张行使股东权利。

最后，公司需要向公司登记机关登记股东的姓名或名称，并办理任何股东登记事项的变更。未经公司登记或变更登记的情况下，对抗第三人是无效的。值得注意的是，未经公司登记并不能否定股东的资格，因为公司登记仅具有程序性意义，但基于登记所体现的公信力，该登记对抗第三人具有法律效力。

解决股权归属争议的相关规定如下：

首先，当一方向法院起诉并请求确认其股东资格时，应将公司作为被告，涉案争议股权的利害关系人作为第三人参与诉讼。

其次，如果当事人之间对股权归属存在争议，一方请求法院确认其享有股权，需要证明以下情况之一：一是已经向公司出资或认缴出资，并且符合法律法规的强制性规定；二是已经受让或以其他方式继承了公司股权，并且符合法律法规的强制性规定。

最后，如果当事人履行了出资义务或成功取得股权，但公司未按规定签发出资证明书、在股东名册中进行记录并办理公司登记机关的登记，当事人可以请求公司履行上述义务。

2. 股份代持

名义股东（显名股东），是指登记于股东名册及公司登记机关的登记文件，但事实上并没有向公司出资的人。形式上，名义股东是公司的股东。实际出资人（实际股东、隐名股东），是实际出资并实际享有股东权利，但其姓名或者名称并未记载于公司股东名册及公司登记机关的登记文件的人，即公司的真实出资人。《公司法》规范的是有限公司的代持股关系。

在解决股权归属争议时，涉及内部关系和外部关系。内部关系方面，如果在代持股协议中，实际出资人与名义出资人达成合同约定，规定实际出资人出资并享有投资权益，以名义出资人为名义股东，当出现合同效力争议时，除非存在法律规定的无效情形，人民法院应认定该合同有效。此外，如果实际出资人与名义股东发生投资权益归属争议，实际出资人可以基于已履行出资义务主张权利，而名义股东以公司股东名册记载、公司登记机关登记为由否认实际出资人权利，法院不会支持这种主张。

在外部关系方面，如果实际出资人未经公司其他股东半数以上同意，要求公司变更股东、签发出资证明书、在股东名册中记录并办理公司登记机关登记，法院也不会支持。另外，在名义股东与善意第三人之间，如果名义股东转让、质押或以其他方式处分自己名下的股权，并且符合《民法典》第 311 条的规定，受让人在满足善意取得条件（包括善意、对价和手续完备性）的情况下取得股东资格，名义股东的处分行为给实际出资人造成损失，实际出资人可以要求名义股东承担赔偿责任。此外，在名义股东与公司债权人之间，公司债权人可以以名义股东未履行出资义务为由，要求名义股东在无法清偿公司债务的范围内承担补充赔偿责任，并且名义股东在承担赔偿责任后有权向实际出资人追偿。

3. 冒名股东

冒名股东是指以他人名义进行出资，并将该他人登记为公司股东，而被冒名的个人对此并不知情。针对冒名行为，可以采取以下处理措施：首先，冒名登记行为人应当承担相应责任，即对其进行追责。其次，如果公司、其他股东或者公司债权人以未履行出资义务为由，要求被冒名登记为股东的个人承担补足出资责任或者对公司债务不能清偿部分的赔偿责任，法院不应予以支持。这意味着，对于冒名登记行为人与被冒名个人之间的纠纷，法院不会在这种情况下支持公司、其他股东或公司债权人的主张。这样的措施和判断是基于保护被冒名个人的合法权益以及确保公司治理的合法性和合规性的考量。通过对冒名行为的适当处理，可以维护公司股东权益的正当性和公司的法律地位。

7.2.2　股东权利和义务

1. 股东权概述

《公司法》第 4 条规定："公司股东对公司依法享有资产收益、参与重大决策和选择管理者等权利。"这是关于股东权的总规定。从理论上概括，股东权的特点如下：

第一，股东权是一种社员权。"社员权"其实更像一种资格或权限。其本质属性乃为新型的私法权利，而这种权利是与法律主体的财产权、人身权、知识产权相并列的权利类型。

第二，股东权内容具有综合性，包括利润分配请求权、股份转让权、表决权、查阅权等多项权利。理论上，股东权可分为自益权、共益权。自益权是指股东专为自己利益行使的权利，一般属于财产性的权利。如股权（股份）转让权、利润分配请求权、新股优先认购权、公司剩余财产分配权等。共益权是指股东为自己利益同时也为公司利益而行使的权利。它是公司事务参与权，一般为非财产性权利。如股东会临时召集请求权（或自行召集权）、表决权、查阅复制公司相关文件资料的权利、股东代表诉讼权等。

2. 股东的查阅复制权

依据《公司法》规定，股东有权依据《公司法》第 33、97 条或者公司章程的规定，请求查阅或者复制公司特定文件材料。这项权利是股东行使其他权利的基础，如果股东无法了解公司的会议记录、不明了公司财务情况，则无法主张分红权等其他权利。

但在保护股东该项知情权时，又要防止股东随意干涉公司的独立经营，给公司经营造成不必要的损害。所以《公司法》既规定了股东的查阅复制权，又对股东行使该项权利进行了必要限制。

根据相关法规，股东在查阅与复制公司文件方面享有权利。对于有限责任公司，股东有权查阅与复制公司章程、股东会议记录、董事会会议决议、监事会会议决议和财务会计报告等文件。财务会计报告是指公司资产负债表、公司财务情况说明书等文件，公司应在每个会计年度结束时编制并经会计师事务所审计。如果公司以章程或股东协议等方式实质剥夺股东查阅或复制公司文件的权利，法院将不予支持，例如，如果公司章程规定不具备5%表决权的股东无权查阅复制公司文件，这样的章程条款将被视为无效。即便是小股东也有查阅复制公司文件的权利。

此外，股东还可以请求查阅公司的会计账簿，包括明细账和总账，这些账簿可以直观地反映公司的经营情况。对于股份公司，股东无权查阅公司会计账簿。然而，对于有限责任公司，股东可以要求查阅公司会计账簿。在提出书面请求时，股东需要明确目的。如果公司有合理的理由认为股东查阅会计账簿存在不正当目的，可能损害公司合法利益的，公司可以拒绝提供，并在收到股东书面请求后的15天内书面答复股东并说明理由。在保护公司合法利益的前提下，股东仍然享有查阅公司会计账簿的权利。

3. 利润分配请求权

《公司法》第34条、166条规定了股东分取红利的一般规则，关于该项权利需要掌握：公司弥补亏损和提取公积金后所余税后利润，股东按照实缴的出资比例分取红利。但是，全体股东约定不按照出资比例分取红利的除外。股东会或者董事会在公司弥补亏损和提取法定公积金之前向股东分配利润的，股东必须将违反规定分配的利润退还公司。股东未履行或者未全面履行出资义务或者抽逃出资，公司可根据章程或者股东会决议对其利润分配请求权、新股优先认购权、剩余财产分配请求权等股东权利作出相应的合理限制。

4. 股东义务

（1）一般义务。

首先，股东应根据出资协议和公司章程的规定，履行向公司出资的义务。这意味着股东需要按照约定向公司进行资金投入。

其次，股东有不干涉公司正常经营的义务。虽然法律允许一个人既是公司股东又是董事长或经理等职位的双重身份，但这并不意味着股东以股东的身份可以直接干涉公司的经营。举个例子，假设张三既是公司股东，又担任董事长或经理等职位，他可以通过担任上述职位来参与公司的决策和管理。但如果张三仅拥有股东身份，他不能以这种身份直接对公司的经营进行干涉。

综上所述，股东的一般义务包括履行出资义务和遵守不干涉公司正常经营。这些义务有助于确保公司的正常运营，并维护股东的合法权益。

（2）控股股东和实际控制人义务。

控股股东是指其出资额占有限责任公司资本总额百分之五十以上或者其持有的股份占股份有限公司股本总额百分之五十以上的股东；出资额或者持有股份的比例虽然不足

百分之五十，但依其出资额或者持有的股份所享有的表决权已足以对股东会、股东大会的决议产生重大影响的股东；实际控制人是指虽不是公司的股东，但通过投资关系、协议或者其他安排，能够实际支配公司行为的人。例如，张三是甲公司的大股东，甲公司又持有乙公司大多数股权，则张三是乙公司的实际控制人；关联关系是指公司控股股东、实际控制人、董事、监事、高级管理人员与其直接或者间接控制的企业之间的关系，以及可能导致公司利益转移的其他关系。但是，国家控股的企业之间不仅仅因为同受国家控股而具有关联关系。

控股股东和实际控制人应当遵循以下原则：不得滥用其地位，从而损害公司和其他股东的利益；不能通过与公司关联的方式来获得非法的利益。一旦出现控股股东或实际控制人滥用股东权利或者利用关联关系、损害公司或者其他股东利益的情况，他们应当承担赔偿责任。需要注意的是，即使交易已经履行了相应的信息披露、股东会同意等法定程序，但如果该交易违反公平原则，损害了公司的利益，公司仍然可以要求行为人承担损害赔偿责任。值得一提的是，无论是控股股东还是实际控制人，如果不能够按照法定程序履行相关职责，那么他们就不能豁免关联交易的赔偿责任。对于涉及关联交易的诉讼，如果被告仅凭借已经履行了相应的程序作为抗辩理由，人民法院将不予支持，因为关联交易的核心在于公平原则。

7.2.3 有限责任公司股份转让规则

有限责任公司的特征之一是人资两合性，是以人合性为主兼有资合性的公司。股权对外转让的结果是新股东加入。这会打破现有股东格局，会损害到现有股东的人合性。同时，资合性要求股权可以流通，要求保护股东以外的股权受让人的合法权益。因此，在股权转让的具体规则中，既要体现人合性又要体现资合性。下面，我们具体讲解股权转让的法律规定。

1. 股权协议转让

（1）转让股东的转让规则。

根据转让股东的转让规则，股东之间可以自由地相互转让全部或部分股权。然而，如果股东向非股东个体转让股权，需要满足以下程序：首先，必须获得其他股东过半数的同意。例如，在一个由7个股东组成的甲有限公司中，其中一名股东张三打算将股权转让给非股东李四，至少需要得到4人的同意。这一规定体现了有限公司的人合性原则。其次，应以书面或其他可以确认收悉的合理方式通知其他股东，并征求他们的同意。在收到通知后，其他股东应在章程规定的行使期间内提出购买请求；如果章程未规定行使期间或规定不明确，则以通知确定的期间为准。如果通知确定的期间短于30天或未明确行使期间，那么行使期间将默认为30天。最后，如果其他股东在接到通知后30天内没有作出答复，将视为他们同意转让股权。如果其他股东中超过半数不同意转让，那么不同意转让的股东应当购买被转让的股权；不购买股权的将视为同意转让，这体现了资合性原则。

（2）其他股东的优先购买权规则。

股权对外转让时，其他股东享有同等条件下的优先购买权。优先购买权是为了避免因股权转让导致外人轻易进入公司组织，破坏了有限责任公司的人合性。因此，该规则仅限于股权对外转让，如果是股东之间转让股权，其他股东没有优先购买权。

其他股东优先购买权的行使规则如下：经股东同意转让的股权，在同等条件下，其他股东可主张优先购买转让股权。在确定同等条件时，应考虑转让股权的数量、价格、支付方式以及期限等相关因素。然而，如果是股东之间的转让，其他股东则无优先购买权。另外，如果转让股东在其他股东主张优先购买权后不同意继续转让股权，法院将不支持其他股东的优先购买主张，除非公司章程或全体股东另有规定或约定。此时，其他股东可以要求转让股东赔偿其合理损失。对于继承股权的情况，其他股东无优先购买权。当自然人股东去世后，其合法继承人可以继承股东身份。在这种情况下，其他股东不能主张优先购买权，除非公司章程或全体股东另有规定或约定。如果有两个或更多股东愿意受让被转让的股权，则应通过协商确定各自受让的比例。如果协商不成，那么应按照转让时各自的出资比例行使优先购买权。如果在章程中对股权转让有不同规定，则应遵守章程的规定。

（3）其他股东的救济规则。

其他股东在知道或应当知道行使优先购买权的同等条件之日起 30 日内，或者自股权变更登记之日起 1 年内，可以主张优先购买权并得到法院支持。如果股东向非股东的人转让股权，并未征求其他股东的意见，或者采取欺诈、恶意串通等手段损害其他股东的优先购买权，其他股东可以主张按照同等条件购买该转让股权。如果其他股东仅提出确认股权转让合同及股权变动效力的请求，而未同时主张按照同等条件购买转让股权，法院将不予支持。但如果其他股东无法行使优先购买权是因为非自身原因，且请求损害赔偿，那么例外情况除外。在没有其他影响合同效力的情况下，股权转让合同应被认定为有效。如果其他股东行使优先购买权，尽管股东以外的股权受让人要求继续执行股权转让合同的请求不能得到支持，但这不会影响他们根据合约要求转让股东承担相应的违约责任。

2. 异议股东的股权收购请求权（纵向收购）

股东请求公司纵向收购，是指对股东会下列事项投反对票的股东（异议股东）请求公司按照合理的价格收购其股权，以此方式退出公司。具体股东会决议事项、决议规则及异议股东的救济手段如表 7.1 所示。

表 7.1 股东会决议事项、决议规则及异议股东的救济手段

公司决议事项	决议规则	异议股东救济手段
公司连续 5 年不向股东分配利润，而公司该 5 年连续盈利并且符合《公司法》规定的分配利润条件的	股东会 1/2 以上表决权通过	（1）先协商。自股东会会议决议通过之日起 60 日内，股东与公司不能达成股权收购协议的 （2）再诉讼。股东可以自股东会会议决议通过之日起 90 日内向人民法院提起诉讼
公司合并、分立、转让主要财产的	（1）合并、分立：股东会 2/3 以上表决权通过； （2）转让主要财产：股东会 1/2 以上表决权通过	
公司章程规定的营业期限届满（或者章程规定的其他解散事由出现），股东会会议通过决议修改章程使公司存续的	股东会 2/3 以上表决权通过	

7.3 公司组织结构

公司的组织机构，又可称为公司的治理结构。本节主要介绍公司的股东会、董事会及其聘用的经理、监事会，具体包括三类组织机构的职权、组成、会议规则等内容。

7.3.1 股东会

1. 股东会的职权

股东会是有限责任公司的权力机关。《公司法》第 37 条规定，股东会行使表 7.2 所列职权。

表 7.2 股东会职权分类

分 类	职 权
管人	选举和更换非由职工代表担任的董事、监事，并决定其报酬
	审议批准：董事会的报告、监事会或监事的报告
管钱	审议批准：年度财务预算方案、决算方案、利润分配方案和弥补亏损方案
	对增加或者减少注册资本作出决议
	对发行公司债券作出决议
管方向	决定公司的经营方针和投资计划（宏观战略）
	修改公司章程
	对公司合并、分立、解散、清算或者变更公司形式作出决议

另外，有限公司对上述所列事项股东以书面形式一致表示同意的，可以不召开股东会会议，直接作出决定，并由全体股东在决定文件上签名、盖章。

2. 会议的分类

股东会会议分类如表 7.3 所示。

表 7.3 股东会会议分类

分 类	具 体 要 求
首次会议	由出资最多的股东召集和主持，依照《公司法》规定行使职权
定期会议	应当依照公司章程的规定按时召开
临时会议	下列人员可提议召开临时会议：代表 1/10 以上表决权的股东；1/3 以上的董事；监事会（或者不设监事会的公司的监事）
会议记录	出席会议的股东应当在会议记录上签名

3. 会议的决议规则

决议规则，是指在股东会讨论某一议案时，确定何种情况为议案通过、何种情况为不能通过的规则。股东会议中股东按照出资比例行使表决权，除非公司章程另有规定。

举例来说，如果张三出资比例为 80%且章程无规定，那么张三的表决权为 80%，其他股东的表决权为 20%。

对于股东认缴的出资未届履行期限以及未缴纳部分的出资是否享有以及如何行使表决权的问题，应当根据公司章程来确定。如果章程没有规定，应当按照认缴出资的比例确定。

如果股东会作出不按认缴出资比例而按实际出资比例或其他标准确定表决权的决议，股东请求确认决议无效，法院应当审查该决议是否符合修改公司章程所要求的表决程序，即必须经代表 2/3 以上表决权的股东通过。如果符合要求，法院不予支持；反之，则依法予以支持。

一般事项的表决方式和表决程序由公司章程规定，除非《公司法》另有规定。至于重大事项的表决，包括修改公司章程、增加或减少注册资本的决议，以及公司合并、分立、解散或变更公司形式的决议，必须经代表 2/3 以上表决权的股东通过，并且必须经过股东所持表决权的 2/3 以上通过。

7.3.2 董事会与经理

董事会是公司的业务执行机关，享有业务执行权和日常经营的决策权。

1. 董事会的组成和任期

董事会的组成包括人数和组成成员。有限责任公司的董事会通常由 3~13 人组成。然而，对于股东人数较少或规模较小的有限责任公司，可以选择不设立董事会，而只需设立 1 名执行董事，该执行董事可以同时担任公司经理。此外，非由职工代表担任的董事应由股东会选举和更换。对于由两个以上国有企业或其他两个以上国有投资主体投资设立的有限责任公司，其董事会成员中必须包括公司职工代表。为了确保代表权益，公司职工代表的产生方式可以是通过职工代表大会、职工大会或其他形式进行民主选举。另外，董事会还设有董事长 1 人，并可酌情设立副董事长。董事长和副董事长的产生方法一般由公司章程规定。

董事任期由公司章程规定，但每届任期≤3 年。董事任期届满，连选可以连任。如果董事任期届满未及时改选，或者董事在任期内辞职导致董事会成员低于法定人数，在改选出的董事就任前，原董事仍应当依照法律、行政法规和公司章程的规定，履行董事职务。具体情况分类：①到期+新人到位前=要履职；②到期前+低于法定人数+新人到位前=要履职。例如，公司董事共有 11 人，现董事 A 在任期内辞职，则可辞职走人，无须履职；A 任期届满，恰逢新冠肺炎疫情，公司未能召开股东会改选，则 A 要履行董事职务。

董事任期届满前，被股东会有效决议解除职务，该解除发生法律效力；董事职务被解除后，因补偿与公司发生纠纷提起诉讼的，法院应当依据法律、行政法规、公司章程的规定或者合同的约定，综合考虑解除的原因、剩余任期、董事薪酬等因素，确定是否补偿以及补偿的合理数额。

2. 董事会的职权

董事会作为公司治理的核心机构，拥有多项重要职权，以下是对其职权的详细描述：

首先，董事会负责召集股东会会议，这一职权涵盖了召开股东会的责任以确保公司的股东能够有效地参与决策过程。董事会执行股东会的决议，并向股东会报告工作，这意味着董事会需积极履行其执行和信息披露的职责，以保障公司的决策透明度。

其次，董事会在制定公司方案方面扮演着关键角色。这包括制定公司的年度财务预算方案和决算方案，以确保公司的财务健康和合规性。董事会还制定公司的利润分配方案和弥补亏损方案，确保股东权益的合理分配。此外，董事会负责制定公司增加或减少注册资本以及发行公司债券的方案，以满足公司发展和融资的需求。最后，董事会还负责制定公司合并、分立、解散或变更公司形式的方案，确保公司的战略发展与法律合规一致。

再次，董事会决定公司的关键事项，包括制定公司的经营计划和投资方案。这涵盖了年度、季度和月度经营规划，以及签订重大投资合同的决策。此外，董事会承担了制定公司的基本管理制度和内部管理机构的设置的责任，确保公司内部的组织结构和管理体系高效运作。董事会还有权聘任或解聘公司经理，并决定其报酬事项，同时根据经理的提名来决定公司副经理、财务负责人等高层管理人员的聘任或解聘以及其报酬事项。

最后，董事会在公司章程规定的其他职权领域也发挥着关键作用。这包括了各种特定职权，可能因公司的性质和章程而异。董事会在执行这些职权时，必须始终遵循公司法规和最佳治理实践，以确保公司的长期利益和可持续性发展。董事会的职权涵盖了广泛的范围，对公司的决策和管理起到了关键的指导和监督作用。

3. 董事会的召集程序和议事规则

有限公司的董事会的召集程序和议事规则是公司治理的关键方面，应确保董事会会议的有效召开和决策过程的规范运行。根据公司章程和法律规定，以下是相关要点的详细描述：

首先，董事会的召集是由董事长负责的，他拥有召集和主持董事会会议的职责。然而，如果董事长无法履行职责或不履行职责，公司的规定是由副董事长来代为召集和主持会议。这种情况下，副董事长将承担召集董事会会议的权利和责任。

若不幸情况再次发生，即副董事长也不能履行职务或不履行职务，董事会规定了备选程序。具体而言，当副董事长无法履行职责时，董事会需要通过多数董事的共同推举来选出一名董事来召集和主持会议。这种级联的召集程序确保了董事会会议的连续性和正常召开。

其次，董事会的议事规则也是非常重要的。根据法定规定，董事会决议的表决原则是一人一票，这意味着每位董事在投票时拥有平等的权利。此外，董事会的其他议事方式和表决程序应当遵循公司章程的规定，这些规定可能因公司的性质和需要而有所不同。公司章程对董事会决策的具体方式和程序进行了明确规定。

最后，会议记录在董事会会议中具有重要地位。对所议事项的决定需要详细记录下来，并要求出席会议的董事在会议记录上签名，以确认其参与和支持相关决策。这种会议记录的建立有助于确保会议决策的透明性和法律合规性，并能提供未来审查和追溯决策过程的重要依据。

综上所述，有限公司的董事会在召集程序和议事规则方面建立了清晰的体系，能确保会议的有效召开、决策的合法性和透明性，以及纪录的完备性。这些规定和程序有助于维护公司治理的稳定性和合规性。

4. 经理

经理由董事会决定聘任或者解聘，经理对董事会负责，列席董事会会议。值得注意的是，董事、高级管理人员不得兼任监事（高级管理人员包括经理、副经理、财务负责人等）。

关于公司经理的职权，以下是详细描述：

经理的职权涵盖了多个关键领域，旨在确保公司的正常经营和管理顺畅。首先，经理负有主持公司的生产经营管理工作的职责，这包括组织并积极实施董事会的决议，确保公司在经营活动中遵循董事会的指导方针和决策。

其次，经理负责组织和执行公司年度经营计划和投资方案。然而，这些计划和方案的制定由董事会决定，经理的任务是将这些计划付诸实施，确保公司在实现战略目标和财务计划方面取得成功。

再次，经理担负着拟订公司内部管理机构设置方案的责任，这有助于构建高效的组织结构和管理体系。此外，经理还负责拟订公司的基本管理制度，这是公司内部管理的重要指南，旨在确保各项工作按照规范和程序进行。

另外，经理有制定公司的具体规章的权力，如劳动纪律等，以维护公司的内部秩序和规范。此外，经理还具备决定聘任或解聘公司除董事会应决定聘任或解聘的管理人员以外的中层管理人员的权力，这有助于确保公司在各个管理层面都能拥有合格的管理团队。

每次经理还有提请董事会聘任或解聘公司副经理和财务负责人的职权，尽管这些高管人员的聘任或解聘最终由董事会决定。

最后，经理还可能行使董事会授予的其他职权，这些职权将根据董事会的决定而变化。

需要强调的是，如果公司章程对经理的职权有额外规定，那么这些规定将优先生效，经理需遵循章程的规定。总之，经理在公司的日常运营和管理中扮演着关键的角色，确保公司按照董事会的决策和章程的规定有序运行。

7.3.3 监事会

监事会专司监督职能，其对股东会负责并向其报告工作。监事会是股份公司的必设机构，股东人数较少或规模较小的有限责任公司，可以不设立监事会，仅设1~2名监事，行使监事会的职权。

1. 监事会的组成和任期

监事会是公司治理结构的重要组成部分，其组成和任期规定如下：

首先，监事会的成员不得少于3人，包括三个关键类别的成员。①股东代表是由股东会选举和更换的成员，他们代表着公司的股东利益。②职工代表由职工民主选举产生，其比例不得低于公司章程规定的1/3，确保了职工在监事会中的代表权。③监事会设主席1人，由全体监事的过半数选举产生，以确保监事会内部的领导和协调。

其次，公司规定了董事和高级管理人员不得兼任监事的原则。这是因为监事会的主要职责是监督董事和高级管理人员的行为，因此需要保持独立性和独立性。这一规定确保了监事会的独立性和有效性。

监事的任期是按照法定规定进行的，每届任期为 3 年。监事可以在届满后连选连任，但不得超过连任次数的限制。与之不同的是，董事的每届任期通常不能超过 3 年。此外，如果监事任期届满后未及时改选，或者监事在任期内辞职导致监事会成员低于法定人数，那么原监事仍然需要继续履行监事职务，直到新监事就任。

综上所述，监事会的组成和任期规定确保了多元化的代表性，包括股东和职工的代表，同时保持了监事会的独立性和有效性。监事的任期和连任限制有助于维护监事会成员的新鲜血液，并确保监督董事和高级管理人员的连续性。这些规定在公司治理结构中发挥着关键的监督和平衡作用。

2. 监事会的职权

监事会是公司治理结构的重要组成部分，其职责和权限包括：

①监事会负责检查公司的财务状况，以确保公司的财务活动合法合规，并提供必要的财务监督。②当董事会未能履行召集和主持股东会会议的职责时，监事会有权提议召开临时股东会会议，并负责召集和主持该会议。③监事会具备向股东会会议提出提案的权利，以提出关于公司事务的建议和决策。④监事会的一个重要职责是监督董事和高级管理人员执行公司职务的行为。如果他们的行为违反法律、行政法规、公司章程或股东会决议，监事会有权提出罢免建议。在董事和高级管理人员的行为损害公司利益时，监事会有权要求其予以纠正，以维护公司的长期利益。⑤根据《公司法》第 151 条的规定，监事会可以代表股东提起诉讼，这通常被称为股东代表诉讼，可以保护公司和股东的权益。监事会还有权列席董事会会议，并对董事会决议事项提出质询或建议，以确保董事会的决策符合公司利益。在公司经营情况异常时，监事会有权进行调查，并在必要时聘请会计师事务所等专业机构协助其工作，相应费用由公司承担。⑥为履行职责所需的费用由公司承担，以确保监事会能够有效履行其职责并维护公司的健康发展。监事会的职能和权限旨在确保公司治理的透明度和合法性，同时维护股东权益和公司利益的平衡。

7.4 公司经营纠纷

7.4.1 公司决议

股东会、董事会决议，可分为"有效决议、无效决议、可撤销决议、决议不成立"四种情况。

（1）尚未成立的决议。

对于尚未成立的决议，其认定方式如下，存在下列情形之一，当事人可主张决议不成立：公司未召开会议的；会议未对决议事项进行表决的；出席会议的人数或者股东所持表决权不符合《公司法》或者公司章程规定的；会议的表决结果未达到《公司法》或者公司章程规定的通过比例的；导致决议不成立的其他情形。

（2）已经成立的决议。

已经成立的决议，依据内容和会议程序可划分为"有效决议、无效决议、可撤销决议"。

有效决议，是指决议内容合法、作出决议的程序合法的决议。

无效决议，因决议内容违反法律、行政法规而无效。例如，公司股东会分配本年度利润时，未弥补上年度亏损，未纳税，未提取法定公积金，直接向股东分红。此为"内容违反《公司法》强行性规定"，是无效决议；确认决议无效的诉讼：原告为股东、董事、监事；被告为公司；公司依据该决议与善意相对人形成的民事法律关系不受影响。

可撤销决议，决议内容和作出决议程序瑕疵的大小，决定股东是否可以行使撤销权。

（3）公司担保决议。

公司担保决议类型如表 7.4 所示。

表 7.4 公司担保决议分类

项 目	非关联担保	关联担保
类型	公司向其他企业投资或者为他人提供担保	公司为本公司股东（或实际控制人）提供担保
决议机构	依照章程的规定，由股东会或者董事会决议；公司章程对担保的总额及单项担保的数额有限额规定的，不得超过规定的限额	必须经股东会决议；该项表决由出席会议的其他股东所持表决权的过半数通过（排除利害关系股东的表决权）
原因	担保行为不是法定代表人所能单独决定的事项，除例外情况外，要以公司机关的决议作为担保授权的基础和来源	

7.4.2 越权担保

越权担保，是指公司的法定代表人违反上述公司担保决议程序的规定，超越权限代表公司与相对人订立担保合同。

（1）处理。

越权担保的分类如表 7.5 所示。

表 7.5 越权担保的分类

分 类		处 理
和相对人关系	相对人善意	担保合同对公司发生效力；公司承担担保责任。
	相对人非善意	担保合同对公司不发生效力；公司承担赔偿责任（主合同有效而第三人提供的担保合同无效，债权人与担保人均有过错的，担保人承担的赔偿责任不应超过债务人不能清偿部分的 1/2）。
善意的认定		善意是指：相对人在订立担保合同时，不知道且不应当知道法定代表人超越权限；相对人有证据证明已对公司决议进行了合理审查，人民法院应当认定其构成善意；但是，公司有证据证明相对人知道或者应当知道决议系伪造、变造的除外。
和公司的关系		公司可请求法定代表人承担赔偿责任。

（2）例外情况。

其指公司未依照上述《公司法》关于公司对外担保的规定作出决议，但公司要承担担保责任的情形：金融机构开立保函或者担保公司提供担保；公司为其全资子公司开展经营活动提供担保；担保合同系由单独或者共同持有公司 2/3 以上对担保事项有表决权的股东签字同意；相对人根据上市公司公开披露的关于担保事项已经董事会或者股东会决议通过的信息，与上市公司订立担保合同，担保合同对上市公司发生效力，并由上市公司承担担保责任（否则，该上市公司不承担担保责任，担保合同对其不发生效力）。

7.4.3　对赌协议

对赌协议，又称估值调整协议，是指投资方与融资方在达成股权性融资协议时，为解决交易双方对目标公司未来发展的不确定性、信息不对称以及代理成本的问题而设计的包含了股权回购、金钱补偿等对未来目标公司的估值进行调整的协议。

不论与目标公司签订对赌协议，还是与目标公司的股东签订对赌协议，只要不存在法定无效事由的情况，该协议均有效。

在对赌协议合同的履行方面，相关规定和程序的概述如下：

第一，与目标公司的股东签订对赌协议是确保协议得以实际履行的关键步骤。这种协议的签署为投资方提供了法律支持，以确保其权益不受侵犯。

第二，与目标公司签订对赌协议时，需要考虑以下情况：

如果投资方要求目标公司回购股权，法院会根据《公司法》第 35 条关于"股东不得抽逃出资"的规定或第 142 条关于股份回购的强制性规定进行审查。如果目标公司未完成减资程序，法院应当驳回投资方的诉讼请求。

如果投资方要求目标公司承担金钱补偿义务，法院会根据《公司法》第 35 条关于"股东不得抽逃出资"和第 166 条关于利润分配的强制性规定进行审查。如果目标公司没有足够的利润来补偿投资方，法院应当驳回或部分支持其诉讼请求。然而，如果将来目标公司获得了足够的利润，投资方仍然可以根据这一事实提起新的诉讼（参考《九民纪要》第 5 点）。

综上所述，对赌协议的履行涉及复杂的法律程序和规定，其中包括股权回购和金钱补偿的问题。投资方需要确保合同条款得以切实执行，并在必要时依法向法院提起诉讼，以保护其权益。这些法律规定旨在维护公司治理的公平和合法性，同时确保各方的权益得到妥善保护。

复习与思考

（1）股东的权利和义务包括哪些？

（2）有限责任公司中，股东对外转让所持有股份，其他股东是否拥有优先购买权？为什么？

（3）董事会职权包括哪些？

（4）监事会职权包括哪些？

(5)越权担保中,善意相对人的认定条件包括哪些?

案例与实训

案例一

2020年12月,一源公司拟在某市开发一个高新技术项目。因为该市为高新技术企业提供了不少优惠政策,一源公司便想和当地人合作,以便获得更多的优惠政策。经人介绍,一源公司认识了许某和方某。许某、方某承诺其在当地人脉较广,可以为该项目获得优惠政策提供帮助。一源公司于是同意与许某、方某共同在该市设立三叶公司,共同开发该高新技术项目。三方拟定了章程,约定三叶公司的注册资本是1000万元,其中一源公司出资340万元,许某和方某各出资330万元,出资形式为货币,出资期限均是2029年12月31日。

三叶公司成立后,许某担任法定代表人和执行董事,方某担任总经理和监事。许某、方某向一源公司提出,为了获取政府的优惠政策,需要一些公司的开办费用,一源公司便向三叶公司的银行账户汇入200万元,注明开办费用。许某随后与他人签订委托合同,委托他人负责与政府沟通获得优惠政策。一源公司得知后认为,之所以让许某、方某入股并给予较大股比,就是为了让他们去和当地政府沟通,二人再委托他人说明他们能力不够,于是一源公司对许某、方某逐渐丧失信任,许某、方某见状也逐渐消极推进该项目。

某日,许某接到好友周某的电话,请他为周某公司的银行贷款提供保证,许某碍于朋友情面只好答应。银行要求三叶公司出具同意担保的股东会决议,许某便把三叶公司设立时,一源公司提供的股东会决议盖章页取下,签上自己的名字,也让方某签字,又打印了一份股东会同意担保的决议页与该盖章页一起装订好给了银行。银行随后便给周某公司发放了贷款。

一源公司因公司本部的业务调整,无暇再顾及三叶公司。方某看到三叶公司经营无望,于是与某口罩厂联系并签订合同,某口罩厂愿意提供价值500万元的口罩。方某向某口罩厂支付预付款50万元后,某口罩厂提供了全部口罩。方某将口罩转卖得款后并未按合同约定的付款时间将450万元货款支付给某口罩厂,而是用这笔钱购买了两辆豪华轿车,自己开一辆,另一辆让许某开,许某得知后默许和接受。方某还向许某建议,既然三叶公司可能不再继续经营,那么他们应向一源公司主张自己的劳动报酬。于是方某拿来两份空白的劳动合同书,分别填上了许某、方某的名字,许某在这两份合同书上盖上了三叶公司的印章。劳动合同书上给许某的年薪是80万元,给方某的年薪是70万元。许某、方某分别从三叶公司的账上支取了当年的年薪。剩下的钱另外用于三叶公司购买办公用品、日常开销等,很快用尽。

许某、方某随后又与其他公司发生多笔业务往来,除某口罩厂款项未付外,还欠了其他多家公司的款项,三叶公司的债务合计高达2000万元。

某口罩厂多次向三叶公司发函要求支付450万元货款,许某、方某以各种理由推脱。某口罩厂于是向法院起诉三叶公司并胜诉。某口罩厂持胜诉判决申请强制执行,并追加了一源公司、许某和方某为被执行人。一源公司为避免该案影响到本部业务,在接到法院通知时便立即向某口罩厂履行了生效判决的义务。

一源公司为解决三叶公司的问题，提议召开股东会并提出将许某和方某除名。许某、方某对上述提案投反对票。一源公司自此再不过问三叶公司任何事务。

此时，周某的公司向银行的借款到期不能偿还，银行起诉了周某的公司，并要求三叶公司承担连带保证责任，三叶公司名下的两辆豪车被查封。该借款案进入执行阶段后，法院发现周某已经不知所踪，而三叶公司因有大量负债，根本无法清偿债务。

【思考】

（1）一源公司向三叶公司的银行账户汇入200万元，是一源公司向三叶公司的出资还是借款？为什么？

（2）许某用三叶公司的名义给周某的银行贷款提供保证，对银行而言，该保证有效吗？

（3）方某用三叶公司名义与某口罩厂的买卖合同有效吗？将款项用于购买豪车是否合法？为什么？

（4）许某、方某与三叶公司所签的劳动合同约定的年薪是否有效？许某、方某可否为自己支取年薪？为什么？

（5）许某、方某应当被除名吗？为什么？

（6）许某、方某是否应向一源公司承担责任，为什么？

第8章

法律风险的不利责任

◆ **导语**

第七章深入剖析了公司治理风险,帮助我们全面了解了企业的内部结构和运作方式。在这一章中,我们聚焦于公司的基本特征,深入研究了有限责任公司股东的权利和义务,以及股东会、董事会、监事会之间的复杂关系,同时探讨了常见的经营纠纷,这些纠纷常常涉及公司内部和外部的法律事务。

现在,进入第八章,我们将把注意力转向另一个关键领域——法律风险的不利责任。这一章将深入研究企业经营活动中常见的刑事责任、行政责任和民事责任风险。了解这些法律责任的性质和影响对于企业合法合规经营至关重要。

第七章和第八章之间的过渡承上启下,将公司治理风险与法律风险的不利责任相连接。这两章都是法律教育中重要组成部分,为学习者提供了全面的法律培训,以便其能够更好地理解和应对在企业经营中可能出现的各种法律挑战。

让我们继续深入研究法律风险的不利责任,以便为未来的法律实践和商业决策提供坚实的法律基础,同时也将公司治理的重要性与法律合规联系在一起,为企业建立强健的法律框架。

◆ **本章主要内容**

当一个企业存在法律风险时,法律风险有可能在未来转换为现实的法律后果,也有可能一直被"携带",企业却安然无恙。安然无恙自不必说,因为它最主要是出于运气,没有代表意义,因而研究法律风险所带来的不利后果,必须首先考虑其不利后果的种类及程度,然后再考虑具体的法律风险发生的概率等问题。

企业经营者防范法律风险,除了仰仗强有力的法律顾问团队,更要提升自身的法律风险防控能力:一是熟知企业经营活动中常见的刑事责任、行政责任、民事责任风险,能从实际案例中提炼重要法律风险点及预防对策,提升法律风险防控意识、增加法律风险预判能力、提升法律风险化解水平。二是强化法律风险的概念认知、精准预测和有效应对,实现正常经营活动与法律风险防控的有机衔接、融为一体,注重经营的合规性、防控的实效性、方法的科学性。三是了解《刑法》基本理论及经济犯罪重点罪名、《行政处罚法》基本理论及典型行政责任类型、《民商法》基础及常见商事法律风险、《诉讼法》

及与风险处置相关的诉讼程序应对，进行涉及刑事、行政、民事责任风险的实际案例解析及"代入式"对策思考。

◆ **学习目标**

了解企业经营活动中常见的刑事责任、行政责任、民事责任风险；提升法治责任心，锻造企业家的"法治思维""法治信仰"和"法治精神"。

8.1 刑事处分法律风险后果

生命自由与物质财富是"1"和"0"的关系，故刑事责任是企业经营者必须防范的最大风险。多年以来，"胡润百富榜"上榜富豪折戟沉沙的故事不绝于耳，国美电器黄光裕、南德集团牟其中、华晨中国仰融、欧亚农业杨斌、农凯集团周正毅、福禧投资张荣坤、德隆系唐万新、物美集团张文中、格林柯尔系顾雏军、东星集团兰世立等案件不断引发全国关注。从巨富"神坛"跌落而身陷囹圄的案例从未断绝，有的富豪失去人身自由，如 2022 年 9 月 21 日官方消息报道称 2021 年首次登上百富榜的楚天龙（SZ003040）公司实际控制人毛芳样因涉嫌违法被北京市昌平区监察委员会立案调查并采取留置措施；而有的富豪甚至被处以死刑，如建昊集团袁宝璟、汉龙集团刘汉等。在商界大腕、资本大鳄财富声名大振、资本玩法娴熟的高光时刻，高速成长积累的自信、资信评估企业的追捧、金融市场提供的支撑等，使其做大做强的欲望更加膨胀，进而在"富贵险中求"的惊涛骇浪中越陷越深。

在刑事法律规范体系中，并无企业犯罪一说，与之相对应的是单位犯罪。但单位犯罪其实也并非法学界的通用术语，在刑法领域的公认术语是法人犯罪。但从刑法的调整范围和立法动机上看，用"单位犯罪"这一术语似乎更为适合，因为法律风险的主体与民事主体异曲同工，除了企业法人、机关法人、事业单位法人、社会团体法人外，还有一部分虽然也是合法成立却并不具备法人资格的其他组织。在主体如此复杂的情况下，只有使用"单位"一词才更为合适。因为只要是个组织就可以称其为"单位"，这个"单位"可以具备法人资格也可以不具备法人资格。

8.1.1 对单位犯罪的辨析

虽然《刑法》已经规定了多种单位犯罪行为及其处罚，但《刑法》以及其他的刑事法律规范却从未对单位犯罪这一概念作过解释。而且，在实际工作中往往存在将单位犯罪与法定代表人犯罪混为一谈或将利用单位从事的犯罪与单位犯罪混为一谈的情况。

《刑法》第 30 条规定，"公司、企业、事业单位、机关、团体实施的危害社会的行为，法律规定为单位犯罪的，应当负刑事责任"。根据这一规定的内涵，是否构成单位犯罪必须以法律有明文规定为前提，而且必须是"公司、企业、事业单位、机关、团体实施的危害社会的行为"。虽然这里所规定的"危害社会的行为"外延比较大，但结合《刑法》中涉及单位犯罪的具体条款可以明确，单位犯罪的行为是体现单位意志且与经营活动有关的单位行为，而不是其中个别人的私下行为。

为了进一步明确刑法中"单位"及"单位犯罪"的概念，最高人民法院在《关于审理单位犯罪案件具体应用法律有关问题的解释》中对两者做了进一步的解释。该解释中申明，"刑法第三十条规定的公司、企业、事业单位"，既包括国有、集体所有的公司、企业、事业单位，也包括依法设立的合资经营、合作经营企业和具有法人资格的独资、私营等公司、企业、事业单位。根据这一解释，各类企业反而只是"单位"外延的一部分，单位包括了更多的各类组织。

在该解释的另外一个条款中，最高人民法院还对单位犯罪的界限作了进一步的明确，"个人为进行违法犯罪活动而设立的公司、企业、事业单位实施犯罪的，或者公司、企业、事业单位设立后，以实施犯罪为主要活动的，不以单位犯罪论处"。"盗用单位名义实施犯罪，违法所得由实施犯罪的个人私分的，依照《刑法》有关自然人犯罪的规定定罪处罚"。由此可见，单位犯罪并非为了从事犯罪活动而设立公司，也非盗用单位的名义实施犯罪并由个人私分违法所得的行为。这一解释进一步明确了单位犯罪的内涵和外延，强调了单位犯罪是指为了谋取非法利益而实施的一种单位行为，而且基本是与单位的经营活动有关。否则，即使法定代表人的个人行为，也并不属于单位犯罪。

8.1.2 企业涉嫌单位犯罪的可能种类

从1979年7月《刑法》颁布到1997年3月大规模修订后的重新颁布，《刑法》在体例和立法技术上有了巨大的变化。但为了适应社会、经济形势的飞速发展，自1999年12月起至今，又相继颁布了六个修正案。这六个修正案与全国人民代表大会常务委员会的各个立法解释，以及最高人民法院、最高人民检察院等司法机构的司法解释一道，构成了我国的刑事法律体系，而且这一体系也在不断地发展和完善之中。

从刑事法律规范的内容来看，单位犯罪的基本规定仍旧在《刑法》之中，其中明确列有企业涉嫌单位犯罪的《刑法》条款主要有以下几类：

（1）危害公共安全罪。

这类单位犯罪主要是与枪支有关，如：非法制造、买卖、运输、邮寄、储存枪支、弹药、爆炸物；非法买卖、运输核材料；依法被指定、确定的枪支制造企业、销售企业违反枪支管理规定的某些行为；依法配备公务用枪的人员非法出租、出借枪支，以及依法配置枪支的人员非法出租、出借枪支造成严重后果的行为等。

（2）破坏社会主义市场经济秩序罪。

这类单位犯罪的种类比较多，发生的可能性也比较大，主要包括生产、销售伪劣商品罪；走私罪；妨害公司、企业的管理秩序罪；破坏金融管理秩序罪；金融诈骗罪；危害税收征管；侵犯知识产权罪；扰乱市场秩序罪。

（3）妨害社会管理秩序罪。

这类犯罪一般为情节严重的妨害社会管理秩序的行为，主要有扰乱公共秩序罪；妨害国（边）境管理罪；妨害文物管理罪；危害公共卫生罪；破坏环境资源保护罪；走私、贩卖、运输、制造毒品罪；制作、贩卖、传播淫秽物品罪。

（4）侵犯公民人身权利罪。

这类犯罪是一种特例，但这类情况在某些地区的个别企业中确有实际存在。该类犯罪只有一个法条，即《刑法》第244条规定的用人单位"违反劳动管理法规，以限制人身自由方法强迫职工劳动，情节严重的，对直接责任人员，处三年以下有期徒刑或者拘役，并处或者单处罚金"。

（5）危害国防利益罪。

此类犯罪的罪名种类并不多，多为一些具体行为，包括明知是不合格的武器装备、军事设施而提供给武装部队；非法生产、买卖武装部队制式服装、车辆号牌等专用标志，且情节严重；战时拒绝或者故意延误军事订货，情节严重。

（6）贪污贿赂罪。

这类犯罪包括行贿和受贿两类，均以情节严重为构成要件，包括国家机关、国有公司、企业、事业单位、人民团体，索取、非法收受他人财物，为他人谋取利益，情节严重的，以及在经济往来中，在账外暗中收受各种名义的回扣、手续费的；为谋取不正当利益，给予国家机关、国有公司、企业、事业单位、人民团体以财物的，或者在经济往来中，违反国家规定，给予各种名义的回扣、手续费的；单位为谋取不正当利益而行贿，或者违反国家规定，给予国家工作人员以回扣、手续费，情节严重的。

以上只是按照大类进行的归纳，每类单位犯罪中还可细分为不同的具体罪名。除此之外，如果《刑法》以外的其他法律中规定了某一行为系犯罪行为，也同样属于刑事责任法律风险的范畴。

8.1.3　单位犯罪的刑事责任及处罚

《刑法》第31条规定，"单位犯罪的，对单位判处罚金，并对其直接负责的主管人员和其他直接责任人员判处刑罚。本法分则和其他法律另有规定的，依照规定。"在实际操作中，对于单位犯罪的刑事处罚一般为罚金，但一般同时对主管人员和直接责任人处以人身刑。在特定的罪名，如与建设工程事故有关的罪名等中，《刑法》往往只处罚相关主管人员和直接责任人，而对单位则不予处罚。

例如，《刑法》第281条规定："非法生产、买卖人民警察制式服装、车辆号牌等专用标志、警械，情节严重的，处三年以下有期徒刑、拘役或者管制，并处或者单处罚金。单位犯前款罪的，对单位判处罚金，并对其直接负责的主管人员和其他直接责任人员，依照前款的规定处罚。"这就是典型的双罚制。

在实践中，许多关于企业刑事法律风险的讨论事实上已经将对于单位犯罪的讨论与单位中的个人犯罪的讨论放在一起。其实，企业中个别主管人员、直接责任人甚至法定代表人的犯罪许多是与企业行为无关的行为，例如员工的盗窃、贪污、商业受贿等，这些犯罪行为不是直接的企业法律风险，而是单位个别人员实施的影响企业利益的犯罪，不属同一范畴。确实，许多单位主管人员、员工、法定代表人的犯罪行为会对企业的发展和运营产生非常严重的影响，但这些犯罪毕竟属于个人犯罪，虽然可以一并讨论但最好区分成不同的范畴，否则不利于法律风险管理措施的制定。此外，单位犯罪的范畴大于企业涉及的单位犯罪，这里讨论的只是企业涉及的单位犯罪，其他单位犯罪不再展开。

8.2　民事责任法律风险后果

由于民事主体最常进行的行为是民事行为，因而民事责任风险对于企业而言属于最为经常性的法律风险，其产生的概率要远远大于刑事处罚、行政处罚两种风险。从民事责任的种类来看，按照《民法典》的体例，民事责任主要可以分为违约责任、侵权责任、其他责任三种。

民事责任法律风险后果中，最为常见的是违约责任和侵权责任，而存在于这两者之外、既非违约也非侵权的某些行为，只能归入其他民事责任的范畴。这类情况发生得相对较少，如无因管理等民事责任。这类特殊情况的发生概率很低，因此本书中不予展开讨论。而且，随着法律的进一步明确或合同的进一步明确，某些界限不明的民事责任有可能会向违约责任或侵权责任靠拢。

要培育民商事法律思维，必先了解法律人如何思考。法律是需要人类理性来解释的，正义是需要客观形式来呈现的。法律的生命在于执行，而客观化的法律执法过程也是司法官员主观上认识、运用法律的思维过程。法律思维如何抉择，便决定法律行为如何走向。因此，以充分的"代入模式"来理解司法官员如何思考，是防范法律风险、提升说服能力、阐释正义本质的基本技能。三段论推理，是法律人进行法律分析与论证过程中经常采用的思维方法，也是解决民事法律问题的基本路径。

演绎推理的主要形式是"三段论"，由大前提、小前提、结论三部分组成一个"连珠"。大前提是已知的一般原理；小前提是研究的特殊场合；结论是将特殊场合归到一般原理之下得出的新知识。例如，大前提：自然界一切物质都是可分的；小前提：基本粒子是自然界的物质；结论：因此，基本粒子是可分的。三段论即从两个反映客观世界对象的联系和关系的判断中，得出新的判断的推理形式。

三段论包含一个一般性的原则（大前提）、一个附属于前面大前提的特殊化陈述（小前提），以及由此引申出的一个符合一般性原则的特殊化陈述（结论）。如欠债还钱天经地义（大前提）、张三向李四借款50万元未还（小前提）、张三应向李四承担50万元的还款义务（结论）。运用三段论分析处理案件，需有三个基本路径：一是"找法条""读法条"（大前提），要把握法律条文所包含的行为条件、行为模式、法律后果三大要素；二是"找证据""定事实[①]"，围绕大前提即法律条文所规制的行为条件和行为模式来收集整理证据，从而使得证据证明的法律事实足以涵盖于大前提之中，与大前提的构成要素形成对应关系；三是"套规范""寻结论"，根据小前提即事实与大前提即法律条文的适应性，得出能否适用大前提法律后果的确定性结论。由上可见，确保三段论推理准确性和可信性的基础，是科学确定大前提、小前提确立大前提便是"找法条""读法条"，确立小前提便是"找证据""定事实"。每一起民事纠纷往往都蕴含着大小前提的争议。

[①] 裁判案件应当以事实为依据，认定事实必须以证据为基础。

（1）违约责任风险。

民事行为中的合同，无论是否属于《民法典》项下的合同，也无论是否以营利为目的，双方的意思表示一致是合同成立的标志。而合同一经成立，只要是符合法律的规定便受法律保护，违反这些约定便有可能承担违约责任。这种体现为强制力的保护是基于法律对于整个社会经济秩序的考虑，没有稳定的交易秩序，则交易的诚实信用就难以保证，也就影响经济秩序和经济的健康发展。正因如此，违约行为带来的民事责任风险便成为法律风险范畴之中非常重要的组成部分。

而且，这种民事责任有其特殊性。其特殊性在于，是否违约、是否追究、如何承担责任往往取决于双方当事人的具体约定，没有法律的明确规定又无合同的明确约定，则不存在违约的依据，一般也就不存在违约责任。因此，违约责任方面的法律风险控制是当事人可以有所作为的领域。在交易过程中，合同双方的风险及责任范围并不相同，因而违约的方式、违约的后果等也均有不同。要想系统、细致地控制违约方面的法律风险，必须从不同的角度分析合同的各个阶段，从而对违约的方式、后果等进行合理而又能被双方接受的安排。

（2）侵权责任风险。

侵权行为其实也可归为违反强制性法律规定的一种，只不过违反刑事法、行政法的后果是公权力机关进行惩罚，而侵权行为则需要承担民事责任。但承担民事责任与承担刑事责任、接受行政处罚是并行不悖的，一个民事主体有可能同时承担来自刑事、行政、民事三个法律体系的处罚或责任。例如，严重的交通肇事行为，可能同时承担刑事责任、受到行政处罚，并要赔偿损失。

民事主体只要是未能履行法律所规定的民事义务、并因此而侵害了他人的合法权益，无论其主观动机如何，只要是法律规定了该种行为必须承担民事责任，则其侵权责任就难以避免。侵权行为与违约行为同为民事责任的主要类型，但侵权行为违反的是法定义务，而违约行为则是违反约定义务。此外，侵权行为所侵犯的是其他主体的绝对权，违约行为所侵犯的则只是相对权，而且侵权行为的法律责任中既有财产责任又有非财产责任，违约责任则仅限于财产责任。这就是二者之间的区别。

《民法典》规定了承担民事责任的方式主要有10种，即：停止侵害；排除妨碍；消除危险；返还财产；恢复原状；修理、重作、更换；赔偿损失；支付违约金；消除影响、恢复名誉；赔礼道歉。

这些承担民事责任的方式，大多既可以单独适用也可以合并适用，而且也构成了《民法典》等其他民事法律规范体系的基础。除这些民事责任承担方式外，人民法院审理民事案件过程中，还有权对某些行为人予以训诫、责令具结悔过、收缴进行非法活动的财物和非法所得等，但这已经不再属于民事责任的范畴。

8.3 行政处罚法律风险后果

行政处罚法律风险的后果，主要指行政管理部门依照法律规定，对违反行政法律规范的行为进行处罚的可能性，而不包括其间接给企业带来的不利影响。其中既包括对于企业的处罚，也包括对具体的个人的处罚。行政处罚按《中华人民共和国行政处罚法》的规定，分为七类，即：警告；罚款；没收违法所得、没收非法财物；责令停产停业；暂扣或者吊销许可证、暂扣或者吊销执照；行政拘留；法律、行政法规规定的其他行政处罚。

但这一法律所规定的仅为一般意义上的行政处罚原则及程序，具体的行政处罚并非依据这一法律设定，而是由其他的法律、法规或者规章规定，没有法定依据或者不遵守法定程序的，行政处罚无效。例如，海关方面的行政处罚主要由《中华人民共和国海关法》和配套的《中华人民共和国海关行政处罚实施条例》设定。根据 2004 年由国务院颁布并于同年开始实施的《海关行政处罚实施条例》第 20 条的规定，"运输、携带、邮寄国家禁止进出境的物品进出境，未向海关申报但没有以藏匿、伪装等方式逃避海关监管的，予以没收，或者责令退回，或者在海关监管下予以销毁或者进行技术处理。"从这一规定看，海关方面的行政处罚还包括了《中华人民共和国行政处罚法》以外的"责令退回""销毁或者进行技术处理"，事实上也是一种处罚。

行政处罚的行为、种类、幅度必须按照《中华人民共和国行政处罚法》的规定制定，除了依据该法所作的规定外，其他规范性文件不得设定行政处罚。该法对于设定行政处罚的规定如下：法律可以设定各种行政处罚，限制人身自由的行政处罚只能由法律设定；行政法规可以设定除限制人身自由以外的行政处罚，对上位法规定的行政处罚作出具体规定时必须在上位法规定的行为、种类和幅度范围之内；地方性法规可以设定除限制人身自由、吊销企业营业执照以外的行政处罚，对上位法规定的行政处罚需要作出具体规定时必须在上位法规定的行为、种类和幅度的范围之内；国务院部、委员会制定的规章可以在上位法规定的给予行政处罚的行为、种类和幅度的范围内作出具体规定，当尚无上位法时可以制定规章对违反行政管理秩序的行为设定警告，或者根据国务院的规定设定一定数量的罚款。有行政处罚权的国务院直属机构，也可以根据国务院的授权按前述原则规定进行行政处罚；省、自治区、直辖市人民政府和省、自治区人民政府所在地的市人民政府以及经国务院批准的较大的市人民政府制定的规章，可以在法律、法规规定的给予行政处罚的行为、种类和幅度的范围内作出具体规定，并在尚未制定法律、法规时，可以通过制定规章对违反行政管理秩序的行为设定警告，或者在省、自治区、直辖市人民代表大会常务委员会规定的范围之内设定一定数量的罚款。

除了这些行政处罚以外，在各类诉讼过程中，人民法院在审理案件期间，有权对妨害诉讼等行为直接进行罚款、拘留等处罚。这类处罚并非一般意义上的行政处罚，一般认为是由诉讼法所直接规定的其他行政处罚，属于行政处罚风险的一个特殊组成部分。

从职责划分的角度来看，对于一个具体的企业而言，各行政主管部门的职权处于一种纵横交错的状态，既有横向的以行业为主线的行政主管职责划分，也有纵向的涉及企业各个不同阶段的行政执法职责划分，两种行政执法权相互交错并贯彻始终。虽然行政部门可能会不断发生变更，但这些行政管理职权往往都有其他新的部门继承，因而企业必须在这类风险方面投入足够的精力加以研究。

8.4 单方权益丧失法律风险后果

严格地说,单方权益丧失所造成的支出增加或利益减少与刑事处分、行政处罚、民事责任三类法律风险存在一定的差异,但从法律风险整体的角度来考虑问题时,这类情况却又必须加以考虑,属于必须单独列出的一类法律风险。任何法律风险带来的都是权益方面的不利后果,而任何不当的作为或不作为无论是出于故意还是过失,也都有可能面临刑事、行政、民事方面的法律风险,因此单方权益丧失的风险专指既不会受到公权力处罚也不会对其他方承担民事责任的权益丧失风险。

这种单方权益丧失的主观原因一般并不重要,除了在刑事处罚方面相对注重主观动机外,其他方面的主观原因一般不会影响行政处罚或民事责任的后果。但某些客观原因造成的无法行使权益,则往往由法律规定可以通过某种方式加以补救。但在法律风险不利后果已经显现的处理过程中,尤其在抑制或降低不利后果的过程中,主观动机往往对处理结果的影响比较大,如何对外表述自己一方的主观原因是法律风险管理中非常重要的一个环节,但那是法律风险管理中的另外一个主题。

对于这种既不损害他方的利益,也不会招致公权力的处罚,但会造成企业丧失某些权益的情况其实很有研究的必要,因为这类情形在企业里时有发生。按照大致的类型,单方权益丧失的法律风险有以下几类:

(1)丧失优惠利益。

由于国民经济发展阶段的特点及目标不同,有时中央政府会通过税收、政策性贷款等优惠的方式,在相当长的一段时期或在特定阶段对某些行业予以扶持。如以前三资企业的两免三减半等优惠政策等,目的就是吸引外资以带动国内企业的发展。而国家对于某些科技项目给予资金扶持,目的也是从整体上提高国内的科技水平。除此之外,由于地区经济发展的不平衡,中央政府或地方政府往往会在特定地域内对特定行业在一定时期内向企业提供一些税收、基础设施价格等方面的政策性优惠,以鼓励社会资金注入这些地域或行业。

如果企业不了解相关的优惠政策,或缺少相应的条件,都难以通过这些优惠政策减轻自身资金及效率方面的压力、获取更多的资源。如何了解这类政策、如何利用这些政策,也都是法律风险管理的重要内容。

(2)丧失既有权益。

任何法律风险的不利后果都有可能通过诉讼来最终确定,因为司法是一切问题的最终解决手段。而在诉讼中有实体权利及程序权利之分,如果不注意法律的具体规定,就非常容易导致程序及实体方面的既有权利的丧失。例如,在诉讼中存在诉讼时效问题、上诉时效问题、申请执行时效问题等,错过了相应的期限往往就会导致相应的程序权益无法实现,并因此影响既有实体权益的实现。

不仅仅是诉讼程序方面设有权益方面的规定,其他法律规范中往往也有权益方面的规定,甚至当事人也可以通过合同自己设定权利。例如,《民法典》中规定了行使撤销权的期限,同时也规定了许多权益可以由当事人自己设定。此外,行政法律体系中也存在大量的关于办理各类手续或许可的期限、条件、程序方面的具体规定，如果未能充分了解这些规定，就有可能导致法律所赋予的权利无法行使。

（3）丧失商业机会。

在现代社会，商业机会对于企业至关重要。在特定情况下，丧失商业机会甚至可以直接等同于损失商业利益。这类风险同时也是经营方面的风险，只是由于这些风险与法律规范方面的关系非常密切，因而同样需要作为单方权益丧失的一种情况来加以研究。这类情况在招投标过程中时有发生，某些企业由于投标的文本、程序不合招标要求而被作为废标处理等，便属于这类情况。

又如，某企业通过长期努力使得外商同意为其更换存在缺陷的设备，外商的答复中规定了中方必须在某个具体日期之前安排具体的接收期限及方式。但由于翻译的失误，中文理解为等待外商确定时间，以至于最后期限超过后外方撤回了这一附有前提条件的承诺。

总的来说，法律风险如果控制不当，就有可能承担基于法律规定的不利结果。由于法律风险的产生是基于法律的明文规定的，因此法律风险后果具有一定的可预见性，至少可以预见违反相关法规便有可能承担相关法律责任，并大致可以形成一个初步的损害范围的判断。当然，如何准确判断可能的后果和严格控制可能的不利趋势，并非三言两语可以讲述清楚的。

8.5 法律风险的间接不利后果

前面四类法律风险不利后果都是直接产生的法律后果，是公权力机构对法律风险主体的直接处罚，或其他民事主体对法律风险主体直接追究民事责任，或者由于法律风险主体作为或不作为而造成了单方的权益丧失。但除了这些直接的法律风险后果之外，法律风险主体还会因受到这些直接后果的影响而不得不承受其他方面延伸出来的不利后果。

（1）增加的支出。

任何法律风险事件出现后，企业处理这类非直接经营性的事务其实都会造成额外支出。某些法律风险事件的处理有时还会涉及高额的诉讼费用、律师代理费用、差旅费用、在媒体上挽回损失的费用等一系列的费用。如果受到行政处罚或刑事处罚，罚款、罚金都是需要企业增加的支出，在某些情况下的违法所得还要面临数倍的罚款处罚。除此之外，如果企业对于行业扶持政策缺乏了解，没有充分享受相关的优惠政策或扶持政策，也是一种支出的增加。即使没有额外地支付费用，由于占用了企业人员用于正常工作的时间，事实上也是增加了企业的费用支出。

如果从成本上考虑，某些法律风险，特别是那些经常发生的、可以预见并可以采取适当措施加以避免的法律风险，因采取措施防范甚至杜绝这类风险发生而支出的成本，例如通过完善标准合同文本而预防法律风险的成本，往往会远远低于在风险事件爆发后的处理成本。这也是法律风险管理的优势所在。

（2）减少的收益。

企业增加支出的同时也减少了收益，但某些法律风险事件则直接导致收益的减少。

例如，被限令停业整顿的企业在停业期间无法通过正常经营行为取得利润，被降低资质的企业将无法享有原有资质下的收费标准等，由于合同履行不合格而被扣减报酬等。

同样是在处理民事法律风险过程中，如果防范措施不当，因对方侵权或违约而受到的损失往往无法得到充分的补偿。在现行的民事法律环境下，如果只是民事责任方面的法律风险，基于"填平主义"的民事责任处理原则，民事责任的承担一般只是达到弥补损失的层面，并非惩罚性的民事责任。因此，在许多民事法律风险事件中，受到损害的一方事实上必然是经济利益减少的一方。

（3）其他无形损失。

除了以上可以直接用金额来衡量的损失外，还有其他方面的难以用金额来估算的无形损失。例如，由于受到处罚而丧失某种市场准入资格是非常严重的一种法律风险后果，而由于丧失商业信誉而造成合作商不愿与之发生经济往来也是企业非常致命的硬伤。

任何一个企业所面临的法律风险后果都有可能是无法承受的，甚至决定着企业的生死存亡。这些无形损失在特定的背景下，有时会比那些可以通过金额衡量的损失更为重大。但由于这类损失具有一定的隐蔽性，或者其发生的概率并不高，因此常为企业所忽视，从而为企业的发展埋下致命的缺陷。

复习与思考

（1）谁或哪些实体承担了不利责任？是公司、个人、还是其他组织？

（2）法律风险的不利责任是否与公司的经营活动相关？如果相关，它对公司的影响有多大？

（3）法律风险的不利责任是否可以通过协商或调解来解决，而不必通过法院程序？

（4）如果不利责任最终需要通过法院解决，公司是否已准备好应对法律诉讼的成本和时间？

（5）公司是否有内部流程和控制措施，以监测和及时应对潜在的法律风险？

案例与实训

案例一

2006年11月，受北京原副市长刘志华案牵连，时年44岁的张文中因涉嫌行贿、挪用公款，被河北省衡水市人民检察院刑事拘留。2008年10月9日，河北省衡水市中级人民法院就张文中犯诈骗罪、单位行贿罪、挪用资金罪的一审判决认定：2002年初，张文中、张伟春在明知民营企业不属于国债技改贴息资金支持范围的情况下，经共谋，使物美集团以中国诚通控股集团有限公司（国有企业，以下简称诚通公司）下属企业的名义，通过申报虚假项目，骗取国债技改贴息资金3190万元；2003年至2004年间，在物美集团收购中国国际旅行社总社（以下简称国旅总社）、广东粤财信托投资公司（以下简称粤财公司）分别持有的泰康人寿保险股份有限公司（以下简称泰康公司）股份后，张文中安排他人分别向国旅总社总经理办公室主任赵某某、粤财公司总经理梁某支付好处费30万元和500万元；1997年，张文中与泰康公司董事长陈某某、中国国际期货有限公司董事长田某挪用泰康公司4000万元资金申购新股为个人谋利，共盈利1000余万元。

一审判决张文中犯单位行贿罪、挪用资金罪、诈骗罪，数罪并罚判处其有期徒刑12年，并处罚金50万元。张文中提起上诉，二审维持原判。后张文中在狱中被减刑5年，2015年服刑7年的张文中刑满释放。张文中出狱后随即开始申诉，2015年12月，河北省高院驳回了他的申诉；次年10月，张文中向最高人民法院提出申诉；2017年12月，最高人民法院作出再审决定；2018年5月31日，快满56岁的张文中被最高法再审宣告无罪。

在原审判决认定的基本事实并无根本改变的情况下，为何最高人民法院及最高人民检察院在再审时均认为张文中无罪呢？就其所涉嫌诈骗罪、单位行贿罪、挪用资金罪的法律争议焦点，逐一分析如下：

（一）关于诈骗罪

原审判决认定：2002年初，被告人张文中得知国家对重点企业、重点项目实行国债贴息补贴政策，遂与被告人张伟春、物美集团副总裁张某1等人商议此事，并委派张伟春到原国家经贸委等部门进行了咨询。在得知该批国债技改贴息资金主要用于支持国有企业技术改造项目、物美集团作为民营企业不属于国债技改贴息资金支持范围的情况下，张文中与张伟春商量后决定以诚通公司下属企业的名义进行申报。为此，张文中与诚通公司董事长田某1多次联系，田某1答应了张文中的要求。在张文中指使下，张伟春等人以虚假资料编制了物美集团技改项目《可行性研究报告》，以诚通公司下属企业名义上报原国家经贸委。物流项目获得审批后，物美集团既未实施，也未向银行申请贷款；物美集团以信息化项目为名，以与其关联公司北京和康友联技术有限公司（以下简称和康友联公司）签订虚假设备采购合同和开具虚假发票为手段，获得1.3亿元贷款，用于公司日常经营，未实施信息化项目。2003年10月29日，财政部将3190万元国债技改贴息资金拨付到诚通公司，后诚通公司将该款汇入物美集团账户，物美集团将该款用于偿还公司贷款。案发后，已追缴赃款3190万元。

最高法认为该笔事实不构成诈骗罪的理由是：相关政策性文件并未禁止民营企业参与申报国债技改贴息项目（平等保护）。原国家经贸委、原国家发展计划委、财政部、中国人民银行于1999年制定的《国家重点技术改造项目管理办法》《国家重点技术改造项目国债专项资金管理办法》等政策性文件均未明确禁止民营企业申报国家重点技改项目以获得国债技改贴息资金支持。2001年12月，我国正式加入了世界贸易组织，由于国有企业三年改革与脱困目标基本实现，国家调整了国债技改项目的投向和重点，在规定的范围、专题内，进一步明确了对各种所有制企业实行同等待遇，同时将物流配送中心建设、连锁企业信息化建设列入了国债贴息项目予以重点支持。原国家经贸委投资与规划司于2002年2月27日下发的《关于组织申报2002年国债技术改造项目的通知》附件《2002年国债技术改造分行业投资重点》，国务院办公厅于2002年9月27日转发的原国务院体改办、原国家经贸委《关于促进连锁经营发展的若干意见》，以及原国家经贸委于2002年10月16日印发执行的《"十五"商品流通行业结构调整规划纲要》等，对此均有明确规定。即2002年物美集团申报国债技改项目时，国家对民营企业的政策已发生变化，国债技改贴息政策已有所调整。

有证据证实，民营企业当时具有申报国债技改贴息项目的资格。一审期间，辩护人提交的中国新闻网2001年11月16日报道《中国国债技改贴息将对各所有制一视同仁》

载明，时任原国家经贸委负责人公开表示，从2002年起，改革国债技改贴息办法，对各种所有制企业均实行同等待遇。证人门某证实，2002年国家没有禁止国债技改贴息资金支持民营流通企业的规定，当时的第七、八、九批国家重点技术改造国债贴息项目中，确实有民营企业得到支持并拿到贴息。辩护人提交的《2003年第二批国债专项资金国家重点技术改造项目投资计划表》和相关企业工商注册登记材料证实，在与物美集团同时获批的企业中，还有数家民营企业获得了国债技改贴息资金。再审期间，证人甘某出具的《关于2002年国债技术改造项目相关情况的说明》证实，从2001年开始，部分民营企业进入国债技改贴息计划；证人黄某1出庭作证称，第八批国债技改贴息对企业的所有制性质没有限制性要求。

物美集团未隐瞒民营企业性质，未使主管部门产生错误认识。经查，物美集团确非诚通公司在财政部立户的所属成员单位，但物美集团以诚通公司下属企业名义申报国债技改贴息项目，获得了诚通公司同意，且物美集团在申报材料企业基本情况表中填报的是"北京物美综合超市有限公司"，其以企业真实名称申报，并未隐瞒。证人黄某1、李某2经审批人员证实，在物美集团申报过程中，其曾听过张文中、张伟春等人汇报，并考察了物美的超市和物流基地，经审查认为符合国债项目安排原则。可见，作为审批部门的原国家经贸委清楚物美集团的企业性质。

原判认定物美集团申报虚假信息化项目，依据不足。物美集团申报的信息化项目已有大量的资金投入。原判因物美集团将以信息化项目名义申请获得的贷款用于公司日常经营，即得出信息化项目完全没有实施的结论，依据不足（金钱属于种类物而非特定物）。物美集团虽然采用签订虚假合同等手段申请信息化项目贷款，但不能据此认定信息化项目是虚假的。国家发放国债技改贴息的目的在于支持企业的技术改造项目，而物美集团申报的项目经相关部门审核属于政策支持范围。根据申报流程，物美集团申请银行贷款时，其国债技改贴息项目的申报已经获得审批通过。

物美集团违规使用3190万元国债技改贴息资金不属于诈骗行为。物美集团在获得3190万元国债技改贴息资金后，将该款用于偿还公司其他贷款，但在财务账目上一直将其列为"应付人民政府款项"，并未采用欺骗手段予以隐瞒、侵吞，且物美集团具有随时归还该笔资金的能力。因此，物美集团的行为虽然违反了《国家重点技术改造项目国债专项资金管理办法》中关于国债专项资金应专款专用的规定，属于违规行为，但不应认定为非法占有贴息资金的诈骗行为。

（二）关于单位行贿罪

原审判决认定：2002年，在被告单位物美集团收购广东粤财信托投资公司（以下简称粤财公司）持有的泰康人寿保险股份有限公司（以下简称泰康公司）5000万股股份过程中，被告人张文中向粤财公司总经理梁某承诺事成之后给予梁某个人500万元好处费。2003年底，物美集团以其关联公司华美现代流通发展有限公司（以下简称华美公司）的名义收购了粤财公司持有的5000万股泰康公司股份，张文中遂指使张某1通过北京敬业和康投资咨询中心向梁某支付500万元。2002年，在被告单位物美集团收购中国国际旅行社总社（以下简称国旅总社）持有的泰康公司5000万股股份过程中，被告人张文中向国旅总社总经理办公室主任赵某提出让其提供帮助，并承诺给其一笔好处费。在赵某的积极协调、帮助下，2002年底，物美集团以其关联公司和康友联公司的名义顺利收购了国旅总社持有的5000万股泰康公司股份。张文中遂指派张某1给付赵某30万元。2003年1月至2004年2月间，张某1通过物美集团的关联公司卡斯特经济评价中心以报销费用的方式向赵某支付了30万元。

最高法认为上述两笔事实不构成单位行贿罪的理由是：一是对于向粤财公司总经理梁某行贿500万元的事实，物美集团没有获得不正当利益。物美集团在收购粤财公司所持泰康公司股份过程中，粤财公司的股权交易价格经由粤财公司领导层研究决定、成交价格也是在粤财公司预期范围之内；粤财公司总经理梁某在股权交易过程中没有为物美集团提供任何帮助，股权交易未损害粤财公司的利益，没有造成国有资产流失；交易中没有第三方参与收购，物美集团不存在通过行贿排斥其他买家、取得竞争优势的情形，双方的交易是正当商业行为，没有违背公平原则。二是物美集团和梁某没有行受贿合意。在股权交易中及交易后，物美集团和张文中都没有主动给予粤财公司总经理梁某好处费、梁某也没有向物美集团和张文中索要好处费。粤财公司意欲出售所持泰康公司5000万股股份，泰康公司董事长陈某某建议张文中收购，又向粤财公司总经理梁某提出让张文中给梁某好处费。但是，梁某并未利用职权为物美集团谋取不正当利益，物美集团和张文中没有向梁某支付任何好处费，梁某也没有向张文中索要好处费，双方无行受贿的意图和行为。股权交易完成后，双方也都没有提及此事。之前陈某某关于让张文中给梁某好处费的提议实际上已经落空。三是向李某某给付500万不能认定为向梁某行贿。广州华艺广告公司李某某通过陈某某向物美集团索要500万元，没有充分证据证明张文中有向梁某行贿以谋取不正当利益的意图，梁某也没有实际收受。双方签订股权协议数月后，李某某未经梁某同意，擅自通过陈某某向物美集团及张文中索要500万元，此时股权交易早已完成，物美集团没有从交易中获得任何不正当利益已成为事实，故张文中已经没有向梁某支付好处费的理由。事实上，当李某某收到这笔款项后告知梁某，梁某也明确表示这笔钱与自己无关，拒绝收取。这笔款项就一直放在李某某公司的账户上，直到案发。因此，对这笔500万元款项的性质，不能认定是物美集团与张文中向梁某行贿。

对于向国旅总社总经理办公室主任赵某某行贿30万元的事实。一是物美集团没有谋取不正当利益（理由与上一笔行贿事实基本相同）；二是本罪并非单纯以"数额论"，综合考虑犯罪数额和其他情节，再审认为物美集团和张文中的行为达不到构成单位行贿罪必须具有的"情节严重"的程度，依法不构成单位行贿罪。

（三）关于挪用资金罪

原审判决认定：1997年3月，被告人张文中与泰康公司董事长陈某1商定挪用泰康公司的4000万元资金申购新股谋利。后张文中指使张某1从泰康公司转出4000万元，具体负责申购新股。张文中、陈某1又与中国国际期货有限公司（以下简称中期公司）董事长田某1商定，通过中期公司所兼管的河南省国际信托投资公司（以下简称河南国投公司）的途径转款，以掩盖挪用情节，炒股所得盈利由张、田、陈三人按3∶3∶4比例分配。其间，中国人民银行检查，三人遂于1997年7月通过河南国投公司，又从泰康公司转出5000万元用于归还前次挪用款项。1997年8月19日，张某1归还泰康公司4000万元，同年9月3日和9日又分两次归还了5000万元。其间，炒股共盈利1000余万元。

最高法认为该笔事实不构成挪用资金罪的理由是：一是根据刑法规定，构成挪用资金罪，除有挪用资金行为外，还须证明挪用资金是归个人使用。二是原审被告人张文中与泰康公司董事长陈某某等共谋并利用陈某某职务上的便利，将泰康公司4000万元资金转至卡斯特投资咨询中心股票交易账户申购新股的事实清楚，证据确实。但在案证据显示，涉案资金均系在单位之间流转，反映的是单位之间的资金往来，没有进入个人账户；在案证据中没有股票账户交易的记录，该账户上的具体交易情况及资金流向不明，无证据证实张文中等人占有了申购新股所得盈利；关于挪用资金归个人使用的证据都是属于言辞证据，且存在供证不一、前后矛盾等问题。因此，原判认定张文中挪用资金归个人使用、为个人谋利的事实不清、证据不足。

2018年，沉冤12年的张文中案得以昭雪。最高法在此案宣告无罪的新闻通稿中指出，此案是"人民法院落实党中央产权保护和企业家合法权益保护政策的一个标杆案件"。张文中在被宣告无罪后接受记者采访时说："迟到的正义依然无比珍贵，我不记恨任何人，不因坚守底线而后悔。"

有时"一个案例胜过一打文件"，张文中案的无罪改判，展现了党中央依法保护产权的决心。2016年11月《中共中央国务院关于完善产权保护制度依法保护产权的意见》发布，强调"产权制度是社会主义市场经济的基石，保护产权是坚持社会主义基本经济制度的必然要求""有恒产者有恒心，经济主体财产权的有效保障和实现是经济社会持续健康发展的基础""加强产权保护，根本之策是全面推进依法治国"，要求"以发展眼光客观看待和依法妥善处理改革开放以来各类企业特别是民营企业经营过程中存在的不规范问题"，精准确立"罪域"的边界除了需要成文的法条，仍需要政策的引导，力求向社会传递了党中央依法保护产权的决心，增强企业家人身和财产安全感以及干事创业的信心。有人说，司法人员办案就是办他人的人生，更是在主宰企业的命运。

2018年11月1日，习近平总书记在民营企业座谈会上发表重要讲话，明确指出："民营经济是我国经济制度的内在要素，民营企业和民营企业家是我们自己人"，要"保护企业家人身和财产安全。稳定预期，弘扬企业家业精神，安全是基本保障"。司法机关依法保护民营企业家的产权，必须坚持严格办事，既不能因为要保护民营企业家的合法权益而放松对法律的执行、放任犯罪，如对于顾雏军挪用资金罪仍作有罪判决；也不能因为打击犯罪而冤枉无辜，打击民营企业家发展生产的积极性。只有依法公平公正实现对民营企业和民营企业家产权的保护，才是对民营企业和民营企业家的真正保护。企业家也要从这些文件和案例中感受到党中央依法保护产权政策的真谛！

案例二

2012年11月，甲建筑公司因资金周转不灵，向乙典当公司借款6000万元，借款合同约定借款期限一年、月利率为2%、逾期不还加收每日万分之三的综合费和滞纳金，以丙公司名下四层评估价值为5000万元的写字楼作抵押并在房管部门办理了抵押权登记，另由某房地产企业董事长丁提供连带责任担保。同时，乙典当公司向甲建筑公司签发一张总额6000万元的当票。2014年乙典当行因甲公司逾期还款遂起诉至法院，要求债务人甲公司归还借款，抵押人丙公司和保证人丁承担担保责任。

本案争议焦点在于合同是否有效？债务人甲公司、抵押人丙公司、保证人丁均抗辩提出，乙典当公司的行为不属于典当行为，系违反《典当管理办法》（商务部、公安部2005年第8号令）第二十六条之规定违规从事信贷业务，违反《中华人民共和国银行业监督管理法》（全国人大常委会2006年10月31日通过，自2007年1月1日起施行）第十九条的规定，"未经国务院银行业监督管理机构批准，任何单位或者个人不得设立银行业金融机构或者从事银行业金融机构的业务活动"。因此，该借款合同违法，属于无效合同，甲公司虽应向乙公司返还本金，但乙公司的预期利益不能保护。且主合同无效，从合同也无效，抵押人丙公司和保证人丁承担的担保责任应当免除。

法院裁判认为：一是本案确系"名为典当、实为借贷"。《典当管理办法》第三条规定"典当，是指当户将其动产、财产权利作为当物质押或者将其房地产作为当物抵押给典当行，交付一定比例费用，取得当金，并在约定期限内支付当金利息、偿还当金、赎回当物的行为"、第三十条第一款规定"当票是典当行与当户之间的借贷契约，是典当行向当户支付当金的付款凭证"。典当是一种典当行与当户之间以经营动产抵押借贷为主的金融行业，而本案存在第三人抵押及保证，不符合典当的特征，系"名为典当、实为借贷"。二是案涉合同并未违反法律或行政法规的强制性规定。《典当管理办法》系部门规章，据此确认合同无效的法律依据不足，且当事人并未递交证据证明乙公司从事经常性借贷扰乱金融市场秩序，因此乙公司在本案中并未违反《银行业监督管理法》第十九条关于非法从事金融业务活动的禁止性法律规定，该借款合同有效。主合同有效且从合同亦无违法情形，其抵押权设立办理了登记手续，抵押担保及连带责任保证合同均有效。综上，判决乙典当公司胜诉。

另需注意宪法不能作为民商事审判的法源。2001年齐玉苓诉陈晓琪、陈克政、山东省济南商校、山东省滕州市第八中学、山东省滕州市教育委员会等侵犯姓名权、受教育权纠纷案。齐玉苓诉称，其经过统一招生考试，被被告济宁商校录取。由于各被告共同弄虚作假，促成被告陈晓琪冒用原告姓名进入济宁商校就读，致使原告梦碎校园。山东省高院判决，齐玉苓胜诉，并引用宪法第46条第一款"中华人民共和国公民有受教育的权利和义务"之规定、最高人民法院法释〔2001〕25号批复（现已停止使用）。由此，引发"宪法司法化"的理论探讨。后来最高法经研究认为：各被告侵犯了齐玉苓依据宪法应当享有的受教育的基本权利，并造成了具体的损害后果，应承担民事责任。但是，法院判决引用宪法裁决案件不当。2016年6月28日最高法发布《人民法院民事裁判文书制作规范》规定"裁判文书不得引用宪法"。

第 9 章

企业法律风险分析工具及方法

◆ 导语

第八章深入研究了法律风险的不利责任，帮助我们理解了企业经营活动中可能涉及的刑事责任、行政责任和民事责任风险。这一章为我们揭示了在法律框架下，企业所面临的法律责任的广泛性和复杂性。

现在，进入第九章，我们将转向另一个关键方面——企业法律风险分析工具及方法。这一章将为我们提供有关如何评估、管理和降低企业法律风险的实用工具和方法。通过深入了解这些工具和方法，企业可以更好地应对复杂多变的法律环境，确保合法合规经营。

第八章和第九章之间的过渡承上启下，将我们从理论性的法律责任讨论引向实际的法律风险管理。这两章都是法律教育中不可或缺的一部分，它们为学习者提供了全面的法律培训，使他们能够不仅理解法律责任的本质，还能够应用实用工具和方法来解决与之相关的挑战。

在第九章中，我们将探讨各种法律风险分析工具及方法，这将有助于企业建立更加坚实的法律基础，促进风险管理的最佳实践，并确保法律合规在企业运营中得到充分体现。让我们一同深入研究这些关键概念，以便更好地理解和应对当今复杂的商业法律环境。

◆ 本章主要内容

风险管理的基本理论告诉我们风险具有多发性的特征，通过辨识其存在，衡量其大小，我们可以探索法律风险事件的某些规律，为法律风险的预警和控制提供依据。无法准确判断法律风险大小是导致当前企业法律风险管理难以妥善处理风险控制与业务发展之间矛盾的一个重要原因。要走出这一困境，企业法律风险管理必须通过分析企业内外环境以及法律风险的特征，识别出企业可能面临的法律风险并分析评估该风险对物流、资金流、信息流等造成的危害，最终控制风险以降低危害程度。其中的关键环节在于如何提高分析的准确性，因此法律风险分析需要将定性分析与定量分析紧密结合。法律事件的复杂性使法律风险定量分析的难度陡增，目前国内外的学者及相关机构已研究出一系列可量化的法律风险评估与分析方法，包括了具体的评估维度、明确的评估标准以及评估结果数量值的确定方式。但正如管理学学者 Morgen Witzel 曾说过的,"无法量化,未必也无法管理",定性分析的意义同样不可忽略。

> **学习目标**
>
> 掌握企业法律风险分析的概念及目标;形成对风险分析的定性、定量、定序思维;初步认识目前在企业中使用范围较广的法律风险分析方法及工具。

9.1 法律风险分析

9.1.1 企业法律风险分析概述

法律风险分析是指对识别出的法律风险进行定性、定量的分析,为法律风险的评价和应对提供支持。法律风险分析要考虑导致法律风险事件的原因、法律风险事件发生的可能性及其后果、影响后果和可能性的因素等。

根据法律风险分析的目的、可获得的信息数据和资源,法律风险分析可以有不同的详细程度,可以是定性的、定量的分析,也可以是这些分析的组合。一般情况下,首先采用定性分析,以初步评定法律风险等级,揭示主要法律风险。在可能和适当的时候,要进一步进行更具体和定量的法律风险分析。

对于法律风险事件发生的可能性和影响程度的分析,可以综合采用建模和专家意见以及经验推导来确定,要注意与企业利益相关者的沟通,同时也要考虑模型和专家意见本身的局限性。

9.1.2 法律风险可能性分析

对法律风险发生可能性进行分析时,可以考虑但不限于以下因素:

(1)外部监管的完善程度和执行力度,包括相关法律法规的完善程度,以及相关监管部门的执行力度等;

(2)现有法律风险管理体系的完善与执行力度,包括企业内部用以控制相关法律风险的策略、规章、制度的完善程度及执行力度等;

(3)相关人员法律素质,包括企业内部相关人员对相关政策、法律法规、企业规章制度以及法律风险控制技巧的了解、掌握程度等;

(4)利益相关者的综合状况,包括利益相关者的综合资质、履约能力、法律风险偏好等;

(5)所涉及工作的频次,即与法律风险相关的工作在一定周期内发生的次数。

对于不同类型的法律风险来说,影响其发生可能性的因素会有所不同。各种因素对可能性影响程度的权重也是不同的,并且各因素之间的权重比会因法律风险类型的不同而有所差异。

9.1.3 法律风险影响程度分析

对法律风险影响程度进行分析时，可以考虑但不限于以下因素：

（1）后果的类型，包括财产类的损失和非财产类的损失等；

（2）后果的严重程度，包括财产损失金额的大小、非财产损失的影响范围、利益相关者的反应等。

此外，法律风险与其他风险在一定条件下具有伴生性和相互转化性，企业要对法律风险与其他风险之间的关联性进行分析，明确各风险事件之间的影响路径和传递关系，明确法律风险与其他风险之间的组合效应，从而在风险策略上对法律风险和其他相关风险进行统一集中的管理。

风险事件影响程度是指该风险事件会对公司的经营管理和业务发展所产生影响的大小。对法律风险影响程度的量化分析，可以从以下三个维度进行，每个维度可以进一步细化为若干评分标准，如表9.1所示，影响程度分为5个等级，分别赋予1~5分，表示影响程度依次加强，得分越高意味风险影响程度越大。对照该评分标准，同时根据不同维度与风险影响程度相关性的不同，为各维度设定权重系数，并确定计算公式，最终即可计算出该风险影响程度的得分。

表 9.1 法律风险影响程度分析示例

分析维度	得分					
	0	1	2	3	4	5
财产损失大小	无	10万元以下	10万~100万元	100万~500万元	500万~5000万元	5000万元以上
非财产损失大小	无	商誉、企业形象、知识产权等损失很小	商誉、企业形象、知识产权等损失较小	商誉、企业形象、知识产权等损失一般	商誉、企业形象、知识产权等损失较大	商誉、企业形象、知识产权等损失很大
影响范围	无	很小范围的区域，如企业内部	较小范围的区域，如若干企业间	中等范围的区域，如全市范围内	较大范围的区域，如全省范围内	很大范围的区域，如全国范围内

注：财产损失大小的区间界定，根据企业自身情况确定。

9.1.4 企业法律风险分析的预期目标

企业法律风险分析的目标主要包括两个层次：一是根据企业法律风险识别和评价的结果，全面、系统地描述企业法律风险的整体状况，明确企业法律风险分布状况、风险级别以及企业面临的重大法律风险。二是根据企业法律风险管理需要多角度地客观反映企业法律风险，如明确企业的大部分法律风险主要集中在哪些部门以及企业在与哪些外部主体往来的过程中最容易发生的法律风险等，通过对基础数据的挖掘分析，形成结论性的判断，为企业经营决策提供支撑，如明确企业在法律风险控制过程中最应关注的外部主体是谁，可以暂时不予关注的内部流程有哪些等。

企业法律风险分析的预期成果是《企业法律风险分析报告》。

9.2 企业法律风险分析的一般方法

9.2.1 选择定性分析方法

法律思维特有的"以事实为根据,以法律为准绳"思维,决定了对法律风险的评估更多地使用定性的方法。在合规性方面选择定性技术的另一个解释是,法律属于人文科学领域,在进行相关评估时,缺乏充分的可信赖的用于定量分析的数据,无法进行精确的定量分析。就风险的经济后果而言,在法律领域,往往是拥有司法或行政权力者,在处理案件时有权行使一定的量裁权,即在法律规定的幅度内,独立地决定赔偿或处罚的数额,这使得估计定量分析的准确数据非常困难。定性法律风险评估的提出可以使用主观术语或客观一些的术语,而评估的质量的优劣主要取决于参与者的知识和判断能力、其对潜在法律风险事项的了解程度及其相关背景和动态变化情况。这样的术语主词包括"罕见""可能""紧要""关键"等,以引起决策者不同程度地给予关注。

9.2.2 固有损失和剩余风险评估

固有风险,指企业没有采取任何措施来改变风险的可能性或影响的风险,即企业经营过程中必然存在的风险。剩余风险,则是企业在进行法律风险管理行为,使风险发生的可能性或影响发生变化的风险,即企业在选择并实施了应对措施后所残留的风险。举例而言,企业在进行交易中,客户违约的可能性和无法实现销售目标是固定风险;而企业在通过专业人员通过合同法律管理行为后,客户依然有可能违约并给企业造成损失的风险,即使诉诸法律救济途径也仍然有风险,这就是剩余风险。

对于固定风险,企业一般会考虑到,而剩余风险往往可能性较小,但是对企业影响比较大,往往要单独给予重视。因此,企业应当首先从固有风险着手,然后采用一般评估技术或特殊的法律方法,对剩余法律风险进行评估。

9.2.3 风险衡量

风险衡量即对企业风险发生的可能性以及风险损失的程度进行估计与度量。损失程度估计是风险衡量的主要内容,估计损失程度一般有两种方法,一是估计一个企业在每一次法律风险事件中的最大可能损失额,即可能的最大实际损失额和潜在间接损失额的总和。二是估计一年内由单一风险事件造成损失额和多种风险事件损失额的总和。这种损失的衡量也是定性成分居多,在法律规范的幅度内进行,在判断其是否符合风险容量和风险偏好时有意义。

9.2.4 法律风险的排序技术

这是一种使用顺序计量尺度进行定性评估的方法,有利于企业确定法律风险应对的优先次序。排序技术通常用于评估影响某法律风险事项的可能性和风险的影响程度,也可以对一系列事项使用分类和不同颜色排序的方法对其展开评估。

9.2.5 标杆法

标杆法全称为标杆管理法，美国生产力与品质中心将该方法正式定义为：是一项有系统、持续性的评估过程，透过不断地将企业流程与世界上居领导地位之企业相比较，以获得协助改善营运绩效的方法。标杆法可以使企业对风险是机会还是风险及其后果进行评估，并制定应对措施。法律风险往往是由人为因素造成的，所以，通过对流程和企业员工进行考核、评估，可以发现隐患，以便执行完善制度、进行培训等应对措施。

9.3 企业法律风险分析的具体方法

企业法律风险分析的方法主要有风险坐标图法、风险等级图法、风险叠加图法。风险坐标图法、风险等级图法用于企业法律风险的综合分析，其中风险坐标图法又主要适用于定性或半定性评价的情形。风险叠加图法用于企业法律风险的定向分析。

9.3.1 风险坐标图法

对风险发生可能性的高低和风险损失程度进行定性或定量评估后，依据评估结果可绘制风险坐标图。如某公司对 9 项风险进行了定性评估，风险①发生的可能性为"低"，风险发生后对目标的影响程度为"极低"；风险⑨发生的可能性为"极低"，对目标的影响程度为"高"，则风险坐标图如图 9.1 所示。

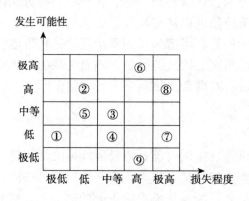

图 9.1 风险坐标图

9.3.2 风险等级图法

风险分级是在企业法律风险量化评价完成的基础上进行的，其目的是便于对企业法律风险进行区别管理。风险分级的依据是风险水平的高低，通常设定为：风险水平越高，风险等级越高。企业法律风险管理体系将全部风险划分为五级，一级风险为风险水平相对最低的风险，五级风险则为风险水平相对最高的风险。

风险分级的具体步骤如下：首先对全部风险水平数据进行聚类分析。聚类分析是统计学中研究"物以类聚"问题的一种统计方法，其目的是按照数据内部结构把数据对象分成多个类，在同一类对象之间具有较高的相似度，不同类别之间的差别度较大。该方法可以通过相关数据分析软件实现，如 SPSS、Clementine 等。法律风险管理体系采用的是 SPSS 中的 K-mean 聚类法。聚类分析完成后，根据分析结果比对不同分级标准下风险水平相近度与各等级风险数量。然后再根据风险管理需要，综合考虑风险水平相近度与各等级风险数量，确定风险分级标准。

在风险分级过程中应该注意的问题是：使用分级软件时，直接按五级分析的输出结果会和预期差距较大，可以先适当增加分级数量，再进行调整合并。在调整合并时，应兼顾各等级风险数量和风险水平的相近性。通常情况下，风险等级数量呈金字塔状分布，即风险等级越高，风险数量越少，但同时同等级内风险水平值差距不应过大。

企业法律风险分级是根据企业法律风险水平的高低，并结合管理需要，对风险做出的区分，通常情况下可以分为五级，等级越高代表风险水平越高，如表 9.2 和图 9.2 所示。

表 9.2 法律风险等级划分表

风险等级	划分标准	含 义
一	≤0.1	风险水平很低
二	<0.1 且 ≤0.2	风险水平较低
三	<0.2 且 ≤0.4	风险水平中等
四	<0.4 且 ≤0.6	风险水平较高
五	>0.6	风险水平很高

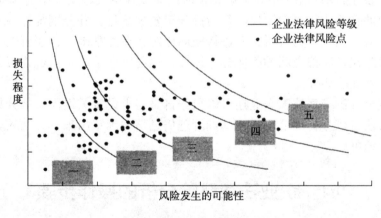

图 9.2 企业法律风险分级图

9.3.3 风险叠加图法

对于企业法律风险的定向分析，通常设定四个定向分析的维度，分别是部门维度、外部主体维度、部门与外部主体交叉维度以及经营管理流程维度。

（1）部门维度。

在部门维度的定向分析中，首先是将企业法律风险基础数据库中的各项法律风险及风险行为，按照其所涉及的企业内部部门分拆至各部门。然后分别统计各部门涉及的不同等级以及不同类别风险的数量，并进行横向比对。在此基础上，可以综合分析企业整体法律风险的分布特点，也可以根据各部门法律风险的具体内容，分析某些部门风险的成因、影响、发展趋势等。

（2）外部主体维度。

外部主体维度的定向分析，是在确定与企业有往来的外部主体究竟有哪些以及这些主体与各风险的关联性的基础上（应在风险识别阶段完成，并纳入数据库中。外部主体应进行适当分类，如某企业涉及的外部主体可以分为行政机关、设备供应商、消费者、竞争对手、合作伙伴等，再进一步细分，行政机关又可以分为行业监管机构、资本市场监管机构、公共行政监管机构等），将企业法律风险基础数据库中的企业法律风险及风险行为拆分至各类主体，并分别统计各类主体涉及的不同等级以及不同类别风险的数量，并进行横向比对。在此基础上可以进一步综合分析法律风险在外部主体间的整体分布情况，也可以就某些重点主体着重分析其风险成因、影响、发展趋势等。

（3）部门与外部主体交叉维度。

部门与外部主体交叉维度的定向分析，主要是方便企业内部各部门的应用。通过对前述两个维度定向分析数据的综合处理，各部门可以明确本部门在与不同的外部主体往来过程中可能遇到的法律风险，进而明确防范重点并采取合理有效的防范措施。

（4）经营管理流程维度。

经营管理流程维度的定向分析，是在明确企业内部主要包含哪些经营管理流程及其与各风险的关联性的基础上（应在风险识别阶段完成并纳入数据库中），将企业法律风险基础数据库中的企业法律风险及风险行为拆分至各个流程，并分别统计各流程涉及的不同等级以及不同类别风险的数量，并进行横向比对。在此基础上，还可以进一步综合分析企业法律风险在各流程之间的整体分布情况，也可以就某些重点流程着重分析风险的成因、影响及发展趋势等。

除上述四个分析维度外，企业还可以根据自身需求设定关键岗位等分析维度，只要在风险识别阶段将该分析维度所需的基础管理信息整理确定出来，并纳入企业法律风险基础数据库中即可。

9.4 企业法律风险分析的操作步骤

企业法律风险分析的主要工作步骤如下：

（1）项目组利用有 K-mean 聚类法功能的软件（如 SPSS），对全部企业法律风险的风险水平评价数值进行聚类分析，并根据分析结果初步确定法律风险分级标准。

（2）项目组通过集中讨论的方式，对上述企业法律风险分级标准结合公司实际情况进行调整，确定最终分级标准，并划分风险等级。

（3）项目组根据企业法律风险清单中各风险涉及的相关部门、外部主体、经营管理流程等信息，结合风险评价、分级结果，统计各部门、各外部主体及各经营管理流程涉及的风险数量、风险类型、风险等级等基础数据，绘制相关图表。

（4）项目组根据上述基础数据和相关图表并结合公司实际情况，分别从部门维度、外部主体维度、部门和外部主体交叉维度以及经营管理流程维度，进行风险分析。分析内容根据公司实际需求确定，如风险分布特点、风险成因、风险趋势等。

（5）项目组在上述风险分析结果基础上，结合公司实际需求，对相关风险及风险行为进一步从法律专业角度进行分析，提出法律建议，并将其纳入企业法律风险清单。

9.5 企业法律风险分析报告

企业法律风险分析报告是指在企业法律风险评价报告基础之上，通过企业法律风险分析步骤之后提交的关于企业法律风险分析结果的汇总报告，其主要内容包括企业法律风险分级表、企业重大法律风险清单、定向分析堆叠图等，如图 9.3 所示。企业法律风险等级图是指根据企业法律风险水平评价结果以及企业法律风险分级模型，对企业所有法律风险点进行划级区分并以等级图体现的结果汇总。企业重大法律风险清单是通过定性评价、定量评价、校验修正、风险分级之后，按照企业重大法律风险标准，列出企业重大法律风险类型及企业重大法律风险点。企业重大法律风险排序表是定性评价、定量评价、校验修正、风险分级活动的一个汇总总结。

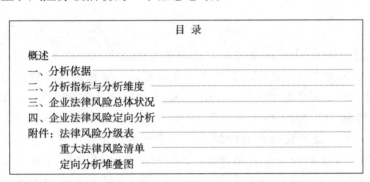

图 9.3 《企业法律风险分析报告》的主要内容

复习与思考

（1）企业法律风险分析的目标有哪些？
（2）企业应从什么维度对法律风险进行分析？
（3）你认为哪一种法律风险分析方法或工具最有效？请说出原因。

案例与实训

案例一

2005 年 6 月 23 日，中国第三大石油和天然气公司中海油以高出对手 15 亿美元全现金方式向美国排名第九位的石油公司尤尼科（UnocalCorp.）发出了收购要约。然而，这桩单纯的公司并购，却因涉及敏感的石油资源和国家利益而变得复杂起来。2005年6月17日，两位美国联邦众议员致函总统布什，要求以国家安全为由，全面审议这一收购计划。信中称："美国日益需要将满足能源需求列入外交政策、国家安全和经济安全的考虑范围。当事涉中国时尤其如此。"一个多月之后，在重重阻力之下，中海油宣布退出收购尤尼科竞争。

关于本案例，法律风险分析如下：

对于此项并购，有专家预测说：如果收购成功，中海油将凭借尤尼科在泰国、印尼等亚洲国家拥有的油气区块资源将年产量提高一倍以上，而石油储量也将提高80%。但事情往往不能过于乐观。

可以看到，无论在何类国家投资，中国企业在海外并购中面临的首要风险是法律化的政治风险。这种风险，从国家环境角度看主要指战争、内乱等引起投资国政治环境的动荡、权力阶层的更迭、恐怖主义的危险以及出于国家安全的考虑等。此外，政治风险还包括投资国政策是否具有连续性等内容，而法律或政策的变动也同样会带来较大风险。其中，政治风险多以法律风险的形式表现出来，对海外并购重组造成重大影响。近年来，并购中出现了"安全门""反恐门""威胁门"等新型的政治阻碍，这在发达国家尤为明显，使得政治风险本身成为跨国并购一种无法确定的成本。因此，企业在跨国并购重组的情况下，对目标企业所在国法律环境和政治环境的考察，及时防范政治风险则显得非常重要。

案例二

2009年2月，W公司与B支行签订流动资金借款合同。B支行依约向W公司发放小企业周转贷款1000万元，期限12个月，分期还款，贷到期日分别为2009年11月和2010年2月。W公司在按时归还第一笔500万元贷款后，2009年12月又向B支行续贷500万元，到期日为2010年3月。现1000万元贷款全部形成不良贷款。上述贷款由W公司股东周某夫妻提供最高额抵押担保、唐某夫妻提供连带责任保证担保。

2010年4月，B支行向法院提起诉讼，请求判令W公司立即清偿所欠贷款本金1000万元及至实际清偿日的利息；周某夫妻、唐某夫妻对上述贷款承担担保责任。2010年9月，法院下达民事判决书判决上述三被告立即归还B支行贷款本息并承担本案全部诉讼费用。但W公司已人去楼空；周某夫妻现已失踪；保证人唐某夫妻名下被查封的7套房屋均有银行按揭贷款，不足以偿还全部贷款本息。

关于本案例，法律风险分析如下：

公司股权变更法律风险。2009年4月，即在B支行贷款发放不久，W公司股权发生变更，原法定代表人唐某将其全部股份转让给其他股东，退出公司经营，但没有通知B支行。7月，W公司股权又一次发生变更，金某从幕后走向前台，成为公司控股股东。W公司股权几次变更均是在B支行不知情的情况下完成的。双方签订的《流动资金借款合同》中规定："甲方如进行股权变动、重大资产转让以及其他足以影响乙方权益实现的行动时，应至少提前30日通知乙方，并经乙方书面同意，否则在清偿全部债务之前不得进行上述行为"；"本合同生效后，任何一方不履行其在本合同项下的任何义务，或违背其在本合同项下所作的任何陈述、保证与承诺的，即构成违约。因此而给对方造成损失的，应予赔偿"。显然，W公司违反了合同的约定，构成违约。B支行在借款单位股权变更的情况下，由于其自身的贷款风险意识淡薄，再加之内部经营管理效率不高，信贷资产的风险系数大大增加。

抵押财产被查封、扣押的法律风险。2009年12月至2010年元月，B支行贷款抵押物被另一法院轮候查封7次，涉案金额近4000万元（在此期间B支行发放了最后一笔贷款500万元）。《担保法司法解释》第81条规定："最高额抵押权所担保的债权范围，不包括抵押物因财产保全或者执行程序被查封后或债务人、抵押人破产后发生的债权。"《物权法》第206条规定："抵押财产被查封、扣押的，抵押权人的债权确定。"按照以上法律规定，抵押房产一旦被查封、扣押，银行的债权即已确定，在此后收回相应贷款又重新发放的贷款，由于是在主债权确定之后产生的，将不被纳入担保范围，基于抵押权的优先受偿权已丧失，贷款担保将形同虚设。

抵押物被出租的法律风险。该笔贷款抵押物为一门面房，共计2000多平方米，抵押价值1400万元。虽然抵押物价值充足，但该抵押物被周某夫妻在2009年3月对外出租，租赁期长达10年且租金一次性付清。《担保法司法解释》第66条规定："抵押人将已抵押的财产出租的，抵押权实现后，租赁合同对受让人不具有约束力。"《物权法》第190条规定："……抵押权设立后抵押财产出租的，该租赁关系不得对抗已登记的抵押权。"虽然法律、法院判决书中均明确B支行贷款具有优先受偿权且租赁合同的存在不影响B支行行使抵押权，但在实际执行工作中仍然给B支行带来难以想象的处置困难。

借款实际用途的法律风险。借款用途法律风险是信贷业务中一个重要风险点，主要是指合同约定借款用途与实际借款用途不一致的法律风险。本案中，该笔贷款由于借款人股东几经变更，实际用途无法查证，多方打听得知B支行贷款被抵押人周某夫妻占用，W公司实际沦为融资平台。银监会《流动资金管理暂行办法》第9条规定："贷款人应与借款人约定明确、合法的贷款用途。流动资金贷款不得挪用，贷款人应按照合同约定检查、监督流动资金贷款的使用情况。"由于该笔贷款被周某挪用，而周某与W公司均已失去还款能力，最终变成不良贷款。

教师服务

感谢您选用清华大学出版社的教材！为了更好地服务教学，我们为授课教师提供本书的教学辅助资源，以及本学科重点教材信息。请您扫码获取。

》 教辅获取

本书教辅资源，授课教师扫码获取

》 样书赠送

企业管理类重点教材，教师扫码获取样书

 清华大学出版社

E-mail: tupfuwu@163.com
电话：010-83470332 / 83470142
地址：北京市海淀区双清路学研大厦 B 座 509

网址：https://www.tup.com.cn/
传真：8610-83470107
邮编：100084